体育产业管理的
非均衡经济行为模式研究

戴红磊 ｜ 著

九 州 出 版 社

JIUZHOUPRESS

图书在版编目（CIP）数据

体育产业管理的非均衡经济行为模式研究／戴红磊
著 . －－北京：九州出版社，2024.5
ISBN 978-7-5225-2950-9

Ⅰ.①体… Ⅱ.①戴… Ⅲ.①体育产业-产业发展-
研究-中国 Ⅳ.①G812

中国国家版本馆 CIP 数据核字（2024）第 103534 号

体育产业管理的非均衡经济行为模式研究

作　　者　戴红磊　著
责任编辑　李创娇
出版发行　九州出版社
地　　址　北京市西城区阜外大街甲 35 号（100037）
发行电话　（010）68992190/3/5/6
网　　址　www.jiuzhoupress.com
印　　刷　唐山才智印刷有限公司
开　　本　710 毫米×1000 毫米　16 开
印　　张　15
字　　数　253 千字
版　　次　2024 年 6 月第 1 版
印　　次　2024 年 6 月第 1 次印刷
书　　号　ISBN 978-7-5225-2950-9
定　　价　78.00 元

前　言

体育产业作为国民经济的重要组成部分，作为满足人民对美好生活向往的幸福产业，自改革开放起，时至今日，历经40余载的实践探索，成绩斐然，终成新局。欣喜之余，我们更应给予体育产业发展更多考量，在历史中总结发展方向，在现实中创新发展方式，以更好地契合"使市场在资源配置中起决定性作用和更好发挥政府作用"的新时代发展要求。综合来看，目前我国体育产业仍然存在市场秩序不规范、要素市场发育滞后、产业结构不平衡、产业创新动力不足以及产业服务效率较低等问题，而且受制于各地经济水平、资源禀赋、产业基础、文化环境等要素的差异性，我国区域体育产业发展呈现出典型的非均衡态势。如此境况，在发展上试图"齐步走"、管理上寻求"一刀切"是不可能的，单纯依靠市场经济或单纯依靠政府干预已不能适宜当前我国不同地区体育产业发展的客观实际，亟需政府实施参差错落的体育产业经济行为模式。因此，本研究立足政府经济行为语境，以国内外经济学和管理学领域已有的先进理论为基础，结合新时代背景和体育产业发展实际，综合利用历史研究、文献研究、调查研究、计量分析、比较研究等多学科研究方法，从发展现状与问题、指标构建与评价、模式提出与选择、发展路径与对策等维度对政府体育产业非均衡经济行为模式这一独特复杂的问题域进行系统研究，形成了以下核心思想和主要观点。

第一，改革开放以来，我国体育产业发展经历了以"政府经营、市场引入"为特征的萌芽期（1978—1991年）、以"政府主导、培育市场"为特征的起步期（1992—2000年）、以"政府主导、完善监管"为特征的快速发展期（2001—2012年）和以"政府支持、市场主导"为特征的高质量发展探索期（2013年至今）四个阶段。历经40年发展，目前我国体育产业规模迅速壮大、产业结构不断优化、产业空间不断拓展、产业增加值保持快速增长、产业创新取得重要突破、产业发展质量稳步提升，但同时也面临着"结构矛盾""政策困窘""创新不足""空间壁垒""文化滞后"等风险挑战和发展难题。我国体育产业高质量发展的动力源既有社会主要矛盾的转变、全球性新科技革命等外部力量的促发，也有体育产业政策体系调整、体育产业持续高速增长等内部力量的推动，需以"五个坚持"重要原则为根本遵循切实推动体育产业高质量发展。

第二，体育产业政策是指政府为了实现一定的目标，对体育产业经济活动（包括产业类型、产业组织、产业结构、产业布局、产业关联、产业发展等各方面的状况和变化）进行干预而制定的各种政策的总和，具体可分为产业扶持政策和产业规制政策两大类型。体育产业政策与体育产业管理之间的关系是一种"你中有我、我中有你，相互依存、相互交织"的关系，体育产业政策可以规范体育产业管理，体育产业管理可以提高体育产业政策效力，体育产业管理实践可以检验完善体育产业政策。本研究运用文本挖掘和PMC指数模型建立了体育产业政策评价指标体系，通过PMC指数评分和PMC曲面图对选取的"中央—省市—地市—区县"四级149份政策文本进行了多维度量化评价，发现体育产业政策存在工具结构失衡、文本内容趋同、协同力度不够、执行效果乏力、创新生态欠佳等问题，需从政策工具选用、突出文本特色、强化政策协同、注重政策执行以及拓宽政策作用重点等方面予以优化。

第三，我国体育产业发展水平受区域市场化水平影响，市场化水平高的地区则体育产业发展相对较好，因而提高区域市场化水平也是体育产业发展的重要基础工作。以"市场化指数法"为理论基础，结合中国体育产业自身特点，设计了由5个一级指标和14个二级指标构成的中国体育产业市场化水平评价指标体系；以中国31省（区、市）2016年至2019年相关统计数据为基础，采用单项指标指数化和主成分分析法对全国体育产业市场化水平进行测算评价。数据表明，中国体育产业市场化水平总指数以年均1.28%的增长率呈现持续提升的趋势，2019年达到47.10%，但落后于2016年全国经济市场化水平指数（75.2%）28个百分点，说明中国体育产业市场化发展伴随体制改革取得一定成效，但整体上看目前中国体育产业市场化水平滞后状态仍然没有改变。中国各个省（区）体育产业市场化水平呈现出典型的非均衡态势，广东、江苏、福建、浙江四省的体育产业市场化水平处于全国前列，西藏、青海、新疆、云南、宁夏、甘肃和海南七省的体育产业市场化水平低于全国平均水平。中国四大经济区域体育产业市场化水平差异性较为明显，东部地区的体育产业市场化水平明显高于全国平均水平和中部、东北部、西部三个经济区域。

第四，我国区域体育产业发展具有典型的非均衡态势，决定了在发展上试图"齐步走"、管理上寻求"一刀切"是不可能的，完全依靠市场经济或政府干预的经济行为已不能适应当前我国不同地区体育产业发展的客观实际，亟需政府实施参差错落的政府体育产业非均衡经济行为模式。政府体育产业非均衡经济行为模式是指政府为达到促进体育产业发展目标而采取的一种差异化经济行为调控模式，最终目的是通过"非均衡手段"实现体育产业更高层次和更高水平的"均衡发展"，主要包括"政府主导型""市场决定型""政社合作型"三种模式。政府主导型模式，主要针对落后地区，应充分发挥政府集中力量办大事的显著优势，通过各种方式对体育产业进行全方位"帮扶带动"的一种政府经济行为模式。市场决定型模式，主要是针对发达地区，政府应充分调动和利用其具备的各方优势，充分发挥市场在资源配置中的决定性作用，最大限度激发体育市场活力以推动体育产业经济发展的一种政府经济行为模式。政社合作型模式，主要是针对欠发达地区，政府可采取适当的经济管理手段对体育产业市场中突出问题的进行管理，规范体育产业市场运行秩序，促进体育产业市场健康有序运行的一种政府经济行为模式。

第五，政府体育产业经济行为应坚持从地区实际出发，充分认清区域间体育产业发展的非均衡性。不同区域体育产业面临的发展条件、发展水平和发展问题不同，应以各区域客观要求为基础选择针对性的模式。综合来看，东部地区较适宜选择市场决定型体育产业经济行为模式，在战略定位上应向东部地区要"质量"，即"建立全国体育产业高质量发展引领区"；东北地区较适宜选择政社合作型体育产业经济行为模式，在战略定位上应向中部地区要"支撑"，即"构筑稳定全国体育产业增长支撑区"；西部地区较适宜选择政府主导型体育产业经济行为模式，应向西部地区要"速度"，即"打造中国体育产业高速增长奇迹新高地"；中部地区也较适宜选择政社合作型体育产业经济行为模式，在战略定位上应向东北地区要"改革"，即"树立全国区域体育产业振兴典范"，以此来促进形成"协调东中西、统筹南北方"的区域体育产业高质量发展新格局。

第六，体育产业是一个独特而复杂的问题域，依靠简单的分析方法喂养大的还原论，抑或依凭简单的线性推理、静态的逻辑分析、直观的实体思维，都不可能扎实做好体育产业管理工作。体育产业管理实践需走出简单思维（如线性思维、实体思维、静态思维和还原思维等）的藩篱，运用复杂性思维（如非线性思维、关系思维、过程思维和整体思维等）去审视和考察复杂的体育产业和复杂体育产业管理，真正推进体育产业理论研究与管理实践的创新。整体思维要求在选择和实施体育产业经济行为模式时要关注整体发展；关系思维要求在选择和实施体育产业经济行为模式时要关注各要素互动；过程思维要求在选择和实施体育产业经济行为模式时要关注生成性；非线性思维要求在选择和实施体育产业经济行为模式时要关注不确定性。

第七，体育产业管理本质上是一种关系调适，是一种历时性的动态管理，是一种自由与规约的辩证统一，自由可以使体育产业保持创新与活力，规约可以使体育产业维持有序与稳定。新时代体育产业高质量发展，需围绕"多元共治、和谐善治、文明法治"三个向度进行精根细作。体育产业治理需从"时间、逻辑、知识"三个维度进行系统考量：在政策设计上，应从"体育产业政策"向"体育产业链政策"转向，从"选择性体育产业政策"向"选择性和功能性有机结合"转向，从"环境型体育产业政策"向"需求型和供给型有机结合"转向；在管理制度上，应建立健全以治理体系和治理能力现代化为保障的体育产业高质量发展制度体系，发挥好市场的"决定性"作用，发挥好政府的"元治"作用，发挥好社会的"辅治"作用，发挥好企业的"自治"作用，发挥好公民的"参治"作用；在战略路径上，应以依法治体战略、优质承接战略、创新发展战略、品牌文化战略、智能产业战略、人才强体战略、区域联盟战略、消费升级战略、对外开放战略等九大战略为体育产业高质量发展战略的路径选择。

站在历史的长河看，中国体育产业的发展成就不是简单地依靠资源禀赋，也不是照搬国外发展经济学理论和实践经验取得的，而是从中国的现实情况出发，在不断探索中制定和实施有效的发展战略、产业政策和制度形式，走出了一条具有鲜明特色的自主发展道路，为国家战略发展、经济社会进步、体育改革创新、文化繁荣发展和健康公民培养等做出了卓越贡献。未来我国体育产业所面临的挑战与机遇并存，需坚守自信与自省、担当与作为、开放与创新的主旨，注重在绿色与科技、共建与共享、质量与数量、公平与效率、供给与需求等多层面、多维度上发力。应秉承持续推进中国体育产业高质量发展的题中之义，实现由跟跑并跑走向超越领跑的跨越发展，为满足人民美好生活向往、构建现代化体育产业体系、建成体育强国和健康中国而服务。

目　录
CONTENTS

第一章

绪　论

　　纵观历史长河，一部体育产业发展史就是一部体育产业治理史。体育产业自诞生以来，其结构的完善、体育产业功能的拓展、体育产业政策的演进、体育产业发展环境的优化、体育产业发展模式的变革等，无不渗透着人类主体的能动选择。人类主体对体育产业所做的种种历史性努力与前瞻性思考，不仅改变着体育产业，同时也改变着人类社会以及人类自身之于体育产业的需求。改革开放以来，我国体育产业从无到有，逐步兴起，尤其是党的十八大以来，我国体育产业保持快速增长，创造了体育产业发展的"中国奇迹"。今天，不同学者对"中国体育产业何以创造举世瞩目发展奇迹"的内在动因进行了解析，人们普遍认为，政府经济行为对中国体育产业发展的"奇迹"有着深远影响，政府是参与体育产业市场活动的重要主体之一，其通过影响各种要素的流动及相关市场主体的行为来介入体育产业市场活动，与体育产业的演化轨迹有着直接或间接的关系。事实上，只要用理性的眼光审视体育产业走过的历程，我们就不难判断，在既定的时空背景下或历史的限度内，政府经济行为定位适切与否在很大程度上决定着体育产业的发展状态和未来走向。

　　在体育产业演化过程中，政府经济行为不仅可以影响体育产业发展的内外部条件，而且可以改变各种条件发生作用的方式，形成和建立新的体育产业运行秩序，进而促进体育产业朝着预期目标演化。相反，一旦政府经济行为不当，体育产业发展也可能受到影响。党的十八大提出，要发挥市场在资源配置中的决定性作用和更好地发挥政府作用，而更好地发挥政府作用的核心就是正确处理好政府和市场的关系，要在保证市场发挥决定性作用的前提下，通过科学的宏观调控管好那些市场管不了或管不好的事情。目前来看，我国体育产业经过40多年的发展虽取得瞩目成绩，但仍然存在市场秩序不规范、要素市场发育滞后、产业结构不平衡、产业创新动力不足以及产业服务效率较低等问题，而且受制于各地经济水平、资源禀赋、产业基础、文化环境等要素的差异性，我国体育产业发展呈现出典型的非均衡态势。如此境况，在发展上试图"齐步走"、管理上寻求"一刀切"是不可能的，"统一化"或者"千篇一律"的发展道路和管理方式不适宜我国体育产业高质量发展的客观实际。正如哲学家欧文·拉兹洛所言："一种社会经济制度即使是某些社会的最佳选择，也不可能适合所有社会，因而每一个社会都得寻找一个独特的与其社会文化相适应的方式，将自由市场与集体长期计划机制结合起来，以达到丰厚的收益与自由及多样化的最完美结合。"①

"十四五"时期，是我国"两个一百年"奋斗目标的历史交汇期，也是我国由全面建成小康社会向基本实现社会主义现代化迈进的关键时期。体育产业作为全面支撑我国经济转型升级的战略性、基础性和先导性行业，是实现党的十九届五中全会提出的建成"体育强国、健康中国"2035 年远景目标的关键要素。在新的历史时期，如何实现我国体育产业发展质量变革、效率变革和动力变革，是"十四五"时期乃至未来一段时期内我国体育事业发展的重中之重。综合来看，除了依靠"有效市场"的决定性作用之外，还需要"有为政府"的科学调控，根据各地区的"比较优势"和"因势利导"实施适切的政府经济行为。在此背景下，充分认识我国体育产业自身的复杂性表现、地区的差异化特征以及面临的新问题、新要求和新挑战，借鉴国内外经济学和管理学领域已有的先进理论经验，结合新时代背景和体育产业客观实际，从非均衡视角对政府体育产业管理的非均衡经济行为模式进行研究，不仅是深化和拓宽我国体育产业高质量发展知识体系的理论命题，更是保障和解决我国体育产业高质量发展现实问题的实践课题。

---

① ［美］欧文·拉兹洛. 人类的内在限度：对当今价值、文化和政治的异端的反思［M］. 黄觉，闵家胤，译. 北京：社会科学文献出版社，2004：22-23.

第一节　研究背景与研究意义

一、研究背景

（一）体育产业的复杂性表现

根据《体育产业统计分类（2019）》，"体育产业是指为社会提供各种体育产品（货物和服务）和体育相关产品的生产活动的集合，具体分类范围包括 11 个大类、37 个中类和 71 个小类"。体育产业构成要素的多元异质及其各要素之间的网状关系决定了体育产业的发展存在多种不易控制的变量，属于一种典型的复杂系统。具体来看，一是体育产业作为一种动态系统而存在。系统科学认为，任何现实具体的系统既是存在的，又是演化的，在本质上都具有历史性和动态性。作为社会的子系统，体育产业也不是静止的，而是随着时空的推移不断演化发展的系统。体育产业的演化过程极为复杂，既有细流式的"渐变"，又有跨越式的"突变"。渐变表现为体育产业功能的完善和结构的调整，突变则表征为体育产业的结构和功能不断向新的量态和新的质态跨越。二是体育产业作为一种非线性系统而存在。体育产业系统是由诸多种元素、要素、子系统组成，而且它们彼此之间相互关联、相互制约，并以某种或多种方式发生着复杂的非线性相互作用，从而使体育产业呈现出多样性和差异性。三是体育产业作为一种耗散结构系统而存在。普利戈津认为，"耗散结构就是一种远离平衡态的开放系统在与外界不断交换物质、能量、信息的过程中从原来混乱无序的状态转变为一种时空上或功能上有序的新结构"①。也就是说，体育产业必须通过开放，与社会其他子系统建立起相互支持的反馈系统，才能有效地消除自身内部的无组织力量或无序发展的状态，维持系统正常的有序结构。因此，体育产业的复杂性要求我们需从"简单思维"的藩篱中走出来，运用复杂性思维去审视和考察复杂的政府体育产业治理问题。

---

① 沈小峰. 混沌初开：自组织理论的哲学探索 [M]. 北京：北京师范大学出版社，2008：3.

（二）体育产业高质量发展的现实需要

"高质量发展"是党的十九大报告首次提出的新表述，指出中国经济已由"高速增长阶段"转向"高质量发展阶段"。2018年3月，十三届全国人大一次会议围绕"高质量发展"，立足"五位一体"的总体布局和"四个全面"的战略布局，提出深入推进供给侧结构性改革的总体部署。2019年9月，国务院办公厅针对"体育产业高质量发展"出台了《关于促进全民健身和体育消费 推动体育产业高质量发展的意见》（国办发〔2019〕43号）。在将体育产业打造成国民经济支柱性产业的时代目标下，体育产业由"数量和规模"向"质量和效益"转变势所必然，推动体育产业高质量发展既必要又紧迫。何谓体育产业高质量发展？从学理上看有以下几点共识：一是产业规模不断扩大；二是产业结构不断优化；三是创新驱动转型升级；四是质量效益不断提升。也就是说，体育产业高质量发展是体育产业发展质量的高级状态，是中国体育产业发展的升级版本，它是指"体育产业发展的有效性、充分性、协调性、创新性、分享性和稳定性的综合，是生产要素投入低、资源配置效率高、资源环境成本低、经济社会效益好的质量型发展"[1]。体育产业高质量发展直接关乎我国深化体育改革的成败和宏观层面经济高质量发展能否真正实现。因此，实现体育产业高质量发展是政府体育产业经济行为选择的出发点和最终归宿。

（三）体育产业全球性挑战的实然存在

当前，我国体育产业面临的国内外发展环境将发生重大变化。从国际环境看，全球贸易进入大国博弈新时期，全球产业链价值链正在重构，新科技革命和产业革命同步爆发成为时代发展主线，这些都将给我国体育产业发展带来严峻挑战。首先，全球经济放缓带来的挑战。世界银行数据显示，2019年全球经济增速已下调至3%以下，世界银行预测2020年全球经济预期萎缩5.2%。[2] 全球经济下行压力加大将会加速全球价值链供应链重构，对我国体育产业外需市场造成直接冲击。其次，贸易保护主义带来的挑战。大国博弈和经济衰退导致各种形式的贸易保护主义抬头，对现有全球治理规则和国际贸易体系造成侵害，发达国家纷纷采取措施吸引制造业回流，多国对体育产业转移的干预力度加大，

---

① 戴红磊，许延威. 中国体育产业高质量发展思考［J］. 体育文化导刊，2020（9）：86-91.

② 高伟东. 今年全球经济将萎缩5.2%［N］. 经济日报，2020-06-10（8）.

我国体育产业或将面临抑制风险，体育产品国际竞争力将会有所下降。最后，全球科技创新带来的挑战。当前全球新一轮科技革命和产业变革正在孕育兴起，信息、生物、制造、新材料、新能源等领域的颠覆性技术不断涌现，互联网、物联网、大数据、人工智能等新兴技术在融合中已进入大规模商业化应用阶段。我国体育产业面临以技术创新引领产业结构高级化、智能化和绿色化发展的巨大压力和发展机遇。因此，在"追赶窗口期"加速收敛态势下，合理地选择政府经济行为是应对技术攻关、技术垄断等全球性挑战的必然手段。

（四）我国体育产业政策体系进入调整期

当前，我国体育产业政策体系亟需与时俱进做出调整。一是创新政策体系不完善。改革开放以来，我国体育产业政策在拉动体育经济增速方面作用明显，但政策取向偏重体育产业的产能规模扩张和数量比例关系调整，对产品质量标准、技术创新和竞争力提升的关注度明显不足。在当前高端回流、低端转移、技术封锁、规则排斥的新形势下，现有体育产业政策体系已难以适应新科技革命和产业变革的要求。二是现有政策体系同质化现象明显。目前各地在执行国家体育产业政策时，缺乏对地区比较优势和区域分工协作的统筹规划，大部分简单套用国家体育产业政策来选择本地的体育产业，既导致地区间体育产业结构趋同化和项目重复化，又影响了国家体育产业政策实施的整体效果。三是内需体系还不够完善。考虑到未来国际体育贸易可能遭遇的逆流形势，以及国内体育供需结构升级，体育产业若想继续保持稳定的增长速度，必须要加快培育完整的体育产业内需政策体系，提高内需占比总需求的比重，使内需增长能够快于或者等于总供给增长。四是体育产业政策法治化程度不高，政策实施还缺乏一套科学严谨的激励约束、评估机制、退出机制，严重影响了国家体育产业政策落地效果。因此，发挥政府在规划制定和政策引导方面的作用尤为重要。

（五）我国体育产业供需改革进入深水期

当前，我国体育消费结构将发生深刻变迁，以满足人民群众日益增长的美好生活需求为导向的体育产品和服务将成为消费增长点。"发挥好国内超大规模市场优势，重在实现体育产业供给结构改善和供给体系质量提升"[①]，而补供给

---

① 张营广. 从马克思社会结构理论看党的建设模式的结构性变迁 ［J］. 思想教育研究，2019（12）：105-109.

短板仍将是今后面临的重大挑战。一是要补齐中高端体育产品和服务供给不足的短板。2019 年我国人均 GDP 突破 1 万美元，中高收入群体的快速崛起对产品和服务供给质量提出了新要求。但目前我国体育产业仍存在低端供给过剩与高端消费外流并存、同质竞争加剧与高端供给不足并存的现实困境，使得推进我国中高端体育消费品生产与服务供给扩容增质依然面临严峻挑战。二是要补齐体育供给空间配置失衡带来的短板。目前我国区域、城乡发展失衡问题依然严峻，"2019 年全国各省区市人均地区生产总值变异系数仍有 0.47，城镇居民人均可支配收入为农村居民的 2.64 倍"[①]，这将对促进居民体育消费升级、实现体育产业高质量发展造成不利影响。优化区域体育产业布局及协同发展机制，深入推进城乡体育均衡发展促进城乡居民体育消费，尤其是合理挖掘农村体育消费潜力，将是"十四五"乃至更长时期我国体育产业治理改革的重要方向。因此，实现我国体育产业供需平衡，需要对政府体育产业经济行为模式进行系统研究。

二、研究意义

无论从事何种科学研究，总免不了要追问其缘由，即所谓的意义或价值所在。从过往经验看，不同主体从事科学研究的动因和目的通常是不尽相同的。作者之所以研究政府体育产业非均衡经济行为，主要源于政府体育产业经济行为之于实现我国体育产业高质量发展目标至关重要。综合来看，通过对政府体育产业非均衡经济行为模式进行研究，可以修正我们过去对体育产业管理所持的机械而片面的认识，有助于我们把握体育产业管理的复杂性和多样性，从而提升体育产业管理理论与实践研究的品位，促进和深化我国体育产业的改革与发展。因而，研究政府体育产业非均衡经济行为模式不仅具有特殊的认识论意义，而且具有重要而显见的实践论意义。

（一）理论意义

更好地发挥政府在体育产业发展中的作用，即科学合理地实施政府体育产业经济行为，直接影响着我国体育产业的健康可持续发展。因此，在新发展阶段，分析我国体育产业发展水平与现实挑战，构建我国政府体育产业管理的非

---

① 任波，黄海燕. 我国体育产业结构性失衡与供给侧破解路径［J］. 体育学研究，2020，34（1）：49-58.

均衡经济行为模式，对优化政府经济职责体系、提高体育产业发展质量、促进区域体育产业均衡发展、完善现代体育产业体系具有重要作用。具体的理论意义在于：第一，本研究是对新时代社会主义经济建设理论思想指导体育产业发展的理论解读。第二，本研究是对产业经济理论、政府经济行为理论、复杂性科学理论、非均衡发展理论的丰富和发展。第三，根据我国各地区体育产业发展水平，构建适宜不同地区体育产业发展差异化客观实际的非均衡经济行为模式是对体育管理学、体育经济学等体育学相关知识体系的深化和拓展。

（二）现实意义

科学的宏观调控，有效的经济行为，是中国体育产业能否实现持续增长，能否提升核心竞争力，能否实现区域均衡发展，能否实现结构战略性调整的关键所在。本研究紧紧围绕"政府体育产业非均衡经济行为模式"这一具体问题域展开系列研究，最终目的就在于说明政府体育产业非均衡经济行为模式是实现我国体育产业高质量发展的重要手段。具体的现实意义在于：第一，本研究是将新时代社会主义经济建设理论思想运用于体育产业领域实践的新尝试。第二，本研究相关成果可为各地区体育产业高质量发展实践提供现实参考和理论指导。第三，本研究提出的政府体育产业非均衡经济行为模式及体育产业高质量发展的对策建议，更适宜当前我国不同地区体育产业发展的客观实际，可为政府部门体育产业政策的规划制定和宏观调控提供决策依据和咨询参考。

第二节　国内外研究动态综述

站在巨人的肩膀上才能看得更远，这是一条被普遍认同的科学真理。学术研究首先要知道前人在该领域已经积累的知识，如此才能推动研究向着更深层次推进。政府体育产业经济行为是体育社会科学领域研究的重点议题。时至今日，国内外与之相关联的研究成果较为丰富，相关理论解释涵盖了管理学、社会学、经济学等多学科视角，相关研究内容涉及概念、特征、问题、对策、转型、政策、评价、体育市场、产业结构、政社关系、管理模式、高质量发展等维度，这些研究成果不仅丰富和延展了体育产业的理论内容，还为政府体育产业经济行为研究提供了坚实的理论基础和实践支撑。从梳理结果来看，主要体现为五个方面：一是体育产业基础理论研究；二是体育产业发展问题研究；三是体育产业管理问题研究；四是体育产业政策问题研究；五是体育产业关系问题研究。因此，本研究的文献述评正是沿着解决问题的脉络进行梳理。

一、体育产业的基础理论研究

国内外体育产业的基础理论研究主要围绕体育产业及其要素的"概念、特征、分类、结构"等内容而展开。西方国家关于体育产业的研究起步较早，在Web of Science 等数据库中以"体育产业"为主题进行检索，可发现最早的 1 篇文献 Collective Bargaining and the Professional Team Sport Industry（Cym H. Lowell）发表在 1973 年。伴随着西方国家工业化进程的深入和居民体育消费观念的增强，体育产业研究主题的国际关注度也呈逐年上升趋势，文献数量由 2008 年的20 篇快速增长至 2021 年的 169 篇，这也反映出体育产业已成为国际研究者的重要研究领域。西方国家对于体育产业概念的认识主要有三种含义：一是从广义上看，西方经济学依据产品的性质和生产过程的特征，将体育产业作为一种非实物产品生产部门列入第三产业。例如，英国经济学家费希尔根据社会生产活动历史发展的顺序和对劳动对象进行加工的顺序将"国民经济部门"划分为三次产业，体育产业以体育服务业的身份被列为"为生产和消费提供各种服务的部门称为第三产业"。二是从狭义上看，西方产业经济学认为"体育产业就是从事体育生产经营活动的企业的集合"，其特征就是经营性。三是从复合意义上看，西方学者还将体育产业称为是"与体育有关产业的多种产业的集合"。例如，美国沃尔顿计量经济协会将体育产业概括为"体育复合体"，并将其分为19 个领域。可见，国外对于体育产业概念的认识较为宽泛且未形成统一。在体育产业的分类上，尽管联合国 1971 年公布的《全部经济活动国际产业分类标准目录索引》（简称 SIC）早将"体育与娱乐"被列为正式产业（代码 9241），但欧美等西方发达国家的体育产业没有被设置成独立的产业门类，而是被列入不同的产业大类下的子目录。综合来看，目前西方国家将体育产业主要划分为"核心产业、中介产业、外围产业"三个部分。例如，美国体育产业主要由体育健身娱乐业（Fitness and Recreation Industry）、职业体育产业（Professional Sport Industry）、体育用品业（The Sporting Goods Industry）、体育经纪业（Sport Agency Industry）等内容组成。

我国关于体育产业的研究成果相较于西方国家较为丰富，在中国知网等数据库中以"体育产业"为主题，共检索出核心期刊相关文献 5885 篇（截至 2022 年 3 月 1 日），最早的 1 篇文献《论体育事业向体育产业转变——谈我国体育体制改革》（韩丹）出现在 1992 年，2007 年文献数量达到历史最高 146 篇，随后呈逐年弱减趋势，直至 2015 年又呈现逐年递增趋势。我国关于体育产业概念等基础理论性研究，最早可见于 1985 年国家统计局制定的《国民生产总值计算方案（试行）》（以下简称《方案》）。《方案》中首次运用三次产业分类方法，将体育产业列入第三产业的第三层次，即为提高科学文化水平和居民素质服务的部门。随后我国学者也对体育产业的概念进行了深入研究，但由于体育产业属于新生事物，众多学者对于其概念及内涵的认识发生了分歧：一是认为体育产业就是体育事业；二是认为体育产业是生产体育用品和提供体育服务的企业的集合；三是认为体育产业是为社会提供产品的同一类经济部门的总和；四是认为体育产业就是体育服务业。为了加快推动体育产业发展，避免因认识上的分歧影响体育产业自身的发展，国家统计局在《体育产业统计分类（2019）》中明确提出："体育产业是指为社会提供各种体育产品（货物和服务）和体育相关产品的生产活动的集合。分类范围包括：体育管理活动，体育竞赛表演活动，体育健身休闲活动，体育场地和设施管理，体育经纪与代理、广告与会展、表演与设计服务，体育教育与培训，体育传媒与信息服务，其他体育服务，体育用品及相关产品制造，体育用品及相关产品销售、出租与贸易代理，体育场地设施建设等 11 个大类，37 个中类，71 个小类。"这也是目前我国体育产业权威采用的概念和分类。除了对体育产业概念及分类进行研究外，学界还对体育产业相关的核心概念进行了研究，如体育产业化、体育产业组织、体育产品、体育市场、体育消费等。

二、体育产业的发展问题研究

国内外体育产业的发展问题研究主要聚焦于体育产业高质量发展、体育产业创新性发展、体育产业集群化发展、体育产业可持续发展、体育产业具体业态发展等五个大的方面，具体包括发展现状、发展困境、发展路径、发展评价、发展转型等内容。从国外相关文献看，体育服务业已成为西方发达国家体育产业结构的主导，进而体育服务业发展问题也成为西方学界普遍关注的焦点问题。

众多学者从体育消费行为①、体育服务生态系统体验②、体育产业价值创造③、体育服务思维④以及体育场馆的数字化服务⑤等视角对体育服务发展展开了系列研究。同时，体育产业与高科技融合等体育产业创新发展问题研究，也成为西方学者关注的领域。如 Vrontis 等人⑥深入探讨了数字化进程对体育健身行业的影响，认为视频教程和移动应用程序等创新技术占据了当代体育产业发展进程中重要地位。Pounder⑦（2019）则认为创新创业对于体育产业发展的重要关联。Gonzalez-Serrano⑧（2019）等更是运用层次回归模型和定性比较分析方法，研究了体育产业的创新绩效与欧盟国家人均 GDP 之间的关系。此外，还有部分学者⑨（Lindsey，2019）从宏观视角论证了体育产业与可持续发展之间的关系。Pinch 等⑩（1999）基于社会建构主义理论分析了英国赛车运动形成赛车产业集群化发展的主要原因。另外，一些研究者还分析了体育运动设施的可持续发展问题以及马术产业空间集群化发展问题。

从国内体育产业发展问题研究看，我国学者近些年主要针对融合发展、协

① PRITCHARD M P, FUNK D C. The formation and effect of attitude importance in professional sport [J]. *European Journal of Marketing*, 2010, 44 (7-8): 1017-1036.

② TSIOTSOU R H. A service ecosystem experience -based framework for sport marketing [J]. *Service Industries Journal*, 2016, 36 (11-12): 478-509.

③ KOLYPERAS D, MAGLARAS G, SPARKS L. Sport fans' roles in value co-creation [J]. *European Sport Management Quarterly*, 2019, 19 (2): 201-220.

④ COCKAYNE D. Whose side are we on? Balancing economic interests with social concerns through a service-thinking approach [J]. *European Sport Management Quarterly*, 2019, 19 (1): 1-19.

⑤ TANAKA Y. Fujitsu's technologies and solutions contributing to development of sports [J]. *Fujitsu Scientific and Technical Journal*, 2018, 54 (4): 2-7.

⑥ VRONTIS D, VIASSONE M, SERRAVALLE F, et al. Managing technological innovation in the sports industry: A challenge for retail management [J]. *Competitiveness Review*, 2019, 30 (1): 78-100.

⑦ POUNDER P. Examining interconnectivity of entrepreneurship, Innovation and sports policy framework [J]. *Journal of Entrepreneurship and Public Policy*, 2019, 8 (4): 483-499.

⑧ GONZALEZ-SERRANO M H, PRADO-GASCOV, CRESPO-HERVAS J, et al. Does sport affect the competitiveness of European Union countries? An analysis of the degree of innovation and GDP per capita using linear and QCA models [J]. *International Entrepreneurship and Management Journal*, 2019, 15 (4): 1343-1362.

⑨ LINDSEY I, DARBY P. Sport and the sustainable development goals: Where is the policy coherence? [J]. *International Review for the Sociology of Sport*, 2019, 54 (7): 793-812.

⑩ PINCH S, HENRY N. Discursive aspects of technological innovation: The case of the British motorsport industry [J]. *Environment and Planning A*, 1999, 31 (4): 665-682.

同发展、高质量发展的现状与路径展开了系列研究。如，我国学者黄海燕（2021）基于新发展格局对体育产业高质量发展进行专题思考，提出"顺应'双循环'新发展格局要求，加快构建体育产业'双循环'新发展格局，助力体育产业高质量发展，将成为'十四五'以及未来更长一段时期体育产业发展的内在逻辑。"任波（2021）从数字转型驱动的视角对我国体育产业高质量发展的现实困境进行了深入分析，并从融合、转型等维度提出了数字经济驱动体育产业高质量发展的实施路径。陈林会等（2020）从地区融合的视角分析了成渝地区双城经济圈体育产业融合发展问题，提出"融合发展的关键是要发挥相关主体的积极作用，以引导体育产业融合发展为方向"。戚俊娣等（2016）从"一带一路"国际视角提出了"航海文化与蓝色体育产业融合发展路径"。朱菊芳（2020）、许焰妮（2021）、鲁志琴（2021）、康露（2021）等从产业融合的视角分别对体育产业与健康产业、旅游产业、数字产业、乡村振兴、"体旅文商农"、融合发展现状、发展理念、发展机制及发展路径等问题进行了研究。与此同时，还有部分学者针对体育消费、体育赛事、体育用品、冰雪产业、马术产业、休闲产业以及航空体育产业等领域的发展问题展开了具体研究。综合来看，我国学者能够紧扣时代脉搏，体育产业发展问题研究文献较为丰富，研究成果凸显了渐进性、本土性和应用性。

三、体育产业的管理问题研究

国内外体育产业的管理问题研究主要围绕体育产业管理主体、体育产业管理体制、管理人才队伍建设、体育产业管理方式方法等多视角多维度进行研究。从国外相关研究具体内容来看，运用现代管理理论和产业经济理论就区域体育产业管理（Danny，2000）、体育产业的质量管理（Syed，2008）、体育产业竞争战略（Raluca，2017）、体育产业的无形资产管理（Delgado，）、数据管理的能力（Naraine，2019）、体育管理领导力（Billsberry，2018）等方面的研究较为多见。如，Raluca 等[1]认为体育产业活动对社会部门有重要的影响，同时体育产业在中

---

[1] RALUCA P G C, GHEORGHE P N, ADRIANA P A. The what, why and how of performance-driven funding in sports industry-economics and management of sports industry's competitive strategy［R］. Madrid：30th International Business Information Management Association Conference，2017.

国、印度、土耳其等国家有巨大的潜在市场。Delgado 等①认为体育产业的无形资产管理应从体育和商业两环节着手，具体包括无形资产的确认、保护和管理 3 个阶段。Naraine② 则从技术变革的角度讨论了体育产业管理问题，建议体育产业管理工作应充分考虑区块链增加收入来源和改善数据管理的能力。Peachey 等③在回顾体育管理领导力相关研究的基础上提出了"体育管理工作中进行高效领导工作的概念模型"。Billsberry 等④则提出了领导力社会构建观点，认为应反思传统以领导为中心的体育管理领导方法，重塑社会对体育管理领导力的理解。

从国内体育产业管理问题研究看，我国学者近些年主要针对管理体系、体制创新、区域体育产业管理、管理协同创新、管理人才培养以及行业安全管理展开了系列研究。如，闻兰（2005）基于两种目标出发论述了体育产业管理的组织职能行为。陈明（2006）从市场、政府、政府与市场结合三个维度分析了我国体育产业管理模式。肖淑红（2006）则指出复杂适应系统理论、价值工程理论和管理集成理论对于体育产业管理问题研究具有重要意义。陈家起（2007）认为体育信息化的深度发展，对传统的体育产业管理思想、管理组织结构及管理技术提出了新的要求。张孝荣（2008）在分析我国体育产业管理人才培养现状的基础上，从培养目标、知识体系、培养方式、培养手段等层面提出了具体对策。张瑞林（2010）基于我国体育产业管理体制现状，结合现代经济学和管理学理论，对我国体育产业管理体制改革与发展进行了分析，提出"构建符合我国国情的体育产业管理体制，需要合理机构设置、明晰权限划分、构建政策法规体系，形成包括运行基础、调控体系和保障体系的体制系统，着重做好优化产业结构、建立现代企业制度和促进标准化工作"。陶燕（2018）认为，对微

① DELGADO J M C. Intangibles management in the sports industry ［J］. *Revista La Propiedad Inmaterial*, 2019（28）：227-258.
② NARAINE M L. The blockchain phenomenon：Conceptualizing decentralized networks and the value proposition to the sport industry ［J］. *International Journal of Sport Communication*, 2019, 12（3）：313-335.
③ PEACHEY J W, ZHOU Y L, DAMON Z J, et al. Forty years of leadership research in sport management：A review, synthesis, and conceptual framework ［J］. *Journal of Sport Management*, 2015, 29（5）：570-587.
④ BILLSBERRY J, MUELLER J, SKINNER J, et al. Reimagining leadership in sport management：Lessons from the social construction of leadership ［J］. *Journal of Sport Management*, 2018, 32（2）：170-182.

观体育产业状况和发展趋势的精准把握是未来构建完善的体育产业网络的必经环节，要积极利用现代大数据技术规划体育产业发展路径。

四、体育产业的政策问题研究

国内外体育产业政策问题研究主要围绕"体育产业政策是什么（What）、体育产业政策为何存在（Why）、体育产业政策如何实施（How）"三个维度展开系列研究。从国外体育产业政策研究来看，主要围绕政策生发、大众健身、职业体育、市场监管、财税扶持等具体领域展开。例如，余丽珍等（2017）对美国体育产业政策进行研究认为："美国体育产业政策尚无具体条文规定，但美国政府将体育产业融入国家主权安全之中予以战略考量，政策自然而然地融入国家大方针政策中，做到了'无所不在，无所不包，看似无形，实则有形'。"①马应超（2013）②认为美国政府财税金融政策支持和对体育产业的发展起到了非常重要的推动作用。Robert（2008）③认为体育产业反垄断豁免政策有利于美国职业体育利益最大化。Theeboom（2011）、Spencer（2014）、Hyysalo（2009）以及我国学者吴香芝（2011）④等分别对美国、英国、澳大利亚、韩国和日本等国家的体育服务产业政策进行了研究，认为体育产业政策价值取向偏向于大众健身服务不仅可以取得良好的经济效益回报，而且还可以提高个人服务国家社会的能力，并把体育服务产业政策的生发归结为是政治制度、经济水平和体育消费的直接结果。综合来看，国外对于体育产业的专门政策相对较少，多将体育产业置于其他政策体系内进行研究，而且美国、英国、欧洲等国家和地区体育产业政策相关文献研究的特点呈现出具体化表征，即常常在某一个细小的领域或者很小的点持续深入研究。

从国内体育产业政策问题研究看，我国学者主要针对体育产业政策的概念

① 余丽珍，徐岩 . 美国体育产业政策及其启示［J］. 江西社会科学，2017，37（12）：95-100.

② 马应超 . 美国体育产业财税金融政策现状及对我国的启示［J］. 经济研究参考，2013（70）：18-20，46.

③ ROBERT I L. The best interests of the league: referee betting scandal brings commissioner authority and collective bargaining back to the frontcourt in the NBA［J］. *Sports Law J*, 2008（15）：137-161.

④ 吴香芝，张林 . 国外体育服务产业政策略论［J］. 体育文化导刊，2011（12）：101-105.

特征、政策环境、政策变迁、政策评价、政策执行、政策体系、具体业态及地方体育产业政策等具体问题展开系列研究。赵炳璞等人认为"体育产业政策是指国家为实现一定历史时期的体育产业路线而制订的行动准则"①。陈晓峰②从社会经济状况、体制和制度条件和国际环境3个层面对我国体育产业政策环境的要素进行了分析。林建君③、陈明④、易剑东⑤、刘春华⑥、蔡鹏龙（2020）等采用不同评价方法分别对我国体育产业政策的政策效应、政策效果、执行效力、政策目标等维度进行了量化评价，评价结果为我国体育产业政策的调整和研究提供了科学基础。王家宏（2019）等从政策制定、政策目标、实施主体、政策措施、实施成效等维度，对我国体育产业政策实施执行情况进行研究，认为"营造理性体育产业政策环境、完善体育产业政策评估手段、完善相关立法、发挥企业能动作用"等是提升国家体育产业政策落实效果的具体策略。李明等人（2021）立足治理势能对中国情境下体育产业政策高质量执行的驱动力进行了分析，提出了"促进治理势能的有效传导、优化治理势能-场域耦合模型以及完善政策落地变现的评价指标体系"的具体策略。邢尊明（2016）基于政策扩散理论对我国地方政府体育产业政策行为进行了实证分析，认为地方政府体育产业政策"以政府干预为主要特征，围绕'文件规划、资金引导、基地带动'形成的政策体系正呈现出地区间快速扩散的趋势"。从国内来看，我国体育产业政策的研究成果虽然不多，但内容基本上涵盖了产业政策研究的几大要素。

五、体育产业的关系问题研究

国内外体育产业的关系问题研究主要围绕体育产业与体育事业的关系、体

---

① 赵炳璞，蔡俊五，李力研，等. 体育产业政策体系研究 [J]. 体育科学，1997（4）：1-7.

② 陈晓峰. 我国体育产业政策环境分析：基于国家治理的视阈 [J]. 中国体育科技，2018，54（2）：3-14，50.

③ 林建君，李文静. 我国体育产业政策效应的评价研究 [J]. 体育科学，2013，33（2）：22-29.

④ 陈明. 我国体育产业政策效果的基本评价与发展对策 [J]. 广州大学学报（社会科学版），2013，12（8）：45-50.

⑤ 易剑东，袁春梅. 中国体育产业政策执行效力评价：基于模糊综合评价方法的分析 [J]. 北京体育大学学报，2013，36（12）：6-10，29.

⑥ 刘春华，李克敏. 基于混合多目标决策的我国体育产业政策评价 [J]. 北京体育大学学报，2018，41（7）：1-8.

育产业中"政府与市场"的关系、区域经济与体育产业的关系以及体育产业结构之间的关系等维度展开系列研究。从国外相关研究来看,体育产业发展中"政府与市场"的关系问题是近些年学界讨论颇多和普遍关注的话题,并形成了三种观点:一是以美国、英国为代表的原发市场经济国家强调市场秩序。这种观点的持有者认为,人类的理智及其认识水平对体育产业复杂系统的把握存有局限,如果对体育产业运行及其目的施加外在的人为控制和干预,必然会导致行业内部自生秩序的正常作用,从而对体育产业的自然发展产生消极影响。二是以日本、韩国等为代表的后发市场经济国家主张政府干预。持有这种观点的学者认为,市场主导并非解决体育产业发展的灵丹妙药,体育产业功能的释放有赖于政府对体育产业进行全面建构及微观体育市场的主动干预,进而避免或减少竞争中的盲目性和无序性。三是以法国为代表的国家强调对社会经济系统进行适度干预或必要控制是不可或缺。这种观点的持有者认为,政府与市场并非存在不可逾越的鸿沟,应发挥政府、社会、市场等多元主体在产业经济中的重要作用以及划清责任边界。此外,在体育产业结构关系上,我国学者姜同仁(2013)认为"日本在体育产业的发展上主要采用结构调整为核心的赶超导向型发展方式,即以体育产业内部资源的合理化分配为立足点,积极调整体育产业各要素间的比例关系,实现体育产业结构的优化与升级。"上述观点虽都有各自特点,但为体育产业发展中政府与市场及体育产业自身结构关系的探讨提供了理论根基。

从国内体育产业的关系问题研究看,主要集中在政府职能转变等具体问题上,学者们从政府在主导体育产业发展进程中的作用(陈明,2006)、政府在体育产业发展中的职能定位或合理化选择(刘江南,2008)、体育产业发展中现行政府职能存在的问题及如何转变(刘清早,2009)、区域体育产业协调发展中的地方政府职能转变(王飞,2013)、体育产业发展中的政府职能定位(李燕领2015)、社会互构论下的体育产业发展(李东颖,2016)等方面进行了较为深入的探讨,提出了很多有益的建议。在具体问题方面,我国学者鲍明晓等人(2003)从"政府要不要管体育产业,政府管什么,政府以什么方式管理"三个问题对政府与体育产业关系进行了系统分析,提出了"强化政府对体育产业的管理职能,不仅是可行的,而且是十分必要的"的重要观点。沈克印等人(2021)则从有效市场与有为政府的视角探讨了我国体育产业发展的协同机制与实现路径,认为"体育产业发展中要实现市场作用和政府作用的有机统一,不仅要构建有效市场，发挥市场在体育产业资源配置中的决定性作用，还要打造有为政府，发挥政府在体育产业发展环境塑造中的积极作用。"此外，姚松伯（2021）、苏家本（2021）、陈青（2018）、曾鸣（2010）等对区域经济与体育产业发展之间的关系进行了深入探讨，形成了"区域经济发展水平与体育产业之间的关系是在耦合作用下的协调发展关系"的观点。韩丹（1992）、张岩（2002）、陈少宇（2004）、杨年松（2005）、刘清早（2008）、马慧（2014）等分别从不同维度对体育事业与体育产业之间的关系进行辨析和思考。国内学者之于体育产业的关系问题的探讨为本研究提供了重要的理论支撑。

六、国内外体育产业相关研究述评

在我国深入推进体育领域改革、政府职能转变和政府治理创新的背景下，优化和完善政府体育产业经济行为具有重要的紧迫性和现实性。上述学者或部门基于对体育产业领域长期的理论与实践的双重探索，从多学科多视角多方法获得了一些具有开创性的理论成果和实践经验。可以说，这些研究成果为本研究提供了不可或缺的参照框架。从国外代表性观点来看，相关研究的基本思路和分析框架可以借鉴，但研究结论和具体内容不能照搬。国外体育产业管理伴随着西方工业化进程，虽然已具备了较为成熟的理论基础、方法选择和制度参考，并且受到管理学、经济学、社会学等多学科理论与方法的关注，但体育产业发展是一个国家或地区的社会结构、文化背景、经济水平、制度体系和资源禀赋等各种因素综合作用的结果，这就使得国外部分研究结论与我国体育产业生发演化的现实情况存有差距。例如，对于体育产业发展或管理方面的研究，西方发达国家更侧重于从市场的角度分析和探讨微观的体育产业发展或管理的问题。因此，研究分析我国体育产业管理问题时要注重我国的特殊性和国外研究的适切性。

从国内研究来看，学者们已取得较为丰硕的研究成果，前期研究内容涉及概念、特征、问题、对策、转型、政策、评价、体育市场、产业结构、政社关系、管理模式和高质量发展等多维度，这些研究成果不仅极大地丰富和延展了我国体育产业的理论和实践体系，还为后续相关研究提供了一个较具有借鉴意义的分析框架和科学指导。然而，从政府体育产业经济行为研究本身来看，在"视角、理论、方法、内容"方面还存在多处未开垦的"荒地"。一是研究视角方面，国内政府体育产业经济行为研究多围绕政府职能转变在体育产业发展中的作用或角色定位进行研究，政府经济行为之于体育产业发展的研究尚不多见。二是研究理论方面，前期研究多是借鉴新制度经济学理论探讨体育产业管理中政府与市场博弈关系的研究，但运用非均衡发展理论、系统科学理论等分析政府体育产业经济行为的研究尚显不足。三是研究方法方面，当前研究多属于描述性或解释性的质性研究，研究方法多为常见的文献研究、逻辑分析等方法，缺乏运用历史比较、数理建模等方法对不同地区体育产业市场化水平程度进行理论和实证的综合性研究。四是研究内容方面，目前研究多聚焦于体育产业发展领域，且现有对策多是在微观或宏观视角下进行，没有考虑不同地区、不同阶段体育产业对策的差异性和适切性，特别是忽视了不同经济行为之于地区体育产业发展的不同影响。综合来看，目前国内外对于体育产业经济行为的专门性、系统性和连贯性的研究成果数量较为匮乏。在新的历史时期，体育产业的经济作用和社会作用不断增强，体育产业的文化特性、经济特性和社会特性也更显著增加，体育产业在国际体育话语权和国家体育强国战略中的影响力日益提升，科学适切的政府经济行为对于体育产业高质量发展的作用和作为，更值得我们重点关注和深入研究。

第三节　研究思路与研究方法

研究思路与研究方法是课题研究的"藏宝图"和"金钥匙"，它不仅展示着课题研究的"逻辑路线"，更体现着课题研究的"技术手段"。因而本研究框架的建构需要解决两个基本问题：一是本研究究竟应该研究哪些问题，采用什么方法进行研究，"拳头"主要打在哪些"穴位"上；二是本研究究竟应该先研究哪些问题，后研究哪些问题，这些问题之间的逻辑顺序怎么安排。很显然，这是一条"通过问题的追问与回答探讨事物发展"的思维路径，彰显了课题研究的逻辑化理路与操作化品性。正因为如此，我们选择了一条"问题逻辑"与"理论逻辑"相结合的研究路径，以期通过问题的连续追问和理论的深入剖析，探讨中国特色体育产业治理之道，最终达到体育产业高质量发展或实现体育产业善治的目的。

一、研究思路

研究思路是研究者分析和解决研究问题的思维图谱,是研究者构建适合分析框架和选择特定分析视角的逻辑体现。在实际研究中,由于选择的分析视角不同,往往对相同问题的研究也会出现不同的研究思路。显然,作为一个源于理论和实践的命题,政府体育产业非均衡经济行为模式研究也有其自身的研究思路。

(一) 思路阐述

深化政府体育产业经济行为改革,既是对加快推进我国现代体育产业体系建设的一种理论回应,也是对更好发挥政府作用在体育产业高质量发展中作用的一种实践探索,更是对创新体育产业管理和激发体育市场活力的一种适切关照。因此,本研究以政府体育产业非均衡经济行为模式为研究对象,在多学科理论的分析框架内,综合运用历史研究、文献研究、调查研究、计量分析、比较研究等方法,以构建政府体育产业非均衡经济行为模式为“外在”的逻辑主线,以实现体育产业高质量发展为“内在”的逻辑主线,遵循“从理论到实践,从问题到对策”的研究进路,在总结前人相关研究成果基础上按以下思路展开。第一步:运用文献研究法梳理确定政府体育产业非均衡经济行为模式研究的理论基础。第二步:运用文献研究和调查研究等方法对我国体育产业发展进行系统概述。第三步:运用调查研究、计量研究及比较研究等方法分别对我国体育产业政策和体育产业市场化水平进行量化评价。第五步:根据前期研究成果构建政府体育产业非均衡经济行为模式。第六步:根据市场化水平评价结果提出不同地区的政府体育产业经济行为模式。第七步:从复杂性科学理论的视角提出政府体育产业经济行为模式选择的复杂性思维。第八步:根据上述研究成果提出新时代促进我国体育产业高质量发展的对策建议。

（二）技术路线

研究阶段	研究工作	研究内容	研究结果
阶段1：文献研究与调研准备	系统梳理相关研究文献；设计初步调研方案	体育产业管理与政府经济行为研究文献回顾与综述	系统了解研究现状；明确初步调研方案
阶段2：实地调查与数据收集	广泛收集相关研究数据；开展专题调研收集数据	体育产业政策研究；体育产业市场化水平研究	进一步明确研究问题；获得研究所需定性与定量数据
阶段3：理论梳理与专题研究	围绕具体研究内容进行专题理论与对策研究	体育产业政策评价研究；体育产业市场化水平评价研究；政府体育产业非均衡经济行为模式构建研究	阶段性成果撰写与论文发表
阶段4：研究对策与研究结论	系统整体与总结阶段性研究成果；撰写研究报告	不同地区政府体育产业非均衡经济行为模式选择及选择的复杂思维研究；新时代促进我国体育产业高质量发展对策建议研究	完成研究报告

项目结题鉴定；后续跟进研究；后期成果发表

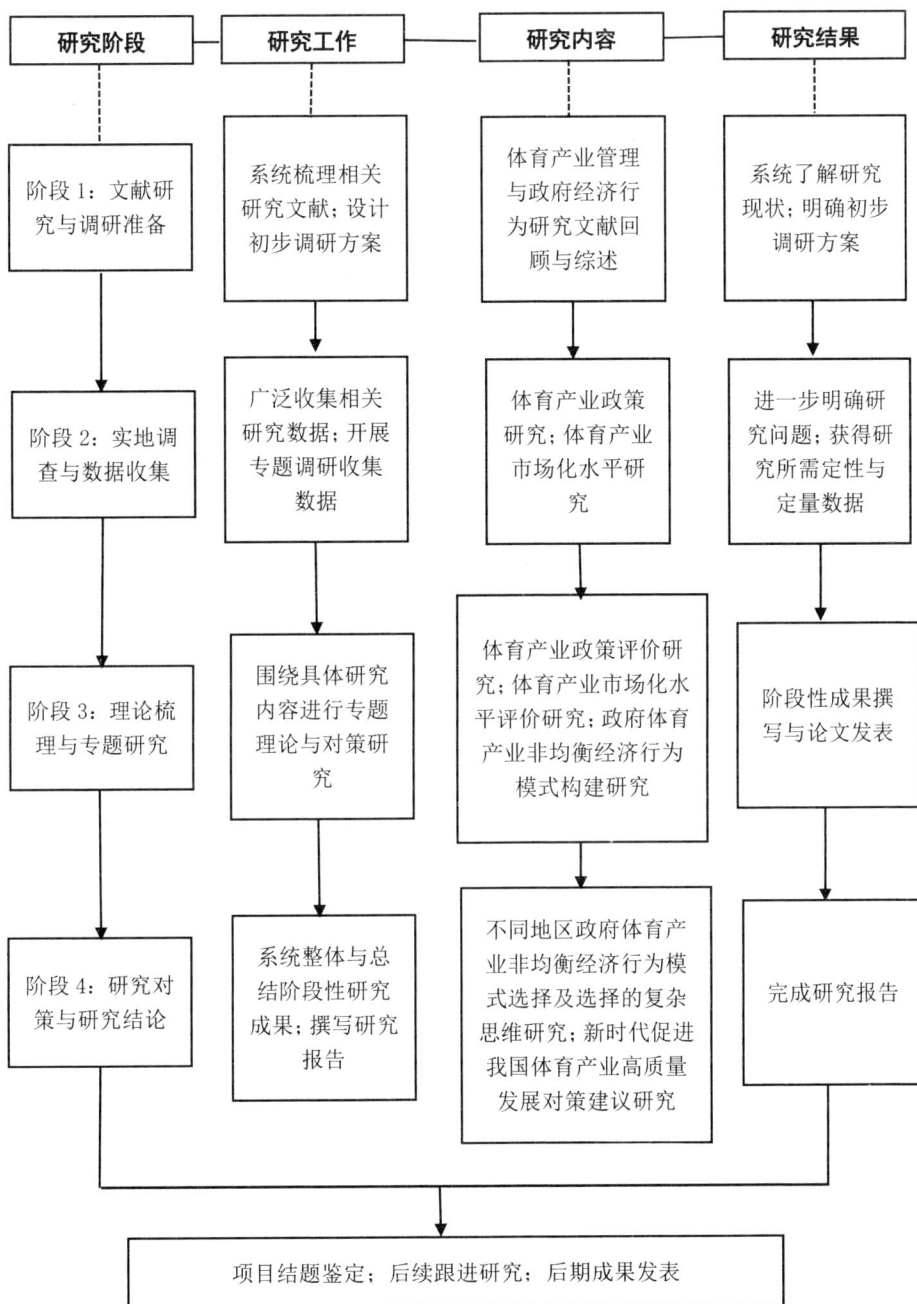

图1-1 课题研究技术路线

（三）内容框架

第一部分为绪论。本部分主要介绍研究背景与研究意义、国内外研究动态综述、研究思路与研究方法、研究创新与研究不足等内容。梳理总结了国内外学者对体育产业管理问题的研究成果，根据时代背景提出本研究的研究思路与研究内容。

第二部分为理论基础。本部分重点介绍课题研究所用到的理论工具，包括产业经济理论、复杂性科学理论、非均衡发展理论、中国特色社会主义经济理论等。通过对相关理论的梳理，力图回答政府体育产业非均衡经济行为模式研究的可能性与必要性。

第三部分为我国体育产业发展概述。本部分内容主要论述五个问题：一是我国体育产业发展的历程演延；二是我国体育产业发展的现实境况；三是我国体育产业高质量发展的动力要素；四是我国体育产业高质量发展的现实挑战；五是我国体育产业高质量发展的根本遵循。通过这些问题的解答，力图客观描绘我国体育产业发展的现实图景。

第四部分为体育产业政策与政府体育产业管理。本部分内容主要论述四个问题：一是体育产业政策概述；二是体育产业政策与体育产业管理的关系；三是体育产业政策量化评价模型构建；四是基于 PMC 指数模型的体育产业政策量化评价。通过这些问题的解析，力图揭示我国体育产业政策的现存问题。

第五部分为区域市场化水平与政府体育产业管理。本部分内容主要论述四个问题：一是区域市场化水平概述；二是区域市场化水平与体育产业发展的关系；三是构建体育产业市场化水平评价指标体系；四是基于主成分分析法对我国体育产业市场化水平进行评价。通过这些问题的解析，力图论证不同地区体育产业市场化水平差异性的客观事实。

第六部分为政府体育产业非均衡经济行为模式构建。本部分内容主要论述三个问题：一是中国体育产业管理的政府经济行为演变；二是发达国家政府体育产业管理模式的比较；三是我国政府体育产业非均衡经济行为模式构建。通过这些问题的研讨，力图回答政府体育产业非均衡经济行为模式存在的必要性与合理性。

第七部分为不同市场化水平地区政府体育产业经济行为模式选择。本部分内容主要论述四个问题：一是东部地区的政府体育产业经济行为模式选择；二是中部地区的政府体育产业经济行为模式选择；三是西部地区的政府体育产业经济行为模式选择；四是东北地区的政府体育产业经济行为模式选择。通过这些问题的剖析，力图回答不同经济地区选择不同体育产业经济行为模式的重要性与科学性。

第八部分为我国政府体育产业非均衡经济行为选择的复杂性思维。本部分内容主要论述四个问题：一是政府体育产业经济行为选择的整体思维；二是政府体育产业经济行为选择的关系思维；三是政府体育产业经济行为选择的过程思维；四是政府体育产业经济行为选择的非线性思维。通过这些问题的透视，力图从思维层面回答该如何选择体育产业经济行为。

第九部分为新时代促进中国体育产业高质量发展的对策建议。本部分内容主要论述四个问题：一是新时代体育产业治理现代化的三维向度；二是新时代体育产业治理现代化的三维结构；三是新时代体育产业高质量发展的政策转向；四是新时代体育产业高质量发展的多主体协同机制；五是新时代体育产业高质量发展的战略路径。通过这些问题的探讨，力图提出中国特色体育产业高质量发展的本土化策略。

二、研究方法

方法是科学研究的根本，与科学研究相伴相生，因而研究方法的选择对科学研究至关重要。鉴于研究内容的纷繁复杂，为了保证研究的科学性与先进性，本研究综合采用了历史研究法、文献研究法、调查研究法、计量分析法、比较分析法等多种研究方法开展研究。这些研究方法在使用时并非相互独立的个体，而是以一种"关系共同体"的角色有机融合于不同问题之中，共同构筑起了本研究的方法论基础。

（一）历史研究法

历史是现在和过去永无休止的对话，理论研究或逻辑研究，如果脱离了历史，其结论只能是空洞的抽象。从方法论体系看，历史研究法既属于一般的科学研究方法，也属于具体的科学研究方法，但它却具有普适性的方法论意义，并非仅仅适用于特定的历史学科。作为人类社会发展到一定阶段的产物，体育产业形成于过去，汇聚于现在，又奔向未来，永远处于动态演化之中。因而，只有将体育产业置于历史情境中进行考察，才能有助于更加清晰地认清体育产业的过去是如何制约现在的，有助于我们揭示体育产业的演化规律。因此，历史研究法是本研究的首选研究方法。具体而言，主要对我国体育产业发展历程以及政府体育产业经济行为的演变历程进行考察。

（二）文献研究法

文献研究不仅可以让研究者少走弯路，还可以拓展科学研究的广度和深度。因此，文献研究法是本研究不可或缺的研究方法。具体而言，课题组在研究过程中，收集并阅读了大量与体育产业、政府经济行为等高度相关的学术著作、期刊资料、政策文件、会议报告、体育年鉴等。通过对这些文本资料的收集与整理、归纳与分析，可以清晰地判断出课题研究的方向和重难点。也就是说，文献研究法可以帮助研究者快速了解体育产业发展的微景和全貌，帮助研究者正确确定本研究的具体方向和具体内容。总之，文献研究法不仅为本研究提供了可供参考的研究思路和分析框架，还为本研究的具体操作提供了可供选择的理论素材和理论保障。

（三）调查研究法

调查研究法是以书面提出问题或结构访谈的方式搜集资料的一种研究方法。课题组为了尽可能地全面掌握我国体育产业发展改革和政府体育产业经济行为的实际情况，采用了问卷调查、实地调研和专家访谈等研究方法。具体而言，针对我国体育产业发展现状及相关评价指标等方面的问题，课题组于 2018 年 3 月起至 2021 年 10 月止，先后赴北京、云南、辽宁、重庆、江苏、广东、内蒙古等地体育局及体育企业进行了 10 余次的课题调研和数据收集工作。同时，课题负责人利用国家体育总局借调期，先后对体育总局相关司局及直属单位（单项协会）、中体产业集团等单位和企业进行了实地走访调研，获取了大量一手资料，使课题组对我国体育产业发展问题有了更加直观的了解，对体育产业相关评价指标体系的确定奠定了科学性基础。

（四）数理统计法

数理统计法是以概率论为基础运用统计学的方法对数据进行分析的一种研究方法。课题组针对评价类研究问题主要采用计量和数理建模等方法进行分析。计量分析法是用统计推论方法对相关变量之间的关系做出数值估计的一种数量分析方法。本研究针对我国体育产业市场化水平的评价采用了经济计量的方法，通过建立计量评价模型应用相关数据对研究问题进行分析，并在此基础上生出若干体育产业管理建议。另一方面，针对体育产业政策量化评价问题，本研究主要采用了数理建模的分析方法，通过构建相关评价模型与求解对体育产业政策存在的问题进行深入洞察与精准解释，为后续体育产业政策调整与优化建议提供了方向性、合理性与可行性的保障。

（五）比较研究法

比较研究法又称类比分析法，是指对两个或两个以上的事物或对象加以对比，以找出它们之间的相似性与差异性的一种分析方法。比较研究法能有助于找到不同市区之间的共性与个性，把握事物矛盾运动的普遍性和特殊性，从而认识事物的本质特征和运动规律。在本研究过程中也采用了比较研究法，一是用来分析我国不同级别体育产业政策的文本比较，为梳理不同级别体育产业政策的特征和揭示不同级别体育产业政策的问题提供科学指导。二是用来分析我国各省体育产业市场化水平的区域比较，不同经济区域体育产业市场化水平变化趋势以及我国体育产业管理的国际比较和体系设计等，为构建我国政府体育产业非均衡经济行为模式和不同经济区域体育产业经济行为模式选择提供科学依据。

第四节　研究创新与研究不足

一、研究创新

1. 研究思路上的主要贡献。本研究借鉴国内外经济学和管理学领域已有的先进理论经验，结合新时代背景和体育产业发展实际，首次系统分析了我国政府体育产业管理中的非均衡经济行为问题，提出了有效促进我国体育产业高质量发展的对策建议，丰富和拓展了产业经济理论和非均衡发展理论在微观研究领域的应用，深化和完善了体育管理学和体育经济学中体育产业相关的知识体系，体现出了体育产业管理研究由"自留地"向"多学科"转向的学术思路，目前在国内体育产业管理相关研究中尚属于一种新的尝试。

2. 研究内容上的主要贡献。本研究从体育产业政策和体育产业市场化水平概念内涵出发，分别建构了体育产业政策评价指标体系和体育产业市场化评价指标体系；运用非均衡发展理论提出了我国政府体育产业管理的非均衡经济行为模式，对不同市场化水平地区体育产业经济行为模式选择进行了分析；运用复杂性科学理论提出了政府体育产业经济行为模式选择的复杂性思维；运用产业经济理论和中国特色社会主义经济理论提出了新时代我国体育产业高质量发展的对策和建议。这些内容区别于国内相关内容研究，尤其是政府体育产业管理的非均衡经济行为模式的提出，对各地区体育产业高质量发展和提高政府管理服务水平具有一定的指导性。

3. 研究方法上的主要贡献。本研究运用文本挖掘和 PMC（Policy Modeling Consistency）指数模型建立了体育产业政策评价指标体系，通过 PMC 指数评分和 PMC 曲面图对我国体育产业政策进行了多维度的量化评价，运用单项指标指数化和主成分分析（Principal Components Analysis，PCA）方法对数据统计期内（2016—2019 年）我国 31 个省（区、市）和 4 大经济区域的体育产业市场化水平进行了测算评价，提出了不同市场化水平区域体育产业发展和管理的定位。该研究方法也是首次在体育产业市场化评价中应用，对于进一步开展中国体育产业市场化问题研究起到了重要的启示作用。

二、研究不足

1. 受限于数据的可获得性。本研究对于我国体育产业市场化水平评价内容分析，仅选用了全国 31 个省、自治区、直辖市（不包含港澳台地区）2016—2019 年的数据作为本研究的数据支撑和样本区域，使得我国体育产业市场化水平评价内容及评价结果的前瞻性和整体性稍显逊色，希望在后续研究工作中能够丰富完善。

2. 受限于研究主题的定位。本研究着眼于宏观层面的政府体育产业经济行为模式研究，重点放在了体育产业非均衡经济行为模式的分析，虽然对 31 个省（区、市）的区域市场化水平和体育产业市场化水平进行了分析，但在体育产业非均衡经济行为模式的选择上只对四大经济区域进行了系统阐释，未能针对 31 个省（区、市）的体育产业非均衡经济行为模式进行微观分析，这也是后续研究的重点所在。

3. 该成果无异于提供一个 100%适合的政府经济行为模式，更不会断言某个类型的模式就一定是各地政府体育产业管理的终极选择。该成果所提出的"政府体育产业管理的非均衡经济行为模式"，是在对国内外体育产业管理实践和体育产业发展改革趋势综合考察基础上提出的，只是希望表明：就我国目前体育产业非均衡现实情况而言，这种模式更适合不同地区体育产业发展的客观实际，后续还需在具体应用上持续研究。

第二章

核心概念与理论基础

政府体育产业经济行为模式既是一个崭新的基础理论问题，也是一个重要的管理实践问题，欲求解决之道需"跳出体育看体育"，立足中国大地借鉴体育学科之外的人文社会学科乃至自然学科的理论和方法来予以适切的关照和考察。因此，为了确保课题研究方向和研究观点更加准确科学，本部分主要对相关核心概念和相关理论进行界定和阐释。

第一节　核心概念

一、产业的概念

产业一词在不同历史时期和不同理论领域有不尽相同的含义，它泛指行业、部门、实业、工业、动产业、不动产业等等。综合来看，产业是指国民经济中以社会分工为基础，在产品和劳务的生产与经营上具有某些相同特征的企业或单位及其活动的集合。在国民经济中，大至相关部门，小至具体行业，从生产到流通、服务以至于文化、教育等各行各业都可以称为产业。产业的概念是介于微观经济细胞（企业和家庭消费）与宏观经济单位（国民经济）之间的若干"集合"。相对于企业来说，它是同类企业的集合体；相对于国民经济来说，它是国民经济的一个部分。产业的形成和发展是一个历史过程，是随着社会生产力的发展和社会分工而出现的。产业的生发过程其实质就是社会分工的产生及不断细化的过程。① 产业经济学对产业划分的基准是企业某些特征具有选择性，且一般服从于两个经济学分析需要：一是服从于企业市场关系的分析需要，即将企业划分为不同的产业，是为了便于分析同一产品市场上企业间的垄断与竞争态势。在这种情况下产业应指"生产同类或有密切替代关系产品、服务的企业集合"。二是服从于社会再生产过程中，大类部门之间、制造业各工业行业之间以及行业内部中间产品之间的均衡状态的分析需要。这里的产业应指具有"使用相同原材料、相同工艺技术或生产相同用途产品企业的集合"②。

从上述分析可以看出，任何产业都是伴随系统，是伴随着人类经济社会发展而生发演化的阶段产物。站在历史长河看，不同历史时期人类经济发展处于不同层次，社会分工也会千差万别，企业与企业之间的关系也会随之变化，这也就决定了产业本身就是一个动态演化的系统或事物。对产业边界分析的立足点，既要充分体现出理论的严谨性与科学性，更要体现出现实的操作性和针对性。从这个意义上说，考察和把握产业须对以下几个方面予以考虑：一是时空性，即在不同历史时空背景下，人们赋予某种产业的概念会存在些许变化，组成产业的企业或增或减；二是动态性，即产业的内涵和外延是随着人类经济社会发展和产业分类方法标准而推移不断演化发展的，并不存在一成不变或绝对静止的产业门类；三是规模性，即同类企业只有在生产、销售、产值、利润等指标达到一定规模（量级）后才能将这类企业称为产业；四是包容性，即某种产业既是独立的个体，也是相互关系的整体，产业与产业之间存在多种关联方向和一定的包含关系，从现实出发把握产业概念时势必会存在一定程度的交叉。

二、体育产业的概念

根据前文文献梳理可知，目前国外对于体育产业概念的界定主要有消费论、服务论和赢利论三种观点。消费论观点认为，体育消费是体育产业的决定性要素。也就是说，有什么样的体育消费就会形成什么样的体育市场，体育市场的主客体就构成了体育产业。由于体育消费客观上存在体育用品消费和体育服务消费两大类。因此，体育产业在构成上就必然是物质产品和服务产品的生产经

---

① 史忠良. 产业经济学［M］. 北京：经济管理出版社，2005：3.
② 史兵. 我国体育产业与体育产业化若干理论问题研究［J］. 天津体育学院学报，2004（2）：20-22.

营活动的统一。① 服务论观点认为，体育产业是体育服务业的简称，是指以活劳动的形式向社会提供各类体育服务的行业，如健身娱乐、竞赛表演、咨询培训、场馆服务、体育旅游和中介培训等业务。这种观点把体育产业界定在体育运动本身能够向社会提供服务的范围之内。赢利论的观点认为，体育产业是指体育事业中可以进入市场又可以赢利的那一部分。

伴随着社会主义市场经济的发展，体育产业化这一现象随之出现，体育产业的概念也应运而生。然而，自 20 世纪 90 年代以来，社会各界分别从不同视角对何为体育产业进行了探究，形成了许多具有建设性意义的内容和思路。最初的主要观点集中在以下几方面：一是体育产业是社会主义市场经济体制下运行的体育事业；二是体育产业是指与生产经营相关的一切生产经营活动的总和；三是体育事业中能进入市场实行商业化经营的（可赢利的）那部分；四是体育产业就是体育服务业；五是体育产业是指同一类体育产品的经济活动的结合；六是体育产业有广义和狭义之分，广义上指从事体育服务生产经营活动的部门，狭义上指从事体育服务生产经营的企业的集合；七是体育产业是生产或提供服务、产品的企业、行业、部门的总称，它包括体育本体（主体）产业、体育相关产业和体育外延产业三部分；八是体育产业是指为社会提供各种体育产品（货物和服务）和体育相关产品的生产活动的集合。为了加快推动体育产业发展，避免因认识上的分歧影响体育产业自身的发展，国家统计局在《体育产业统计分类（2019）》中明确提出体育产业的概念（第九种观点），这也是目前社会各界在研究中多采用的权威概念，即"体育产业是指为社会提供各种体育产品（货物和服务）和体育相关产品的生产活动的集合。分类范围包括：体育管理活动，体育竞赛表演活动，体育健身休闲活动，体育场地和设施管理，体育经纪与代理、广告与会展、表演与设计服务，体育教育与培训，体育传媒与信息服务，其他体育服务，体育用品及相关产品制造，体育用品及相关产品销售、出租与贸易代理，体育场地设施建设等 11 个大类，37 个中类，71 个小类。"本研究也采用这种观点。

三、体育产业管理的概念

管理的定义有多种。美国管理学家福莱特将管理描述为是"通过其他人来

---

① 雒淑华. 论经济学视域的体育产业［J］. 经济纵横，2005（6）：54-55.

完成工作的艺术"。法国实业家法约尔干认为："管理是由计划、组织、指挥、协调及控制等职能为要素组成的活动过程。"罗宾斯认为："管理是一个协调工作活动的过程。"西蒙认为："管理就是决策。"我国学者徐国华（1998）认为："管理是通过计划、组织、控制、激励和领导等环节来协调人力、物力和财力资源，以期更好地达成组织目标的过程。"童汝根等人①在《管理学》一书中将管理定义为：管理是为了实现组织目标，通过各项职能活动，合理分配、协调相关资源的过程。在这个概念中，管理的载体是组织。组织包括企事业单位、国家机关、政治党派、社会团体以及宗教组织等；管理的本质是合理分配和协调各种资源的过程，而不是其他。所谓合理，是从管理者的角度来看的，因而有局限性和相对的合理性；管理的对象是相关资源，即包括人力资源在内的一切可以调用的资源；管理的职能活动包括信息、决策、计划、组织、领导、控制和创新；管理的目的是实现既定的目标，而该目标仅凭单个人的力量是无法实现的，这也是建立组织的原因。

体育产业管理虽为现代社会各界关注的焦点或术语，但目前国内尚未有一致性的认识或较为完整的定义。研究中多用产业管理（或行业管理）来解释和把握体育产业管理的，即产业管理就是为实现产业发展和国家宏观调控的目标，设计并保持一种良好的环境，对产业进行规划、组织、协调、沟通和控制的一种管理过程。从产业管理内容看，产业管理包含两个层次及其相互间的协调：第一个层次是组织行业协会，通过行业协会来统一规划、协调、指导、沟通不同产业的生产经营活动，促进产业的发展；第二个层次是国家政府机构通过制定各种财政、金融等政策来确定各产业，尤其是重点产业的发展方向和目标，对各产业进行规划、协调和指导。协调主要是通过行业协会和跨行业的行业联合会与政府部门的密切沟通进行。综合前人对管理及产业管理概念研究的观点，本研究认为体育产业管理的概念可作如下表述：体育产业管理是为了实现组织目标，通过各项职能活动，合理分配、协调相关资源的过程。体育产业管理的目的是实现组织目标，体育产业管理的本质是协调，协调的方法是多样的。

四、政府经济行为的概念

政府是什么？政府必须做什么？政府应该怎么做？政府怎么做才能更好？

---

① 童汝根，等. 管理学［M］. 成都：电子科技大学出版社，2020：1-2.

这是历史上以及现代社会中客观存在的四大问题。可以说，在人类社会由低级向高级发展演进的过程中，政府一直扮演着"焦点"角色。纵观历史长河，在政府经济行为问题上，西方经济学派围绕着"自由主义与政府干预"展开了论战，不同时期形成了不同的理论主张。依据西方经济学家对政府与市场关系的认识，其理论的演变过程大致划分为以下五个阶段，即重商主义时期（15世纪至17世纪）的主张国家干预思想；自由放任主义时期（1776年亚当·斯密出版《国富论》至20世纪20年代）的反对国家干预思想；凯恩斯主义时期（20世纪20年代至50年代末期）的"市场失灵"下的政府干预思想；新经济自由主义时期（20世纪60年代至80年代）的"政府失灵"下反对国家干预思想；新凯恩斯主义时期（20世纪90年代至今）在承认政府失灵的可能性的同时，认为政府干预是对未来经济稳定的一种投资。可以看出，市场与政府作为相互补充的两种经济制度是人类历史性选择的必然结果。在政府和市场孰轻孰重的论战中，二者始终包含着某种程度的融合，即政府与市场的关系是"你中有我、我中有你"，相互依赖，不可或缺，政府与市场根本不存在非此即彼的选择。二者关系告诉我们，在社会经济活动中要消除"政府万能或市场万能"等错误观念，同时又要找准政府和市场相互补位、协调配合的结合点，实现"有效的市场"和"有为的政府"。

处理好政府和市场关系关键在政府。更好发挥政府作用，不是要更多发挥政府作用，而是要在保证市场发挥决定性作用的前提下，"哪些事情政府应该做及如何做，哪些事情政府不应该做及如何不去做"，这即是政府经济行为的核心问题，也是政府经济行为理论的内涵体现。唐拥军[1]认为，政府经济行为即政府对经济的各种管理和干预。孙亚忠[2]认为，政府经济行为是指政府为了使社会经济过程沿着既定的目标发展，协调和处理社会经济系统中各种关系的一切行为。上述观点回答了政府在经济社会活动中"应该做什么，不应做什么"的问题。综上，本研究认为，政府经济行为是指政府为达到促进经济社会发展目的而采取的组织和干预社会经济活动的方式方法的总称。当然，政府经济行为的界定是一个动态范畴，随着生产力和生产关系的发展变化以及意识形态的不断演进，政府经济行为因社会发展不同阶段或经济发展不同阶段而具有不同的表现。也

---

[1] 唐拥军.论政府经济行为理论研究的必然兴起［J］.广西大学学报（哲学社会科学版），2000（3）：31-35.

[2] 孙亚忠.政府经济行为本体论［J］.中国行政管理，2001（10）：58-61.

就是说，单纯的脱离现实环境争论（自由主义与政府干预）的优劣没有任何实际意义。现代社会是一个复杂的系统，置身于其中的经济不再是纯粹的市场与政府的选择，而常常是两者不同组合的选择。在历史的发展进程中人类选择了市场，但市场经济的建立和发展却必然以高效的政府管理为依托，政府作用的加强成了现代经济的显著特征。竞争有序的市场建立，大量基础设施的供给，科学技术发展的推动，政策计划的制定，还有市场经济的可持续发展等等，这一切都必须有赖于政府积极有效的调节和干预。

五、体育产业高质量发展的概念

党的十九大首次提出"高质量发展"以来，高质量发展就成了学术界研究的热点问题域，随之而来也出现了对高质量发展内涵的多维解读。综合现有文献看，学界主要从系统平衡观①、经济发展观②和民生指向观③三种视角对高质量发展内涵进行界定。概括起来就是，高质量发展是指能够满足人民日益增长的美好生活需要且具有较强的产业竞争力的一种发展状态，这种状态体现在发展方式、产业结构及动力要素等方面。这些观点丰富了人们对于高质量发展内涵的认识和理解，即高质量发展描述的是一种发展状态，而非是一种发展方式的概念，实现高质量发展需要相应的发展方式，但能够实现高质量发展的方式本身并非就是高质量发展。2018年4月，习近平总书记在湖北考察时强调："高质量发展就是体现新发展理念的发展，是经济发展'有没有'转向'好不好'"④。习近平总书记的这次讲话，更科学、更准确、更形象、更概括地揭示了高质量发展的内涵实质。"有没有"是数量问题，主要通过高速增长来解决；"好不好"是质量问题，主要通过高质量发展来解决。也就是说，高质量发展实质上就是"好的发展"，是能够很好满足人民日益增长的美好生活需要的发展，是体现"创新、协调、绿色、开放、共享"的发展，是实现"四高一好"（产品和服务质量高、经济效益高、社会效益高、生态效益高和经济发展状态好）

---

① 任保平，李禹墨.新时代我国高质量发展评判体系的构建及其转型路径［J］.陕西师范大学学报（哲学社会科学版），2018，47（3）：105-113.
② 汪同三.深入理解我国经济转向高质量发展［N］.人民日报，2018-06-07（7）.
③ 赵剑波，史丹，邓洲.高质量发展的内涵研究［J］.经济与管理研究，2019，40（11）：15-31.
④ 简新华.高质量发展是从"有没有"转向"好不好"［N］.湖北日报，2018-05-22.

的发展，而持续提高全要素生产率，走经济发展的质量变革之路，走效率变革之路，走动力变革之路是高质量发展的关键所在。

根据高质量发展的内涵解析，体育产业的高质量发展是对体育产业发展状态的一种事实与价值判断，意味着体育产业在"质"与"量"两个维度上达到高级状态或最优状态。从理论上看，体育产业高质量发展是以新发展理念为指导的产业发展质量状态：创新是体育产业高质量发展的第一动力，协调是体育产业高质量发展的内生特点，绿色是体育产业高质量发展的普遍形态，开放是体育产业高质量发展的必由之路，共享是体育产业高质量发展的根本目标。① 体育产业高质量发展是体育产业发展的有效性、充分性、协调性、创新性、分享性和稳定性的综合，是生产要素投入低、资源配置效率高、资源环境成本低、经济社会效益好的质量型发展。② 从实践上看，体育产业高质量发展是我国体育产业发展的升级版本，是以质量变革、效率变革、动力变革"三大变革"为手段，以更好地满足人民日益增长的美好生活需要为发展目标，以科技创新含量高的有机体育产业群为核心，以先进技术、现代金融、人力资本等高端要素的自由流动为依托，以市场机制有效、微观主体有力、宏观调控有度的产业体制为特征，体育产品和服务供给与体育消费需求平衡充分，大型体育企业与中小型体育企业关联耦合互动，体育产业发展与区域要素资源禀赋、特色文化资源相匹配，与国际体育产业发展相衔接的链条完整、结构优化、要素集聚、产业协同、创新引领、机制灵活、竞争力强的生态产业体系。可以说，在由"高速增长阶段"转向"高质量发展阶段"，以往那样主要依靠要素投入的粗犷产业增长模式不可持续，即要从数量追赶转向质量追赶，从规模扩张转向结构升级，从要素驱动转向创新驱动，从分配失衡转向共享共建，从高碳增长转向绿色发展。

---

① 丁正军，战炤磊. 新时代我国体育产业高质量发展的综合动因与对策思路［J］. 学术论坛，2018，41（6）：93-99.
② 戴红磊，许延威. 中国体育产业高质量发展思考［J］. 体育文化导刊，2020（9）：86-91.

第二节　理论基础

一、产业组织理论

产业组织是指同一产业内部企业之间的关系。在市场经济中，企业之间的关系是通过市场形成和体现的利益关系。具体来说，就是市场交换关系、竞争和垄断关系、市场占有关系和资源占用关系等。需要说明的是，产业组织中的产业是指生产同一类产品的企业的集合，或是在同一商品市场上从事生产经营活动的企业的集合；产业组织中的组织也不是通常所说的生产组织、企业组织，而是专指产业"组成部分之间的关系"。产业组织理论是以产业内部企业之间关系为研究对象的理论，主要任务是分析同一产业内部企业之间的关系，揭示企业之间关系变化的规律及其对企业经营绩效的影响。产业组织理论是主要由市场结构、市场行为、市场绩效等三大部分按顺序构成的体系。无论是在理论上，还是在实践上，市场结构、市场行为和市场绩效都存在密切的逻辑联系。

产业组织理论最早可以追溯到英国古典经济学家亚当·斯密的名著《国富论》中提出的自由竞争市场和分工协作原理。1890 年，马歇尔在其专著《经济学原理》中把"组织"作为第四生产要素进行了系统分析，揭示了被后人称为"马歇尔冲突"的规模经济与市场竞争的矛盾。20 世纪 40 年代至 60 年代，以梅森、贝恩和谢勒为代表的哈佛学派提出了按市场结构（market structure）、市场行为（market conduct）和市场绩效（market performance）的逻辑顺序建立了"SCP"分析框架，标志着完整的产业组织理论体系正式形成。[1] 20 世纪 70 年代以来，随着交易费用理论、博弈论等新理论和方法的引入，芝加哥学派提出了产业生命周期假说，在市场结构、行为、绩效三者关系上形成了与哈佛学派不同的看法。鲍莫尔、帕恩查和韦利格等人在芝加哥学派的产业组织理论的基础上形成了"可竞争性市场"理论。新制度经济学派则把交易费用学说引入产业组织的研究，形成了新的研究视角和方法。而后，以泰勒尔、克瑞普斯等人为

---

[1] 李孟刚，蒋志敏.产业经济学理论发展综述［J］.中国流通经济，2009，23（4）：30-32.

代表的经济学家将博弈论引入产业组织理论的研究，分析了非市场的制度安排对企业行为的影响，发展和完善了传统的产业组织理论。

二、产业结构理论

产业结构是指国民经济中产业的构成及其相互关系。[①]产业结构有广义和狭义之说。狭义的产业结构包括产业类型、组合方式，各产业间的经济技术联系，各产业的技术基础、发展程度及其在国民经济中的地位和作用。广义的产业结构除了狭义内容外还包括产业之间在数量比例上的关系、在空间上的分布结构。可以说，产业结构理论之所以是产业经济学最重要的组成部分，其根本原因在于产业结构与经济发展的关系十分紧密，二者互为条件、互为因果。

产业结构理论最早可追溯到 1672 年英国古典经济学家配第的《政治算术》中关于工业比农业、商业比工业附加值高的结论。之后 1758 年和 1766 年法国经济学家魁奈发表了《经济表》和《经济表分析》，主要贡献是在"纯商品"的基础上对社会资本再生产和流通所做的分析。20 世纪 30 年代至 40 年代，产业结构理论基本形成，代表性人物有赤松要、库兹涅茨、里昂惕夫、克拉克等。赤松要提出了著名的"雁行形态理论"；库兹涅茨阐述了国民收入与产业结构之间的重要关系；里昂惕夫建立了投入产出分析体系；克拉克分析了劳动力在三次产业中的结构变化与人均国民收入之间的规律。20 世纪 50 年代至 60 年代，产业结构理论得到了重要发展，主要代表性人物有刘易斯、赫希曼、罗斯托、钱纳里、霍夫曼和希金斯等。刘易斯针对发展中国家提出了二元经济结构理论；赫希曼提出了"不平衡"增长学说；罗斯托提出了主导产业扩散效应理论和经济成长阶段理论；钱纳里提出在经济发展过程中，产业结构会发生变化；拉尼斯、费景汉则在刘易斯二元经济结构理论的基础上，建立了"费景汉—拉尼斯"模型。同时，产业结构优化和产业结构演化规律也是产业结构理论的重要内容，较常见的理论有"配第—克拉克定律""库兹涅茨人均收入影响论""罗斯托主导产业扩散效应理论和经济成长阶段论"等。[②]

---

① 张小梅. 产业经济学［M］. 成都：电子科技大学出版社，2017：55.
② 张小梅. 产业经济学［M］. 成都：电子科技大学出版社，2017：3.

三、产业布局理论

产业布局又称产业分布或产业空间配置，是指一个国家或一个地区产业各部门、各要素、各环节在地域上的动态组合与分布。[①] 产业布局是一种具有全面性、长远性和战略性的经济布局，从产业的地区结构方面反映着一个国家或一个地区产业发展的规模和水平，是人类从事社会生产和经济活动的地域体现和空间体现。也就是说，合理的产业布局不仅有利于发挥各地区的优势合理地利用资源，而且有利于取得良好的社会、经济和生态效益。站在历史长河看，产业在地域空间的分布与组合是存在规律的，产业布局理论的主要任务就是研究产业空间分布规律，为合理布局产业提供理论和政策指导。

产业布局理论最早可以追溯到 18 世纪爱尔兰经济学家坎地伦（Cantillon）在其著作中对运费、距离等因素影响工业区位的讨论。20 世纪 50 年代以来，随着增长极理论、点轴理论和地理二元经济理论等不断发展，探讨后发展国家如何通过谋划产业布局来发展本国经济的对策。综合来看，产业布局理论最重要的成果是产业集群理论的形成与发展。产业在空间的集中与分布即产业集群，越来越成为影响产业、地区经济、国家经济发展、资源配置效率、国际竞争力提高和国际贸易变动的重要因素，日益受到经济学界的关注，特别是 20 世纪 90 年代以美国迈克尔·波特、保罗·克鲁格曼为代表的经济学家，融合了产业经济学、新经济地理学、区域经济学、国际经济学、发展经济学等多学科的相关知识，提出了包括产业集群的内容、特征、类型、动因、形成机制、效应等内容的比较系统的产业集群理论，充实和完善了产业布局理论，增强了产业布局理论的完整性、现代化、解释力和应用价值。

四、产业政策理论

"产业政策"一词尽管在 1970 年以来就在世界各国被广泛使用，但由于不同的学者具有不同的研究角度和学术背景，迄今为止，关于"产业政策"的定义，经济理论界仍未达成共识。综合来看，产业政策是指政府为了实现一定的经济和社会目标，对产业经济活动（包括产业类型、产业组织、产业结构、产业布局、产业关联、产业发展等各方面的状况和变化）进行干预而制定的各种

---

① 戴伯勋. 现代产业经济学［M］. 北京：经济管理出版社，2001：400.

政策的总和。① 古典自由主义经济学认为，经济活动只要有"市场"的指导，就不需要"政府"的干预，斯密巴政府限定在"守夜人"的地位上。产业政策的实施要求政府对产业经济活动进行主动干预，因而学界将产业政策理论形成的依据归结为"市场失灵""国际竞争""赶超战略"。当然，产业政策作为政府经济行为的重要表现形式，也存在某种程度的失灵风险，而且产业政策本身也存在一定局限性。因此，不能过度夸大产业政策的作用，而应该谨慎地实施产业政策。

"产业政策"虽早在 1970 年就在日本被提出，但根据学者们的研究，产业政策的雏形却早已有之。例如，在我国春秋时期，越王勾践的休养生息政策，古埃及的统一管理全国水利系统和开凿新渠、扩大耕地面积的政策以及古巴比伦的严格保护私有财产的《汉谟拉比法典》等。现代意义上的产业政策则在不同的国家不同的时期具有不同的内容，各自的侧重点也各不相同。17 世纪的英国重商主义者力主国家对经济的全面干预。1791 年，美国开国元勋亚历山大·汉密尔顿在《关于制造业的报告》中主张国家采取各种措施保护并促进本国的制造业的发展。日本明治维新期间，明治政府颁布了《兴业意见书》来扶植各产业发展的政策措施。1970 年，日本通产省的代表在经济合作与发展组织（OECD）大会上正式提出"产业政策"这一词汇。我国自 20 世纪 70 年代进行改革开放后，面对较为严重的产业结构失衡问题，我国政府广泛且持续地推行了以产业结构调整为内容的产业政策。② 尤其从"七五"计划时期开始，政府不断推出日趋细化和扩展的产业政策，使中国成为一个推行产业政策较多的国家。根据政策功能的定位，产业政策主要包括产业组织政策、产业结构政策、产业布局政策和产业技术政策；根据政策对象领域可分为农业政策、能源政策、金融政策、环保政策、对外贸易政策和中小企业政策等；根据政策的目标，可分为战略性产业扶植政策、衰退产业调整政策和新兴技术产业化政策等。产业政策的作用实质上是弥补市场失灵、优化资源配置、促进超常规发展和增强本国产业的国际竞争力。③

---

① 卢福才.产业经济学 [M].上海：复旦大学出版社，2013：169-170.
② 张小梅.产业经济学 [M].成都：电子科技大学出版社，2017：140-142.
③ 卢福才.产业经济学 [M].上海：复旦大学出版社，2013：171-172.

五、产业融合理论

产业融合是伴随着信息化进程而出现的一种产业新范式，或者说是伴随技术变革与扩散过程而出现的一种新经济现象。这种新范式或新经济现象正以蓬勃之势在全球范围内迅速展开。纵观其学术史，产业融合的研究已成为经济学、管理学、社会学和地理学等众多学科的研究热点之一，并引起了各级政府和决策机构的重点关注和极大兴趣。因而，对产业融合内涵、基本特征、类型和动因进行梳理，便形成一个比较系统的产业融合基本理论体系。从研究脉络来看，国外产业融合思想虽然最早源于美国学者罗森伯格（Rosenberg，1963），但直至20世纪70年代末才受到广泛关注，即实业界关于"电脑和通信融合图景"的描绘，此后才延展到学术界和政界。1978年，麻省理工学院媒体实验室尼古路庞特认为"计算、印刷、广播业三者交叉之处是增长最快和创新最多的地方"，这也开启了学术界对产业融合研究的大门。此后一段时间里，产业融合研究的相关成果也只是零星出现。直到20世纪90年代中后期，美国新电信法案通过后，学术界才出现了产业融合研究的高潮，产业融合研究文献才开始大量出现。①

对于产业融合内涵的界定，不同学者有其不同的研究视角或侧重方向，至今尚未形成一致性意见。具体来看，国内外学者主要从技术融合（Rosenberg，1963；张磊 2001；Lind，2004 等）、产品融合（Yoffie，1997；Nils，2003 等）、企业融合（Cupat，2001；马健，2003；李美云；2007 等）、市场融合（Estabrooks，1995；Lind，2005；周旭霞，2007；刘志彪，2008 等）及制度融合（胡金星，2007）等视角来界定产业融合内涵的。综合来看，虽然学者们对于产业融合的定义各有侧重，但本质上来看，他们都基于一个共同认识：产业融合是一种从信息产业逐渐扩散的全新经济现象；产业融合的发展态势已广泛影响到世界产业的走向，并必将重塑全球产业的结构形态。从特征来看，产业融合本质上是一种创新；产业融合往往发生在产业边界处；产业融合是一个动态过程；产业融合是产业间分工的内部化；产业融合是信息化与工业化融合的重要依据。可以说，产业融合涉及产业之间的行为与关系，其不仅从微观上改变了产业的市场结构、市场行为和市场绩效，而且从宏观上改变了一个国家或一个

---

① 卢福才. 产业经济学 [M]. 上海：复旦大学出版社，2013：293-298.

地区的产业结构和经济增长方式。产业融合在整个经济系统中越来越具有普遍性，它将导致产业发展基础、产业之间关联、产业结构演变、产业组织形态和产业区域布局等方面的根本变化，对整个经济社会产生深远影响。

六、非均衡发展理论

非均衡发展理论是 20 世纪 50 年代逐渐兴起的经济学理论。非均衡发展理论的提出源自人们在资源稀缺的状态下，对如何有效提高资源利用率以促进经济发展所作的考虑。[①] 后来，经济学家将该理论从单一的市场经济领域延伸到了"市场经济和计划经济"两个领域，丰富和发展了非均衡理论的思想和体系，主要代表性观点包括：朗索瓦·佩鲁的增长极理论[②]；冈纳·缪尔达尔的"循环累积因果"理论[③]；阿尔伯特·赫希曼的不平衡增长论；弗里德曼的"中心—外围"理论；弗农的"区域经济梯度推移"理论；威廉姆逊的倒"U"形理论。从非均衡发展的内涵来看，所谓非均衡发展是指"不同地区、行业、人群在发展过程中的资源分配、财富积累、经济收入、权利运用等方面产生不平衡或不均衡现象，或呈现愈来愈显著的差异趋势"。[④] 也就是说，经济的非均衡发展实质上是通过适度倾斜与协调发展相结合的途径，逐步实现各地区经济共同富裕的长远目标。

从学理来看，非均衡发展是针对均衡发展理论提出的，二者是一个对立统一体。均衡发展理论注重缩小地区差距、促进社会公平和维护社会稳定，在经济发展到一定水平有利于协调发展。但均衡理论并非万能，也存有一定的局限性：一是不发达地区通常不能满足均衡发展的条件，受制于各种因素差距根本无法实现均衡发展。二是倘若注重均衡发展，势必会使效率边缘化。如果经济水平差异明显，那么投资效率和经济效果就会出现差异。非均衡发展理论是以追求效率为首要任务，在效率提高且差别逐渐缩小或彻底消除后，再强调在高

---

① 金育强，黄玉珍，胡科. 非均衡发展理论与中国体育非均衡发展实践 [J]. 北京体育大学学报，2007（12）：1712-1714.

② 白义霞. 区域经济非均衡发展理论的演变与创新研究：从增长极理论到产业集群 [J]. 经济问题探索，2008（4）：22-24.

③ MYRDAL G. Economic nationalism and internationalism [J]. *Australian Journal of International Affairs*，1957，11（4）.

④ 秦椿林. 论中国群众体育的非均衡发展 [J]. 北京体育大学学报，2004，27（7）：865-866.

效率下共同的均衡发展。均衡发展与非均衡发展是协调发展的两翼，非均衡发展要坚持效率优先、兼顾公平，在促进效率前提下体现公平，这是社会主义初级阶段的发展原则，同时又要防止贫富差距悬殊等负面效应。均衡发展与非均衡发展是互相转化的，同处一个共同经济体系之中，在矛盾运动中得到发展，并向高级均衡阶段演化。也就是说，要以非均衡发展作为推动国民经济发展的手段，进而达到相对均衡、协调发展、共同富裕的目的。

社会的发展一直处于一种由均衡到非均衡再到均衡这样一个动态变化中，由于非均衡的存在使得落后的、较差的不断赶超先进的、发达的，促使社会在波浪式前进，事物呈现螺旋式上升态势。放眼全球，不均衡是社会发展中一种普遍存在的现象。这种现象在任何国家尤其是发展中国家都存在，而且涉及经济社会的各个层面、各个环节。中国是发展中大国，各个地区的经济水平、资源禀赋、文化传统、产业基础存在很大差异，体育产业发展资源目前还高度稀缺，体育产业发展目前一直处于一种非均衡态势。如此境况，在发展上试图"齐步走"、管理上寻求"一刀切"是不可能的，更是不现实的。体育产业的非均衡问题已是不争的事实，回避或者绕过都是行不通的。非均衡发展是从资源有效配置角度，考虑体育产业发展的初始阶段或地区差异，如何把有限的资源分配于最有生产潜力的地方，在整个发展过程中，"均衡发展是目标，非均衡发展是手段"[1]，最终目的是要实现体育产业更高层次和更高水平的均衡发展。可以说，非均衡发展理论为体育产业的科学发展指明了方向，为体育产业的高效管理提供了理论依据。

七、复杂性科学理论

复杂性科学（Complexity Sciences）或复杂性研究（Complexity Researches）是系统科学发展的新阶段，是一种新的科学探究方式。20 世纪 20 年代，怀特海在《科学与近代世界》一书中指出："科学只有接受机体哲学或过程哲学的思想，才能解释新发展的新事实与新事物。"[2] 怀特海的这种思想被学界看作是复杂性科学理论的雏形。20 世纪后半叶，国内外对于复杂性思维的关注程度有所增加，科学领域的"海森堡的测不准定律、玻尔的互补原理、哥德尔的不完全

---

① 胡乃武，王辰. 均衡与非均衡：基础产业发展的理论模式与现实选择［J］. 江苏经济探讨，1994（2）：3-6.

② 李枭鹰. 高等教育选择论［M］. 北京：中国社会科学出版社，2011：26-27.

性法则"，以及在横断学科领域兴起的协同学、混沌学、突变论、耗散结构理论等，不同程度地促进了复杂性科学的形成与发展。20 世纪 80 年代以来，国内外学者（如米歇尔·沃尔德洛普，1997；埃德加·莫兰，2001；沈晓峰，1993；苗东升，2001；吴彤，2005；等）日益注重从复杂性的视角来研究自然界和人类社会的复杂现象，较为系统的复杂性科学理论开始形成并逐渐兴起，其方法论所强调的"复杂性思维是对近现代以来人们认识世界的现代哲学所表现的'简单性思维'的一种超越"①。简言之，复杂性思维是立足于复杂性科学研究的哲学凝练，打破了传统科学研究方法（如还原论、整体论等）的思维界限，把人们的思维引向于多而有序的领域，是一种新的思维方式，是一种"包括简单性方法的复杂新方法"②。

复杂性科学理论认为，世界事物是统一性和多样性的融合，个体和环境的相互渗透、共性和个性的相互交织、有序性和无序性的相互交混，"力举用宏大概念、策略性眼光和元系统观点来认识对象，期望简单的、静止的和封闭的理性主义被一种复杂的、动态的和开放的理性主义所代替"③。当我们谈及有序与无序的统一性问题时，要尤为强调单纯的有序或无序概念的局限性，认为"一个严格的决定论的宇宙是一个只有有序性的宇宙，在那里没有变化，没有创造。而一个只有无序性的宇宙将不能形成任何组织，因此将不能保持新生事物，从而也不适于进化和发展。一个绝对被决定的世界和一个绝对随机的世界都是片面的和残缺的，前者不能进化而后者甚至不能产生"。因此，倘若我们想认识这个世界，须把这两个相互排斥而又互补的世界联合统一起来。概言之，复杂性科学要求我们在思考问题时"永远不要使概念封闭起来，要粉碎封闭的边界，在被分割的东西之间重建联系，努力掌握多方面性，考虑到特殊性、地点、实践，又永不忘记起整合作用的整体"④。

体育产业作为复杂性系统，决定了我们必须正视和直面各种复杂性问题本身，破除长期以来形成的简单化、线性论思维方式，自觉地运用复杂性科学理

① 郑确辉.论复杂性思维和思想政治教育的复杂性［J］.理论月刊，2008（10）：185-188.
② 莫兰.复杂性思想：自觉的科学［M］.北京：北京大学出版社，2001：159.
③ 唐德海，李枭鹰.复杂性思维与多学科研究：功能耦合的高等教育研究方法论［J］.高等教育究，2011，32（4）：59-63.
④ 莫兰.复杂性思想：自觉的科学［M］.北京：北京大学出版社，2001：25-27.

论和方法深入探讨体育产业发展问题,对体育产业系统的运行、管理与发展过程进行多角度、多层面的系统研究,真正将体育产业的复杂性当作复杂性来处理,以便全面而深刻地解读和把握体育产业系统。也就是说,复杂性科学理论之于体育产业,意味着我们将"政府体育产业管理"看成一项复杂的系统工程,灵活运用整体思维、关系思维、过程思维和非线性思维等思维方式,处理体育产业管理中各种复杂的关系,设计和展开体育产业经济行为选择实践。也就是说,无论是政府体育产业经济行为研究,还是政府体育产业经济行为选择实践,抑或处理体育产业内外部各种复杂关系,都应具有复杂性思维或系统思维:要着眼于处理好体育产业的部分与整体、差异和同一、结构和功能、自我和环境、有序和无序、合作和竞争、行为和目的、阶段和过程等各种相互关系问题;要着眼于处理好体育产业领域中不同业态的差异与耦合、不同地区的协调与管理、不同阶段的衔接与延续、不同结构或形态的兴衰替代以及资源配置、总体布局、长期预测、目标优化、信息的利用和传送之类的问题。

八、中国特色社会主义经济理论

改革开放 40 多年来,中国经济发展取得了举世瞩目的成就。改革开放之初,1981 年中国人均 GDP 仅为 447 美元。40 年后的今天,2020 年中国人均 GDP 为 10370 美元。1981 年,中国贫困人口为 8.78 亿。2020 年,中国全面建成小康社会,中国人民正在向共同富裕的目标扎实迈进。中国经济发展的奇迹的理论根源"是中国共产党实事求是的思想路线和中国特色社会主义经济理论体系的创新"①。中国特色社会主义经济理论是科学社会主义理论在当代的有效继承与创新发展,是我国改革开放 40 多年伟大实践和现代化建设经验的理论结晶,是指导中国实现"两个百年"奋斗目标和建成现代化强国的强大思想武器。中国特色社会主义经济理论"是由邓小平开拓和奠基,后由江泽民、胡锦涛和习近平等几代领导同志丰富和发展起来的,可以概括为邓小平经济理论、江泽民'三个代表'重要思想、胡锦涛科学发展观和习近平新时代中国特色社会主义经济思想,形成了一个以建立和健全社会主义市场经济为标志的科学体

---

① 张晖明. 正确回答中国经济发展"奇迹"的理论根源 [J]. 红旗文稿,2017 (21):22-24.

系"①。党的十八大明确指出，中国特色社会主义是由道路、理论和制度三位一体构成的。中国特色社会主义理论是我们的行动指南，而其中的经济理论则是这一理论体系的组成部分和核心内容，因而具有重要的历史地位和现实作用。

中国特色社会主义经济理论立足于我国实际，深刻揭示了一个发展中大国进行社会主义经济建设的客观规律。这一理论对一系列重大的经济问题作出了科学回答和指明了前进方向，具体表现在以下方面：一是从国情出发，提出了社会主义的发展阶段论，明确中国现阶段仍然处于社会主义初级阶段。二是揭示了社会主义的本质和根本任务，是解放和发展生产力，消灭剥削，消除两极分化，最终实现共同富裕。三是明确了社会主义基本经济制度，是以公有制为主体，多种经济成分共同发展。在分配制度上是以按劳分配为主体，多种分配方式共同发展。四是提出了改革经济体制的要求，创立了社会主义市场经济理论，解决了现阶段经济发展的方式和动力问题。五是坚持对外开放，创立经济特区和自由贸易区，营造良好的外部经济环境。六是制定了经济建设的发展战略、目标和部署。七是确立了经济工作的基本原则和指导方针。八是提出了坚持以人为本，经济社会全面协调的科学发展观。这一系列经济思想的确立和完善，表明中国特色社会主义经济理论极大地丰富和发展了马克思主义政治经济学，是马克思主义的典范。②

党的十八大以来，以习近平同志为代表的中国共产党人坚持把马克思主义基本原理与新时代中国实际相结合，精准把握中国经济社会发展的历史方位，深刻洞察当今世界政治经济新变局，紧紧围绕新时代坚持和发展什么样的中国特色社会主义、怎样坚持和发展中国特色社会主义这个重大时代课题，创新和发展了中国特色社会主义经济理论体系。③ 2017 年 12 月 18 日至 20 日的中央经济工作会议正式提出习近平新时代中国特色社会主义经济思想（以下简称"习

① 陈承明，陈伯庚，包亚钧，等．中国特色社会主义经济理论教程［M］．上海：复旦大学出版社，2018：1-2.
② 陈承明，陈伯庚，包亚钧，等．中国特色社会主义经济理论教程［M］．上海：复旦大学出版社，2018：2-3.
③ 胡鞍钢，周绍杰．习近平新时代中国特色社会主义经济思想的发展背景、理论体系与重点领域［J］．新疆师范大学学报（哲学社会科学版），2019，40（2）：7-15.

近平经济思想"），把习近平经济思想总结为七个"坚持"①。习近平经济思想是以习近平同志为核心的党中央推动中国经济发展实践的理论结晶，是习近平新时代中国特色社会主义思想的重要组成部分，是马克思主义政治经济学和中国特色社会主义经济理论的最新成果，是推动经济高质量发展的行动指南。② 可以说，习近平经济思想为发展中国家走向现代化提供了方向和指引，为医治发达国家的经济弊端提供有效的方案和药方。例如，以新发展理念为导向促进经济高质量发展；发挥社会主义制度集中力量办大事办难事办急事的独特优势；使市场在资源配置中起决定性作用，更好发挥政府作用；坚持"稳中求进"的经济工作总基调，保持经济平稳健康发展；等等。综合来看，习近平经济思想既为破解当代中国的发展难题、增强发展动力、厚植发展优势提供强大理论支撑，又为解决世界经济发展问题提供了新方案。③

中国特色社会主义经济理论，尤其是习近平经济思想是当前乃至未来我国体育产业发展必须遵循的主要指导思想，是推进完成体育产业高质量发展任务的重要保障。从某种意义上讲，中国体育产业高质量发展是由各个地方的体育产业高质量发展所构成的。各地区要素禀赋、发展条件和发展水平的巨大差异，决定了各地区应当因地制宜地推进本地区的体育产业高质量发展，推进各级地方政府经济行为的规范化和科学化，提高地方政府体育产业的治理能力。除此之外，中国学者在发展经济学理论创新中的观点，也为体育产业高质量发展提供了必要的理论支撑，以张培刚先生倡导的新型发展经济学和林毅夫先生倡导的新结构经济学为代表。例如，新结构经济学强调，产业升级是欠发达国家实现持续经济增长的主要动力，推动产业升级需要遵循比较优势，发挥市场在资

---

① 第一，坚持加强党对经济工作的集中统一领导，保证我国经济沿着正确方向发展；第二，坚持以人民为中心的发展思想，贯穿到统筹推进"五位一体"总体布局和协调推进"四个全面"战略布局之中；第三，坚持适应把握引领经济发展新常态，立足大局，把握规律；第四，坚持使市场在资源配置中起决定性作用，更好发挥政府作用，坚决扫除经济发展的体制机制障碍；第五，坚持适应我国经济发展主要矛盾变化，完善宏观调控，相机抉择，开准药方，把推进供给侧结构性改革作为经济工作的主线；第六，坚持问题导向部署经济发展新战略，对我国经济社会发展变革产生深远影响；第七，坚持正确工作策略和方法，稳中求进，保持战略定力、坚持底线思维，一步一个脚印向前迈进。

② 赵德友. 习近平经济思想研究：上 [J]. 统计理论与实践，2022（1）：3-9.

③ 张雷声. 中国共产党经济思想在新时代的发展创新 [J]. 马克思主义与现实，2021（4）：40-46，203.

源配置中的决定性作用；同时，产业升级过程中存在市场失灵，需要充分发挥政府因势利导的作用。① 新结构经济学以中国经济发展实践为蓝本，基于发展中国家和转型国家成败经验，为推进中国体育产业高质量发展和优化政府体育产业经济行为提供了丰厚的理论和实践土壤。

---

① 林毅夫. 比较优势、竞争优势与区域一体化 [J]. 河海大学学报（哲学社会科学版），2021，23（5）：1-8，109.

第三章

我国体育产业发展概述

体育产业是关系亿万群众福祉的民生事业，更是具有巨大发展潜力的朝阳产业。根据《体育产业统计分类（2019）》，体育产业是指为社会提供各种体育产品（货物和服务）和体育相关产品的生产活动的集合，具体分类范围包括11个大类、37个中类和71个小类。改革开放40多年来，伴随着经济社会各领域的深刻变革，我国体育产业发展取得了巨大成就，尤其是党的十八大以来，我国体育产业结构不断优化，产业现代化水平与国际竞争力不断增强，为建设"体育强国、健康中国"提供了有力支撑，成为国民经济高质量发展的重要引擎。但同时我们也看到，体育产业在政策、结构、技术、资本、消费、人才等方面仍存在不同程度的体制机制障碍，推进体育产业高质量发展任务艰巨。作为人类社会发展到一定阶段的产物，体育产业形成于过去，汇聚于现在，又奔向未来，永远处于变化之中。因此，唯有对体育产业发展进行全方位动态的考察，才有助于我们抓住发展中的主要矛盾和矛盾的主要方面，方可切实解决影响实现体育产业高质量发展的突出问题。

第一节　我国体育产业发展的历程演延

改革开放40多年来，通过政府自上而下的政策设计和市场在资源配置中的作用，我国体育产业实现了从无到有、由小到大、从弱到强的快速转变，现已成为国民经济的重要组成部分。从党的十一届三中全会开始，我国体育产业经历了萌芽期、起步期、快速发展期和高质量发展探索期四个阶段。

一、体育产业萌芽阶段（1978—1991年）

1978年党的十一届三中全会召开后，以经济建设为中心成为社会主义现代化建设的根本任务。为更好地适应经济体制改革及提高人民健康水平，中国体育开始了产业化发展的探索和实践。1980年，原国家体委、财政部等四部门联合印发了《关于充分发挥体育场地使用效率的通知》，首次提出鼓励体育场馆（地）在非赛事期间对外租赁并收取门票或租金回笼国家资金投入。1984年，中共中央发布了《关于进一步发展体育运动的通知》，提出要改善体育场馆管理，提高场馆使用效率，成为开展群众活动和培训体育人才的基地，同时"要讲究经济效益，积极创造条件实行多种经营，逐渐转变为企业、半企业性质的单位"。1986年，原国家体委发布了《关于体育体制改革的决定》，明确提出体育场馆（地）要"实行多种经营，由行政管理型向经营管理型过渡"。

1990年，原国家体委印发了《关于中国武术协会实体化的通知》，项目协会实体化改革以及鼓励社会办赛与体育部门开展商业化赛事等做法，为我国体育产业的萌芽与形成提供了条件。这些文件的颁布实施成为我国体育事业社会化、产业化发展的开端，体育产业自此成为满足人民日益增长的物质文化需要的新兴产业。综合来看，这一阶段仍以政府计划性指令为主，市场机制作用体育产业发展尚未体现，虽然鼓励体育系统有条件的事业单位利用体育场馆（地）开展多种经营，允许以企业赞助和联合举办的形式资助体育赛事活动和联办高水平运动队，但市场作用微乎其微，还尚处于准备和引入阶段。因此，鼓励体育场馆多种经营和吸引体育赛事活动社会赞助以缓解体育事业发展资金不足是此阶段政府的核心任务，"政府经营、市场引入"是体育产业萌芽阶段政府经济行为的主要特征表现。

二、体育产业起步阶段（1992—2000年）

1992年邓小平"南方谈话"和党的十四大召开，确立了"建立社会主义市场经济体制"是我国经济体制改革的目标。体育事业也随之开启了与社会主义市场经济体制相适应的且符合现代体育运动规律的管理体制改革和运营体制改革。1992年，《中共中央、国务院关于加快发展第三产业的决定》明确了体育的产业属性问题，将发展体育产业的重点从经营创收转为推动体育事业向产业化方向发展。同年，原国家体委在广东中山召开会议（史称"中山会议"），首次将体育产业作为深化体育改革的一项重要内容，提出"形成国家办与社会办相结合、以社会办为主的新格局"，确立了"以足球改革为突破口"，推动竞技体育职业化改革。1993年，原国家体委出台《关于深化体育改革的意见》及相关配套文件《国家体委关于培育体育市场、加速体育产业化进程的意见》等，提出"面向市场，走向市场，以产业化为方向"的改革思路，同时要"积极开发与培育体育竞赛表演市场，充分发挥市场在体育资源配置中的基础作用"。

1994年，原国家体委发布了《1994—1995年度体育彩票发行管理办法》和《关于加强体育市场管理的通知》，两个文件的出台将体育经营活动纳入法制管理的轨道。1995年，原国家体委颁布了《体育产业发展纲要（1995—2010）》，阐明了发展体育产业的重要意义，明确了体育的产业性质和体育的经济属性，界定了体育主体产业、体育相关产业和体办产业，提出了我国体育产业发展的指导思想、发展目标及基本措施。1996年，为正确引导和鼓励体育经营活动，为鼓励和繁荣体育市场，原国家体委下发了《关于进一步加强体育经营活动管理的通知》。同年，全国人大八届四次会议审议通过的《国民经济和社会发展"九五"计划和2010年远景目标纲要》进一步明确了体育要走"社会化、产业化的道路"。这些文件的出台，确立了体育产业发展的政策性导向，推进了单项体育协会实体化和俱乐部职业化改革，但此阶段仍以政府自上而下推动为主，社会力量办赛的积极性并未真正激发，体育赛事供给与运营仍以政府部门为主。因此，"政府主导、培育市场"是此阶段政府经济行为的主要特征。

三、体育产业快速发展阶段（2001—2012年）

2001年，北京获得第29届夏季奥林匹克运动会主办权及中国正式加入世界贸易组织（WTO），为我国体育产业和市场经济带来重大发展机遇。此背景下，国家层面主要围绕北京奥运会筹办及加入WTO后的体育产业发展策略展开。2001年，原国家计委印发《"十五"期间加快发展服务业若干政策措施的意见》，提出要"积极发展文化、体育等需求潜力大的行业，形成新的经济增长点"。2002年，国家体育总局发布《2001—2010年奥运争光计划纲要》，要求积极探索社会主义市场经济条件下职业体育的发展方式，形成"政府主导、规划科学、依托市场、管理规范、产权清晰、运转高效"的具有中国特色的职业体育管理体制和运行机制。在此纲领引导下，体育竞赛市场不断活跃，职业联赛、商业赛事、各单项与综合赛事逐渐增多，体育竞赛表演产业进入快速发展期。

2006 年，国家体育总局颁布《体育产业"十一五"规划》，明确了"坚持经济效益与社会效益并重，以市场化为导向、坚持改革促发展、依法管理的原则"，并提出要"改革体育产业的管理体制，加强对体育市场的规范管理，进一步完善体育产业政策，加强对体育产业的指导与服务"，体育赛事质量与效益问题得到关注，市场化与规范化导向日益突出。

2007 年，国家体育总局在上海举办了全国体育产业工作会议，提出全社会共同参与体育产业的发展思路，确立体育产业"依托场馆、紧扣本体、全面发展、服务社会"的发展方针。2008 年，国家统计局和国家体育总局颁布《体育及相关产业分类（试行）》，进一步明确了体育及相关产业的概念，将体育及相关产业划分为 3 个层次、8 个大类，这是我国体育行业首个具有约束力的国家统计标准。2010 年，《国务院办公厅关于加快发展体育产业的指导意见》出台，提出了未来 10 年我国体育产业的主要目标、基本方针和重点任务，并从改善经济调控、社会保障管理、完善监督管理、加强公共服务等方面为政府职能全面转型指明了方向。2011 年，国家体育总局颁布《体育产业"十二五"规划》，进一步强调从"办体育"向"管体育"转变。2012 年，为鼓励、引导与规范民间资本进入体育产业，国家体育总局印发了《关于鼓励和引导民间资本投资体育产业的实施意见》。综合来看，此阶段体育产业发展得到各级政府部门的高度重视，国家层面的体育产业发展规划与管理工作不断深入，体育市场体系建设不断完善，基本形成"政府主导、社会参与、市场运作"的体育产业运作模式。但政府、社会与市场的边界不清晰，市场、社会参与体育产业的体制机制不顺畅。因此，"政府主导、完善监管"是此阶段政府经济行为的主要特征。

四、体育产业高质量发展探索阶段（2013 年至今）

2013 年，党的十八届三中全会提出"要使市场在资源配置中起决定性作用，更好发挥政府作用"，空前地将市场放在社会主义市场经济中的主导地位。市场机制正式从"幕后"走向"前台"，体现了在社会主义市场经济框架内政府与市场关系的实质性转变与重构，为我国体育产业发展方式转变指明了方向。2014 年《政府工作报告》明确提出"发展全民健身、竞技体育和体育产业"，首次将体育产业提升至与群众体育、竞技体育并列的高度，体育产业受到前所未有的关注与重视。2014 年，《国务院关于加快发展体育产业促进体育消费的若干意见》（以下简称"国务院 46 号文件"）出台，标志着我国体育发展方式迎来重大转变，即从行政主导向行政服务和市场推动相结合转变、政府办体育向扶持引导社会办体育转变、从体育部门主管向多部门联动转变，这为推进和引领我国体育产业发展奠定了坚实基础。2015 年，为推动体育产业发展，科学界定体育产业的统计范围，国家统计局审议通过了《国家体育产业统计分类》，明确了体育产业的 11 个大类、37 个中类及 52 个小类。同年，国家推行供给侧结构性改革，通过不断重构政府与市场关系，提高资源配置效率促进经济社会发展。

2016 年，国办印发《关于加快发展健身休闲产业的指导意见》（以下简称"国办 77 号文件"），明确提出"基本形成布局合理、功能完善、门类齐全的健身休闲产业发展格局，产品和服务供给更加丰富，服务质量和水平明显提高"。同年，国家体育总局等 9 部委联合印发了《水上运动产业发展规划》《山地户外运动产业发展规划》《航空运动产业发展规划》等专项产业政策。2017 年，党的十九大报告首次提出"高质量发展"新表述，指出中国经济已由"高速增长阶段"转向"高质量发展阶段"。2018 年，十三届全国人大一次会议围绕"高质量发展"，立足"五位一体"的总体布局和"四个全面"的战略布局，提出深度推进供给侧结构性改革的总体部署。同年，国办印发了《关于加快发展体育竞赛表演产业的指导意见》（以下简称"国办 121 号文件"），对促进我国体育产业优化结构与提质升级具有重要意义。2019 年，为推进体育消费持续提质扩容，进一步发挥体育产业在扩大内需及推动经济结构转型升级和满足人民日益增长的美好生活需要，国家体育总局联合国家发改委颁布了《进一步促进体育消费的行动计划（2019—2020 年）》。同年，国办针对"体育产业高质量发展"出台了《关于促进全民健身和体育消费 推动体育产业高质量发展的意见》（国办发〔2019〕43 号），明确提出"体育产业在满足人民日益增长的美好生活需要方面发挥着不可替代的作用"，要"强化体育产业要素保障，激发市场活力和消费热情，推动体育产业成为国民经济支柱性产业"。综合来看，在国家政策和政府"放管服"改革的驱动下，各级政府部门积极落实并出台相关配套政策，体育旅游、体育康养等多种"体育+"新兴业态正成为重点关注域，居民体育消费意识逐渐增强，极大地促进了我国体育产业高质量发展。可见，"政府支持、市场主导"是体育产业高质量发展探索阶段的主要特征。

第二节 我国体育产业发展的现实境况

"十三五"期间，中国体育产业经历了不平凡的 5 年，体育产业成为国家政策顶层设计最为关注的领域之一，体育产业结构不断优化，体育增加值保持快速增长，体育产业发展质量不断提升，为建设体育强国和国民经济发展提供了有力支撑。

一、体育产业地位显著提升，顶层政策体系不断完善

"十三五"时期，我国体育产业发展得到了党中央国务院和各级地方政府的充分认可和高度重视。"十三五"以来，几乎每年都有多项体育产业相关政策出台。从国家层面看，仅由国办印发的体育产业政策就有 3 项，体育总局联合相关部委又颁布了 10 个运动项目的 12 个产业规划，其他对体育产业进行专章或专节部署的政策文件更多。从地方层面看，全国 31 个省区市均出台了贯彻落实《关于加快发展体育产业促进体育消费的若干意见》（简称"46 号文件"）和《关于加快发展健身休闲产业的指导意见》（以下简称《意见》）的实施意见。多地还根据地区资源禀赋与发展重点，推出了更多针对性的体育产业政策，涉及发展冰雪产业、推进赛事改革、促进体育消费、吸引民间资本、加强体育市场监管等方面内容。这些政策密集出台即是对体育产业在赋能我国经济社会转型发展作用的充分肯定，也是对发展体育产业培育新经济增长点给予强有力的政策支持，更为"十四五"时期我国体育产业的高质量发展指明了方向。

二、体育产业规模迅速壮大，民营企业成为市场主体

"十三五"时期，我国体育产业总规模和增加值增速持续高于同期 GDP 增速。体育产业总规模（总产出）"从 2014 年的 13574 亿元增加到了 2019 年的 29483 亿元，增加值年均增长率达到了 23.43%，超过 2006 年至 2013 年 20.2% 的年均增长率，显示出我国体育产业强劲的增长潜力和巨大的市场空间"[1]。体育产业快速壮大的背后，民营体育企业成为不可或缺的重要力量。第四次全国

---

[1] 历年国家体育产业总规模与增加值数据公告 [EB/OL]. 国家统计局，2020-12-30.

经济普查数据显示，"截至 2018 年末，我国共有体育产业法人单位 23.8 万个，从业人员 443.9 万人（不包括产业活动单位、个体户从业人数），占全部二、三产业比重分别为 1.1% 和 1.2%；体育产业法人单位资产总计突破 3 万亿元，体育产业企业法人单位营业收入 23460.4 亿元；体育行政事业及民间非营利组织法人单位支出（费用）合计 2002.3 亿元"①。这些数据表明，"十三五"时期，在国家一系列政策措施的带动下，我国体育产业进入快速发展期，体育产业总规模（总产出）迅速壮大，增加值不断刷新，增长速度不断加快，占 GDP 比重不断提高，民营企业成为体育产业的重要市场主体，体育产业向国民经济支柱性产业大步迈进。

三、体育产业结构不断优化，体育服务比重明显增加

"十三五"时期，我国持续推进体育产业供给侧结构性改革，供给体系的适应性和灵活性不断增强。从内部结构看，体育服务业成为体育产业增长主引擎。截至 2018 年末，"我国共有体育服务业领域法人单位 14 万个，从业人员 120.1 万人，资产总额 15686 亿元，占体育产业比重分别为 59.0%、27.1% 和 49.8%"②。其中，"体育健身休闲活动领域法人单位 4.7 万个，从业人员 38 万人，资产计计 3149.7 亿元，占体育服务业比重分别为 33.5%、31.7% 和 20.1%，单位数量和从业人员在体育服务业 8 个领域中居于首位"③。"2019 年体育服务业增加值为 7615 亿元，在体育产业中所占比重增加到 67.7%"④。与此同时，"截至 2018 年末，我国共有体育制造业法人单位 4.3 万个，从业人员 236.3 万人，资产总计 9136.0 亿元，占体育产业的比重分别为 18.0%、53.2% 和 29.0%。2018 年，体育制造业实现营业收入 12587.2 亿元，营业利润 856.0 亿元，占体育产业比重分别为 53.7% 和 67.5%"⑤。这些数据表明，我国体育产业内部结构

① 我国体育产业蓬勃发展前景广阔——第四次全国经济普查系列报告之十五［EB/OL］. 国家统计局，2020-01-20.
② 我国体育产业蓬勃发展前景广阔——第四次全国经济普查系列报告之十五［EB/OL］. 国家统计局，2020-01-20.
③ 历年国家体育产业总规模与增加值数据公告［EB/OL］. 国家统计局，2020-12-30.
④ 我国体育产业蓬勃发展前景广阔——第四次全国经济普查系列报告之十五［EB/OL］. 国家统计局，2020-01-20.
⑤ 我国体育产业蓬勃发展前景广阔——第四次全国经济普查系列报告之十五［EB/OL］. 国家统计局，2020-01-20.

持续优化，体育健身休闲服务活力迸发，体育服务业与体育制造业之间的联动效应日趋明显，共同成为支撑体育产业腾飞的"双引擎"。

四、体育产业创新取得突破，体育跨界融合明显提速

"十三五"时期，随着我国创新战略深入实施，体育产业驱动创新全面发力、多点突破、纵深推进，产业边界被不断打破，产业新业态不断涌现，催生了以新技术、新产品、新服务和新商业模式为核心，以资本、知识、技术、人力、信息和数据等新生产要素为依托的体育产业发展新动能。与此同时，"十三五"以来"体育+"和"+体育"模式彰显出蓬勃的生命力，体育旅游、体育康养、体育文创、体育广告、体育传媒、体育会展等多种融合业态不断涌现。以体育旅游为例，"2017 年以来，体育总局会同有关部门累计发布体育旅游精品线路 108 条，推出 33 个国家体育旅游精品赛事和 30 个国家体育旅游示范基地创建单位"①。此外，新冠疫情期间，我国"云健身""云展览""云赛事"等"数字体育"新模式发挥了体育经济"稳定器"的作用，极大地推动了居民体育消费的均等化和多元化。据 Quest Mobile 统计，"截至 2020 年 2 月，我国运动健身 App 活跃用户规模达到了 8928 万，同比增长了 93.3%"②。由此可以看出，"体育+"赋能体育经济发展的动力在不断增强。

五、体育产业空间不断扩大，区域产业集群建设加快

"十三五"时期，我国体育产业空间呈现从沿海向内地梯度扩散趋势。据统计，目前有国家体育产业基地 219 个，其中示范基地 57 个、示范单位 90 个、示范项目 72 个，覆盖全国 31 个省区市。在国家级体育产业基地的引领作用下，各地也纷纷开展了省级体育产业基地和重点体育产业项目建设工作，打破了"体育产业只属于东部沿海"的空间标签。与此同时，《京津冀协同发展规划纲要》《长江经济带发展规划纲要》《粤港澳大湾区发展规划纲要》《长江三角洲区域一体化发展规划纲要》以及"成渝双城经济圈"等重大国家规划的出台，在一定程度上加快了我国体育产业区域集群建设的步伐，京津冀、长三角、粤

---

① 新动能 新路径 新成果："十三五"期间体育产业发展回顾 [EB/OL]. 新华网，2020-10-21.
② 2 月健身 App 活跃用户同比增长 93.3% [EB/OL]. 央视网，2020-04-07.

港澳等区域已成为我国体育产业重要的增长极。以长三角为例，"2012 年长三角地区体育产业协作会成立，经过几年的发展逐渐形成了'三省一市一院'的稳定合作格局；2020 年《长三角洲汽车运动产业一体化发展合作协议框架》《2020 年长三角地区体育产业一体化重点项目合作协议》签署落地，这标志着我国体育产业区域集群建设驶入快车道"①。

第三节 我国体育产业高质量发展的动力要素

体育产业高质量发展是非常复杂的系统问题，体育产业高质量发展的动力系统是指影响体育产业高质量发展的各种动力因素的构成及其相互之间联系和作用的方式和原理。根据系统动力学原理，体育产业高质量发展的动力源既有外部力量的促发，也有内部力量的推动，综合来看，主要包括社会主要矛盾变化、政策体系调整、体育对外贸易发展、体育产业高速增长及全球性新科技革命等方面。

一、社会主要矛盾转变是推动体育产业高质量发展的基本动力

新时期我国社会主要矛盾发生了根本性改变，从"人民日益增长的物质文化需要与落后的生产之间的矛盾"已经转变为"人民日益增长的美好生活需要和不平衡不充分的发展之间的矛盾"②。社会主要矛盾的改变，反映出社会总需求和总供给之间的矛盾关系。细化到体育领域就是，人民群众的高质量体育需求还没有得到满足，人民群众的体育获得感和幸福感还没有得到满足。随着居民收入水平提高和中等收入群体扩大，体育消费结构加快向个性化、多样化、层次化、高端化方向升级，人们对体育产品和服务质量、品质、品牌的要求日益提高。但从供给层面看，我国目前还不是体育强国，体育产品和服务供给还存在"质量缺口"，与人民群众的高质量需求还存在相当的距离，"好不好"的矛盾愈加突出。可以说，人民对美好生活需要的日益增长，使得体育领域的供

---

① 廉涛，黄海燕. 长三角体育产业一体化发展的空间结构研究 [J]. 体育科学，2020，40（10）：21-30.

② 汪亭友. 如何认识新时代我国社会主要矛盾的转变 [J]. 人民论坛，2018（11）：58-59.

需关系发生了深刻变化，而要解决这一供需矛盾，实现体育产业高质量发展是题中应有之义。

二、体育产业政策体系是推动体育产业高质量发展的直接动力

近 10 年，我国体育产业发展得到了党中央国务院和各级地方政府的充分认可和高度重视，尤其是"十三五"以来几乎每年都有多项体育产业相关政策出台。从国家层面看，仅由国办印发的体育产业政策就有 3 项，体育总局联合相关部委又颁布了 10 个运动项目的 12 个产业规划，其他对体育产业进行专章或专节部署的政策文件更多。从地方层面看，全国 31 个省区市均出台了贯彻落实"46 号文件"和《关于加快发展健身休闲产业的指导意见》（以下简称《意见》）的实施意见。多地还根据地区资源禀赋与发展重点，推出了更多针对性的体育产业政策。这些政策的密集出台即对体育产业在赋能我国经济社会转型发展作用的充分肯定，也是对发展体育产业培育新经济增长点给予强有力的政策支持，更为今后我国体育产业的高质量发展指明了方向，是推动我国体育产业高质量发展的直接动力。

三、发展体育对外贸易是推动体育产业高质量发展的内在动力

体育贸易是提升国家体育软实力、提高国际体育话语权、塑造国家体育形象的重要手段，体育贸易的水平最能反映一个国家体育产业发展的质量和水平。"十三五"以来，我国体育贸易实现了较快增长，远远高于 GDP 增长速度。[1] 2020 年，我国体育用品制造及设备出口金额达 158.1 亿美元，比 2019 年增长 41%。[2] 但从整体上看，我国对外体育贸易的结构还存在体育用品制造业在体育贸易中所占比重过大（贸易顺差），而体育服务和核心产权贸易相对薄弱（贸易逆差）的问题，其中，一般性体育商品或体育载体性商品出口量较大，经济效益显著，而高附加值、高科技含量的体育商品出口量相对较少。从全球实践来看，体育产业发展水平的高低直接影响体育贸易的发展水平。我国目前体育对外贸易与发达国家相比还难以形成体育贸易的辐射效应。因此，加快形成以国

---

① 刘广飞，翟惠生，张文贤. 我国体育产业投资基金发展的研究［J］. 体育学研究，2019，2（6）：71-78.

② 李颖川. 在 2021 年中国国际体育用品博览会上的讲话［EB/OL］. 百度百家号，2021-05-18.

内大循环为主体、国内国际双循环相互促进的新发展格局，培育具有国际竞争力的大型外向型体育企业意义重大。从这个意义上说，发展体育对外贸易是促进体育产业高质量发展的内在动力。

四、体育产业高速增长是推动体育产业高质量发展的核心动力

改革开放以来，我国体育产业从短缺经济起步，经过 40 多年的高速增长和生产能力的迅猛扩张，"数量缺口"基本填满。2014—2019 年，我国体育产业总规模（总产出）从 2014 年的 13574 亿元增加到了 2019 年的 29483 亿元，增加值年均增长率高达 23.43%。① 我国体育产业生产力水平大幅提升，已经成为名副其实的体育用品制造大国，很多体育用品生产能力跃居全球第一，甚至传统制造领域还出现了产能过剩，"有没有"的矛盾基本得到缓解。可以说，填补"数量缺口"是改革开放 40 多年来我国体育产业发展的主要任务。这种以数量扩增、外延扩大、规模扩张为主的发展模式，虽然取得了举世瞩目的成就，但也存在产品同质化、结构不均衡、高端产能不足、区域发展不平衡、发展不可持续等突出的问题和缺陷。新发展阶段，"好不好"的矛盾愈加突出，要求体育产业必须从填补"数量缺口"向填补"质量缺口"转变，主要任务已不再是做大"蛋糕"，而是做好、分好"蛋糕"。因此，高速增长的重大缺陷是推动体育产业高质量发展的核心动力。

五、全球性新科技革命是推动体育产业高质量发展的根本动力

当前全球新一轮科技革命和产业变革正在孕育兴起，信息、生物、制造、新材料、新能源等领域的颠覆性技术不断涌现，互联网、物联网、大数据、人工智能等新兴技术在融合中已进入大规模商业化应用阶段。经济社会活动的数字化，使劳动力、土地、资源等传统生产要素的地位相对下降，人力资本、数字技术和数据服务正在成为重塑各国产业竞争力消长和全球产业竞争格局的重要因素，体育产业的数字化、智能化、平台化正在成为各国竞争的制高点。传统的三次产业分类越来越难以衡量产业发展水平，产业结构高度化将更多体现为产业数字化转型带来的边际效率改善和全要素生产率提升。过去我国体育产业发展基本处于接受技术扩散和辐射的外围地带，与处于中心地位的体育产业

① 历年国家体育产业总规模与增加值数据公告 [EB/OL]. 国家统计局，2020-12-30.

发达国家还存有明显落差。新一轮科技革命使各国体育产业走向了同一起跑线上，为我国体育产业快速进入国际体育科技前沿中心地带创造了条件，打开了跻身世界体育产业发达国家行列的机会窗口。因此，全球新一轮科技革命是推动体育产业高质量发展的根本动力。

第四节　我国体育产业高质量发展的现实挑战

当前，我国体育产业面临的国内外发展环境也将发生重大变化。从国际环境看，全球贸易进入大国博弈新时期，全球产业链价值链正在重构，新科技革命和产业革命同步爆发成为时代发展主线。从国内环境看，我国将由中等收入阶段迈向高收入阶段，要素供需结构与供需方式将会发生重大转变，这些都将给今后一段时期我国体育产业高质量发展带来严峻挑战。

一、体育产业发展的"结构矛盾"

产业结构是产业发展的"四梁八柱"，往往以最优的网络关系或比例关系维系着产业系统的稳定运行和可持续发展。当前体育产业发展的结构性矛盾主要体现在：一是结构性陷阱问题。产业发展的结构性陷阱是指"传统产业虽占据整个产业体系的重要地位，但其增长态势或速度却在持续下滑，而新兴产业却因人才、技术等要素缺乏使得产业整体发展受阻"①。我国体育用品及相关产品制造业增加值占体育产业增加值比重尽管由 2014 年的 50.2%下降至 2019 年的30.4%②，但仍存在着产品附加值低以及产能过剩的状况。同时，以"体育+"为代表的新兴产业业态尽管成长迅速，但也出现了平台迅速扩张与优质内容不足的冲突、企业盈利目标与社会责任担当的冲突等发展瓶颈。二是结构性失衡问题。《体育产业统计分类（2019）》将体育产业分为 11 个大类，但从"2019年全国体育产业总规模与增加值数据"来看，我国体育用品制造及相关产品销售、出租与贸易代理等规模较高，而体育服务业相关业态（体育竞赛表演、体育经纪与广告等）规模相对偏低，一定程度上制约了体育产业的高质量发展。

---

① 芮明杰. 如何走出产业体系的"结构性陷阱"［N］. 社会科学报，2018-05-31（2）.
② 历年国家体育产业总规模与增加值数据公告［EB/OL］. 国家统计局，2020-12-30.

二、体育产业发展的"政策困窘"

产业政策是产业发展的"根本保障",是政府用以弥补或修正市场在配置资源时所固有的局限性或缺陷的基本手段。当前我国体育产业政策体系还存在系统性与长效性不足的现实问题。一是政策工具使用失衡。政府在体育产业政策工具的使用上倾向于环境型和供给型政策工具,而对于拉动市场参与体育产业建设的需求型政策工具使用偏少,长此以往势必会抑制市场配置体育资源的基础性决定作用。① 二是政策内容同质化现象严重。地方政府在体育产业政策的设计上存在对国家体育产业政策或产业发达地区政策的"直接套用",缺少对上级政策的层层细化和本地区资源禀赋的认真考量,出现了重复建设、产能过剩、竞争受损等负面效应的发生。三是适切性政策配套不足。我国目前已经形成以"46号文件"为基础的庞大政策产业体系,内容涉及运动项目、赛事改革、管理办法等诸多方面,这些政策尽管种类繁多,看似面面俱到,但实际上都属于系统内单一产业发展政策,缺乏系统内产业间的联动和有效促进的配套政策,在一定程度上延缓了体育产业高质量发展的速度。

三、体育产业发展的"创新不足"

创新是引领高质量发展的"决定因素",是体育产业高质量发展离不开也绕不过的规定动作,且贯穿于体育产业系统运行发展的各个环节。近些年,我国体育产业在国家创新驱动发展战略引领下,确实做了许多过去做不了的高端产品,在智能体育等新兴产业领域取得了一些重大创新成果。但同时也要看到,我国体育产业创新能力仍不适应高质量发展要求,基础研究短板突出,原创技术和先进制造技术供给不足,奥运赛场上的体育装备器材、核心基础软件、核心基础材料等关键核心技术和高精尖领域受制于人的局面尚未得到根本改变。例如,中国青年报曾报道:"从一块跳水跳板,到一支气步枪;从一条赛艇,到一辆场地自行车;从一支击剑,到一顶头盔……国产品牌和国产装备实在是凤毛麟角。"在欧美等国对我国技术封锁持续升级的背景下,体育产业如若不能在关键核心技术领域取得重大突破,那么高质量发展将会陷入更加被动的局面。

---

① 徐成立,张宝雷,张月蕾,等. 中国体育产业政策文本研究:基于政策工具和创新价值链双重视角 [J]. 中国体育科技,2021,57(3):58-66.

因此，"十四五"时期，要将提升体育产业原始创新能力置于更加突出的位置，加强体育科技自强自立，优化创新要素投入结构，在建设体育强国道路上迈出更加坚实的步伐。

四、体育产业发展的"空间壁垒"

区域产业协同发展是新时期区域协同发展的重要内容。体育产业区域协同是促进区域间体育产业发展的资源共享、要素流动和基于价值链环节的分工协作，从而全面提升各区域的体育产业竞争力。近些年，《粤港澳大湾区发展规划纲要》等重大国家区域协同政策的出台，在一定程度上加速了我国体育产业区域集群建设的步伐，京津冀、长三角、粤港澳等区域已成为我国体育产业重要的增长极。[①] 但同时也看到，我国体育产业区域协同发展整体上还处于起步阶段，相关环节还存在一定的"空间阻滞"现象。一是体育产业布局规划与城市规划编制体系匹配度不强，主要表现在空间定性判断较多而定量判断不足，缺乏对体育产业空间的基础性功能判断和体育产业园区等产业集聚空间的统筹规划等。二是部分区域空间规划的集聚企业内部缺乏网络联系，体育产业政策与产业运行制度一致性不强，未能发挥体育产业集聚对体育产业的促进作用。有研究显示，"区域内城市体育产业综合质量及体育产业关联总量差异显著，具有明显区域空间分异及非均衡性分布特征"[②]。

五、体育产业发展的"人才短缺"

人力资源是第一资源，体育产业高质量发展需要高素质人才的支撑。当前我国体育产业发展还存在人力资本投入不足的现实问题。一是专业运营人员缺乏。目前我国从事体育产业行业的主要有两大人群，即有体育系统工作经历的人群以及商人群体，前者普遍没有管理学或经济学学科背景，对体育产业的运营管理缺乏专业经验，后者对体育产业潜在的经济价值有着极强的敏锐性，但缺乏对体育本身以及体育特殊性的了解。二是技术型人才短缺。技术型人才短缺尤以体育制造领域的高技能人才最为明显。据人社部统计，在整个产业工人

---

① 廉涛，黄海燕．长三角体育产业一体化发展的空间结构研究［J］．体育科学，2020，40（10）：21-30.

② 周良君，丘庆达，陈强．粤港澳大湾区体育产业 空间关联网络特征研究：基于引力模型和社会网络分析［J］．广东社会科学，2021（2）：100-108.

队伍中，我国高技能人才仅占5%，而日本高级技工占比则为40%，德国高技能人才更是高达50%①。三是人才培养体系滞后。我国体育产业专业人才培养近些年才逐渐进入规模化培养轨道，在课程设置、师资条件及质量标准等方面还不是很成熟，相关高校体育经济与管理专业的隶属划分以及专业体系建设还存在不规范和不明确的问题，目前很难保证体育产业高质量发展的需要。因此，"十四五"时期，应从注重于"物质资本"转向注重于"人力资本"，着力破解体育产业高素质人才短缺的壁垒。

六、体育产业发展的"文化滞后"

"体育产业文化"一词有着极为丰富的内涵，概而言之，它是一个国家、一个地区或一个企业在体育产业发展过程中形成的某种文化观念、历史传统、价值准则和道德规范等，以及由这个国家、地区或企业整体意识所辐射出来的一切行为活动。由此可见，体育产业的生成与发展是一个"历史积累性"地从相对简单系统趋向于更为复杂系统的过程。法国霞慕尼小镇（登山运动发源地）、网球四大满贯（百年历史的赛事）等从最初的产业萌芽到真正意义上的产业支柱，都是历经岁月的文化熏陶并在特定的历史时空和适切环境中壮大起来的。从这个意义上讲，目前我国的体育产业文化还尚未成熟。一是各地在体育产业的发展上总是自觉或不自觉地陷入一种"建构"思维的窠臼，简单地认为只要加大投资力度或技术支持就能够迅速把体育产业做强，习惯于将体育产业先发地区的成功经验等同于一般规律。二是各地在体育产业的培育上，似乎都缺少一种匠心精神，能真正进行精耕细作的并不多见，绝大多数产业都是"有其形而无其神"，只注重外在的"表面文章"建设，而忽视内在的"精神内涵"挖掘。例如，商业地产配套几块足球场便成了"体育小镇"等。事实上，我们不缺"西方经验"，缺的是对"西方经验"的本土化改造，缺的是对"本土文化"的适切性植入。因此，实现体育产业高质量发展目标亟须培育自己的体育产业文化。

---

① 祝树金.加大制造业人才培养力度［N］.人民日报，2020-07-30（9）.

第五节　我国体育产业高质量发展的根本遵循

党的十九届五中全会明确了"十四五"时期我国经济社会发展必须遵循"五个坚持"重要原则，即"坚持党的全面领导，坚持以人民为中心，坚持新发展理念，坚持深化改革开放，坚持系统观念"①。这"五个坚持"为"十四五"时期体育产业应对风险挑战，破解发展难题，实现宏伟目标提供了根本遵循。

一、坚持党的领导

中国特色社会主义最本质的特征是中国共产党领导，中国特色社会主义制度的最大优势是中国共产党领导。② 当前中国特色社会主义事业正处于发展和前进的关键时期，坚持和加强党对各个领域的全面领导既是时代要求也是民心所向。体育产业作为当前经济市场中的重要支柱产业，对整体社会稳定和经济发展有着重大影响。因此，我们要坚持和加强党对体育产业的全面领导，将坚持党的全面领导落实到体育产业发展各领域各方面各环节。要深入探索体育产业中党建工作的方法和思路，重点突出党组织的政治引领和领导核心作用，为加强党对体育产业的全面领导奠定更加坚实的政治基础。要立足于体育产业发展特点，进一步创新党建工作方式，以最大包容度和吸引力将体育产业领域的从业者紧密聚拢在党组织周围，不断筑牢党的基层组织的群众根基和社会根基，为党的长期执政奠定更加坚实的组织基础，为实现体育产业高质量发展提供根本政治保证。

二、坚持人民至上

美好生活是人类孜孜以求的愿景和向往，也是人类世代相续的梦想与追寻。习近平总书记指出："人民对美好生活的向往就是我们的奋斗目标，人民的信心

---

① "十四五"时期我国发展必须遵循的重要原则［N］. 人民日报，2020-11-01（1）.
② 习近平. 中国共产党领导是中国特色社会主义最本质的特征［J］. 求是，2020（14）：2-6.

和支持就是我们国家奋进的力量。"① 让老百姓过上好日子是我们党一切工作的出发点和落脚点。站在历史长河看，体育从人而来，向人而去，与人同转。追根溯源，人既是体育产业的原因，也是体育产业的结果；人既是体育产业的主体，也是体育产业的客体；人既是体育产业的主题，也是体育产业的灵魂；人既是体育产业的价值所在，也是衡量体育产业价值的尺度；人既是体育产业的原点，也是体育产业的回归点。这些共同构成体育产业发展之所以要坚持以人民为中心原则的根由和道理。也就是说，坚持以人民为中心是体育产业高质量发展之承诺，是体育产业高质量发展之根基，是体育产业高质量发展之航向，是体育产业高质量发展之灵魂，是体育产业高质量发展之理念。

三、坚持中国道路

　　发展理念是发展行动的先导。习近平总书记指出："发展必须是科学发展，必须坚定不移贯彻创新、协调、绿色、开放、共享的发展理念。"② 新发展理念作为管全局管根本管长远的鲜明导向，科学回答了实现什么样的发展、怎样实现发展的问题，是"十四五"时期经济社会发展的"指挥棒"和"红绿灯"。我国体育产业在过去几年虽然取得了显著成绩，但臃肿虚胖体弱和"卡脖子"问题依然突出，处于全球产业价值链中低端的现状并未得到根本改变。我国体育产业发展仍然处于初级发展阶段，发展仍然是我国体育产业的第一要务。因此，要坚定不移贯彻落实新发展理念，使创新成为引领体育产业发展的第一动力、协调成为体育产业持续健康发展的内生特点、绿色成为体育产业永续发展的普遍形态、开放成为体育产业繁荣发展的必由之路、共享成为体育产业全面发展的根本目的。③ 新发展理念是"关系共同体"，必须贯穿于体育产业发展的各领域各方面各环节。

---

①　习近平. 更好发挥互联网在倾听人民呼声 汇聚人民智慧方面的作用 ［EB/OL］. 人民网，2020-09-26.
②　习近平. 决胜全面建成小康社会 夺取新时代中国特色社会主义伟大胜利：在中国共产党第十九次全国代表大会上的报告 ［EB/OL］. 中国政府网，2017-10-27.
③　马德浩. 新发展理念视域下的中国体育发展方式转变 ［J］. 上海体育学院学报，2019，43（6）：6-15.

四、坚持对外开放

改革开放是实现中华民族伟大复兴的关键一招①，是提高资源配置效率的重要途径，是畅通国内国际双循环的重要手段。面对当前国际环境给体育产业带来的新矛盾新挑战，面对国内社会主要矛盾变化给体育产业带来的新特征新要求，我们要充分发挥"坚持深化改革开放"的突破和先导作用，不断破解体育产业高质量前进道路上的各种矛盾和问题。坚定不移深化体育领域改革，加强体育治理体系和治理能力现代化建设，破除制约体育产业高质量发展的体制机制障碍，强化有利于提高体育要素资源配置效率的重要方法，强化有利于充分激发体育市场活力的重大举措。坚定不移扩大体育领域开放，理性认识和深刻把握世界经济发展大势，建设更高水平的开放型体育经济新机制，形成国际合作和竞争新优势，加快形成以国内大循环为主体、国内国际双循环相互促进的体育产业新发展格局，为实现体育产业高质量发展提供强大动力支撑。

五、坚持系统观念

系统观念是马克思主义基本原理的重要内容，是具有基础性的思想指引和工作方法，体现了实事求是和辩证唯物主义的哲学底蕴。系统观念强调，事物之间是普遍联系且具有特定功能的"关系共同体"，要从事物的总体与全局、要素的联系与结合上研究事物的演化与发展，找寻规律、建立秩序，实现整个系统的优化。我国体育产业即将进入新发展阶段，高质量发展实践也将越来越丰富和复杂，突出表现在空间范围越来越大、创新速度越来越快、层次结构越来越复杂、产业成果和产业影响越来越广泛和深远。因此，要从系统观念出发加以谋划，加强体育产业发展的前瞻性思考、全局性谋划、战略性布局、整体性推进，统筹各方力量固体育产业发展根基、扬体育产业发展优势、补体育产业发展短板、强体育产业发展弱项。易言之，要善用会用"客观地、动态地、系统地、全面地、普遍联系地"的观念去观察体育产业性现状、分析和解决体育产业发展中的实际问题。

---

① "十四五"时期我国发展必须遵循的重要原则［N］. 人民日报，2020-11-01（1）.

第六节　小　结

改革开放 40 多年来，我国体育产业实现了从无到有、由小到大、从弱到强的快速转变，现已成为国民经济的重要组成部分。纵观中国体育产业发展史，从党的十一届三中全会开始我国体育产业经历了萌芽期（1978—1991 年）、起步期（1992—2000 年）、快速发展期（2001—2012 年）和高质量发展探索期（2013 年至今）四个阶段。经过四个时期的发展，我国体育产业结构不断优化、体育增加值保持快速增长、体育产业创新取得突破、体育产业空间不断拓展、体育产业发展质量不断提升，为建设体育强国和国民经济社会发展提供了强有力的支撑。推动体育产业高质量发展的动力源，主要包括社会主要矛盾变化、产业政策体系调整、体育对外贸易发展、体育产业高速增长及全球性新科技革命等方面。当前，在国内外发展环境多变背景下，我国体育产业还面临着"结构矛盾""政策困窘""创新不足""空间壁垒""文化滞后"等现实挑战。今后，应对风险挑战，破解发展难题，实现高质量发展，须以坚持党的领导，坚持人民至上，坚持中国道路，坚持对外开放，坚持系统观念等"五个坚持"为根本遵循。

第四章

体育产业政策与政府体育产业管理

体育产业在推动经济高质量发展和满足人民日益增长的美好生活需要方面发挥着不可替代的作用。体育产业如何发挥作用,除了需要市场发力促进体育产业发展之外,还需要政府政策的引导激励与积极扶持。随着相关政策数量的与日俱增,促进体育产业发展的政策体系也越来越复杂,但政策内容的制定是否符合现实需求?政策工具的使用是否科学合理?不同政策主体发布的政策的差别何在?对体育产业高质量发展的功效有多大?这些问题的解决都需要建立在对体育产业政策评价的基础上。因此,本部分从体育产业政策的概念入手,通过梳理现行体育产业相关的"国家级—省市级—地市级—区县级"政策文件,选用科学评价模型对体育产业政策进行科学评价与系统分析,并根据评价结果查找现存问题和提出政策建议,以期为后续体育产业政策的"内容完善、措施优化、效力提升"和体育产业管理的"科学化、规范化、精细化"提供切实可行的理论依据和方向参考。

第一节　体育产业政策概述

一、体育产业政策的内涵

政:"政者,正也。""正"的含义是"校正""规范""控制"。策:"谋术也",其本意为"计谋""谋略"。政策就是通过谋划,对人的行为进行规范控制、校正,以便寻找解决问题的办法。何为体育产业政策?目前没有一个明确的定义。根据前文所述,本研究认为体育产业政策是指政府为了实现一定的目标，对体育产业经济活动（包括产业类型、产业组织、产业结构、产业布局、产业关联、产业发展等各方面的状况和变化）进行干预而制定的各种政策的总和。简单地说，以体育产业为对象而实施的政策都可以称为体育产业政策，而这又可以进一步分成两大类型。一是体育产业扶持政策。这类政策以促进体育产业发展为目标，因而往往包含一系列的扶持性举措。例如，2014 年 10 月 20日国务院下发的《关于加快发展体育产业促进体育消费的若干意见》（国发〔2014〕46 号），希望通过政策支持来进一步加快发展体育产业，促进体育消费升级。二是体育产业规制政策。该类政策以面向体育行业的规制措施为手段，目的是维持体育市场的竞争格局，防止因垄断而导致福利的损失。例如，2015年 1 月 15 日国家体育总局印发的《体育场馆运营管理办法》（体经字〔2015〕36 号）；2018 年 8 月 9 日国家体育总局印发的《体育市场黑名单管理办法》（体规字〔2018〕7 号）。我们通常所指的体育产业政策往往都是指体育产业扶持政策。但需要指出的是，有时政策边界也存在一定模糊性。比如，运动项目指向性的政策，这类政策是以特定的运动项目为实施对象的，因而具有扶持性体育产业政策和规制性体育产业政策的双重特征。例如，2016 年 10 月 21 日体育总局等 8 部门联合印发的《山地户外运动产业发展规划》。

二、体育产业政策的理论依据

体育产业发展为什么需要体育产业政策？简单来说，体育产业政策的必要性构成了体育产业政策存在的基本理由。一是市场协调不足。国内外经验昭示，如果仅依靠市场就能实现体育产业发展，那么体育产业政策就无须存在，毕竟任何政策的实施都需要成本。现实中导致市场协调不足的有"生产上的互补性和投资的正外部性"两种情形。前者主要强调，在体育产业链尚未形成或产业发展初级阶段，仅仅依靠市场机制进行协调可能需要较高的沟通成本；后者主要强调，在社会资本投入不足或企业创新不足时，这就需要有政策激励或引导社会力量参与投资。二是巨大的社会收益。单一的市场协调不足是否就必定要有体育产业政策扶持呢？这其实还并不必然。因为资源是有限的，政府在扶持某些领域的同时一定会影响到其他领域的发展环境。体育产业之所以备受产业政策偏爱，原因之一便是该产业具有较强的产业关联效应，能够对旅游、健康、休闲、交通、制造、培训等行业产生较强的带动效应。同时，5G、元宇宙、人工智能赋能体育产业发展而出现的前瞻性新兴业态，受体育产业政策所青睐不仅是因为这些新兴业态巨大的市场潜力，也是因为各地区更可能处在同一起跑线上，前期的政策扶持更容易占得先机。可以说，市场协调存在不足和巨大的社会收益是体育产业政策存在的两个重要理论前提。

三、比较优势与体育产业政策

从学理上看，体育产业领域的比较优势既体现在国与国之间，也体现在国内的地区之间。从国家视角看，一个国家体育产业政策所扶持的体育产业，既有可能是这个国家具备比较优势的体育产业，也可能是这个国家不具备比较优势的体育产业。例如，在一些"卡脖子"的关键领域，即使这个国家已经具备了国际领先地位，但该国也会出台相关政策以防御可能遇到的威胁。因此，为了避免受制于人，在体育产业关键核心领域，我们需要有能力整合产业链资源来生产替代性的产品。这些看似有违比较优势的分工行为，体现了国与国之间的一种策略性竞争，也使体育产业政策有了更大的用武之地。从地区视角看，在地区间的分工中，我们不应该有违背比较优势的策略性分工的思维。地方在选择体育产业分工时首先要考虑的是怎么把蛋糕做大，也就是追求全局的目标，这就需要按各自的比较优势来进行分工，而中央政府则可以通过转移支付等手段进行必要的协调，从而照顾到局部的利益。事实上，我国各地区发展的差异性也要求在体育产业政策的实施中考虑地区间的协调。为了使体育产业政策能兼顾长期、全局与多维的发展目标，我们需要地方政府放弃国与国之间那种策略性分工的考虑，尤其是对于那些体育产业关键核心领域，创新活动本身所体现的空间上高度集聚的特点需要我们摒弃不同地区各自为政的思路。

第二节　体育产业政策与体育产业管理的关系

一、体育产业政策可以规范体育产业管理

体育产业政策是社会规范的一种，规范功能是体育产业政策最基本的功能。体育产业法律法规并不否定体育产业政策的规范功能。相反，由于体育产业政策和体育产业法律法规具有各自不同的特点和不同的调整范围，使得两者在调整体育产业领域中的社会关系时具有各自特有的优势。当然，在不便或不能运

用法律法规调整的某些领域，或者无体育产业法律法规调整的某些领域，更要充分发挥体育产业政策的灵活性的特点和规范功能。纵观历史长河，只有同时发挥体育产业政策和相关法律法规的各自特点，综合体育产业政策和相关法律法规的各自优势，才能更好地提高体育产业管理水平，进而推进新时代体育产业现代化的进程。可以说，体育产业管理离不开政策的导向，体育产业政策又为体育产业管理工作提供理论依据，即直接或间接作为体育产业管理的手段和方式。

二、体育产业管理可以提高体育产业政策效力

健全体育产业管理体制，可以提高体育产业政策效力。众所周知，体育产业管理问题是关系到体育产业政策制定、执行、管理、评估、终止的整体运行质量和状况的问题。建立一套科学有效的体育产业管理体制是提高体育产业政策效力的根本保障。换言之，体育产业管理具有贯彻体育产业政策的作用。如果体育产业管理体制不完善，无论多好的政策都会得不到完整性的贯彻。反之，如果体育产业政策制定得不合理、不科学，那么，无论在什么样的体育产业管理体制下所做出的行为都终将不会为社会造福。所以，对体育产业的管理不仅需要因地制宜制定科学合理的体育产业政策，而且还必须同时拥有一个完善的体育产业管理体制。可以说，体育产业管理与体育产业政策具有相互影响、相互作用的机理。

三、体育产业管理实践可以检验完善体育产业政策

体育产业政策必须付诸实施才能发挥作用，其主要通过体育产业管理体现出来。改革开放以来，我国体育产业在一系列相关纲领性文件的指导下，在规模增长、质量提升、业态拓展等方面取得了前所未有的辉煌成绩。这些成绩的取得进一步验证了我国出台的体育产业政策绝大多数是有效的，符合我国体育产业发展实际。可以说，体育产业管理不仅能起到检验体育产业政策的作用，还能起到深化和完善体育产业政策的作用。需要说明的是，虽然体育产业政策对体育产业管理工作有着巨大的指导作用，但现实中也存在体育产业政策与体育产业管理之间发生错位的现象。一方面有了政策，却不去执行，即体育产业管理工作不到位；另一方面，有了实践，却没有与之配套的政策支撑，即体育产业管理政策滞后。

第三节 体育产业政策量化评价模型构建

体育产业政策作为一种复杂性的制度安排，其政策效应的有效发挥或政策目标的顺利实现，既离不开政策工具的选择与应用，也绕不过科学评价的跟进与反馈。因此，选择适切的政策工具和科学的评价方式对我国体育产业政策进行量化评价具有重要的理论意义和现实意义。

一、体育产业政策评价的理论基础

（一）政策工具理论

政策工具是指在既定的政策环境下，政策执行者为解决政策问题、达成政策目标、实施政策方案等而采取的具体手段和方式。[①] 国外关于政策工具的研究最早可追溯到 1964 年荷兰经济学家科臣（E. S. Kirschen）对政策工具的识别和分类研究。[②] 20 世纪 70 年代后期，在信息技术革命的推动下，以政府管理方式变革和提高政府工作效率为研究对象的工具研究得到了快速发展。20 世纪 80 年代以来，政策工具已经成为公共政策学和公共管理学的一个重点研究领域和学科分支。在不同学科学者的共同努力下，目前已经形成了不同分类标准的"政策工具箱"，其中较具代表性的有：Phaal 等人提出的"强制型、混合型、自愿型"政策工具划分法[③]；Woolthuis 等人根据政府的信息、财政、权威等资源提出的"系统化"政策工具分类法[④]；Hoppmann 等人提出的"战略层、综合层、基本层"政策工具分类法[⑤]；Rothwell 和 Zegveld 提出的"环境型、供给型、需

---

① 顾建光. 公共政策工具研究的意义、基础与层面 [J]. 公共管理学报, 2006 (4)：58-61, 110.

② 陈振明, 张敏. 国内政策工具研究新进展：1998—2016 [J]. 江苏行政学院学报, 2017 (6)：109-116.

③ PHAAL R, O'SULLIVAN E, ROUTLEY M, et al. A framework for mapping industrial emergence [J]. *Technological Forecasting and Social Change*, 2011, 78 (2)：217-230.

④ WOOLTHUIS R K, LANKHUIZEN M, GILSING V. A system failure framework for innovation policy design [J]. *Technovation*, 2005, 25 (6)：609-619.

⑤ HOPPMANN J, PETERS M, SCHNEIDER M, et al. The two faces of market support—How deployment policies affect technological exploration and exploitation in the solar photovoltaic industry [J]. *Research Policy*, 2013, 42 (4)：989-1003.

求型"政策工具分类法；等等。①

我国关于政策工具的研究主要集中在 21 世纪以后，学者们在借鉴和吸收西方政策工具理论的基础上，结合我国政府行政体制改革的实际运作，对政策工具的分类进行了大量经验性和实质性研究，取得了较为丰富的研究成果。例如，陶学荣依据政府介入程度将政策工具划分为"经济性工具、行政性工具、管理性工具、政治性工具和社会性工具"5 大类②；湛中林根据交易成本将政策工具划分为"离散交易型、混合交易型"3 大类③；陈振明提出的"市场化工具、工商管理技术、社会化手段"政策工具分类法；等等。④ 可见，目前国内外关于政策工具的研究已具备较为成熟的理论基础、方法选择和制度参考，政策工具分类的研究成果业已相当丰硕和成熟，尤其是 Rothwell 等人提出的"环境型、供给型、需求型"政策工具分类法最具经典性和可操作性，该分类法不仅强化了政府在政策推进过程中的环境营造者角色，还凸显了供给与需求在政策发展过程中的重要作用，与我国当前所实施的供给侧结构性改革不谋而合。

（二）政策评价理论

政策评价是指运用科学适切的评价标准对政策方案进行全方位衡量与评价的复杂性系统工程，其目的在于确认或推断政策的利弊，为后续政策的制定、改进提供参考依据。⑤ 从国内外已有研究成果来看，政策评价最早可追溯到第一次世界大战以前的美国公共卫生计划。⑥ 20 世纪 50 年代，政策评价开始由美国逐渐扩展到欧洲其他工业化国家的营养计划、农村发展计划等领域。⑦ 20 世纪 70 年代，政策评价已开始由之前主流的"社会实验与数理分析的实证主义本位方法论"逐渐向"注重价值判断的规范本位方法论"转变，较为著名的有

---

① ROTHWELL R, ZEGVELD W. *Reindustrialization and technology* ［M］. Longman Group Limited, 1985: 83-104.

② 陶学荣. 公共政策学: 第三版 ［J］. 大连: 东北财经大学出版社, 2012: 161-169.

③ 湛中林. 交易成本视角下政策工具的选择与创新 ［J］. 江苏行政学院学报, 2015 (5): 100-105.

④ 陈振明. 政策工具导论 ［M］. 北京: 北京大学出版社, 2009: 44-62.

⑤ JONES C O. *An Introduction to the study of public policy* ［M］. California: Brooks/Cole Publishig Company, 1984: 98-101.

⑥ 杨雅南, 钟书华. 政策评价逻辑模型范式变迁 ［J］. 科学学研究, 2013, 31 (5): 657-665.

⑦ CHAPMAN D W, Boothroyd R A. Evaluation dilemmas: Conducting evaluation studies in developing countries ［J］. *Evaluation and Program Planning*, 1988, 11 (1): 37-42.

Edward 的"五类评估"和 Oville 的"三 E"评估体系等。① 20 世纪 80 年代以后，伴随着系统科学的蓬勃发展，以经典理论为基础、实证主义为手段的复合型政策评价方法论成为时代主流，如 Wollmann 认为"经典政策评价是通过揭示政策的因果机制来判断政策的优劣势以及政策对社会的各种影响"②。同时，我国学者易建东等人运用模糊综合评价法对我国体育产业政策执行力进行了评价③；杨贵彬基于 BP 人工神经网络法对我国产业政策作用力进行了评价④；刘春华等人和唐晓华等人分别运用混合多目标决策模型和灰色关联度对我国体育产业政策和我国制造业产业政策实施的有效性进行了评价⑤；张永安等人则采用 PMC 指数模型对国务院创新政策进行了评价；等等⑥。

可见，目前国内外的政策评价研究主要采用实证主义本位的复合型评价方法论，虽然各评价方法在使用时具有一定的科学性，但同时也存在诸如"主观性较强和精确度较低"等缺陷。例如，Edward 的"五类"评估法和 Oville 的"三 E"评估体系均过于追求对既定政策目标是否实现的经验分析；层次分析法在多指标政策评价时会造成评价结果的片面性；模糊综合评价法在指标权重矢量的判定方面缺乏客观性；BP 人工神经网络评价方法在政策评价时很难获得高精度的评价结果；等等。而与这些方法相比，由 Ruiz Estrada 等人提出的 PMC 指数模型则具有较高的精确度和可操作性，该方法能够对政策的优势与不足进行精准定位，对政策的"立、改、废"具有一定的指导意义，目前广泛应用于各领域的产业政策评估中，但尚未发现在体育产业政策评价中的应用。因此，本研究基于文本挖掘技术和内容分析法对体育产业政策的科学性和可行性进行深入剖析，然后利用 PMC 指数模型对所选取的体育产业政策文本进行量化评

---

①　赵立祥，汤静. 中国碳减排政策的量化评价 [J]. 中国科技论坛，2018（1）：116-122，172.

②　WOLLMANN H. The development of a sustainable development model framework [J]. *Energy policy Research*，2007（13）：69-75.

③　易剑东，袁春梅. 中国体育产业政策执行效力评价：基于模糊综合评价方法的分析 [J]. 北京体育大学学报，2013，36（12）：6-10，29.

④　杨贵彬. 基于 BP 神经网络的我国产业政策作用力评价研究 [J]. 科技进步与对策，2007（11）：16-19.

⑤　刘春华，李克敏. 基于混合多目标决策的我国体育产业政策评价 [J]. 北京体育大学学报，2018，41（7）：1-8.

⑥　张永安，郄海拓. 国务院创新政策量化评价：基于 PMC 指数模型 [J]. 科技进步与对策，2017，34（17）：127-136.

价，并将评价结果绘制成 PMC 曲面图来加以直观地展示，为后续体育产业政策调整与优化提供些许方向性参考。

二、体育产业政策评价文本挖掘

（一）样本选取

考虑到地方政策通常是对国家政策的延续，因此本文选取了 2014 年 10 月至 2020 年 12 月（46 号文颁布至今）国家层面的体育产业政策文件，通过查阅国家体育总局经济司编制的《体育产业政策汇编（国务院及部门篇）》，搜索与体育产业政策相关的关键词，从国务院、体育总局、科技部、财政部、教育部、发展改革委等政府部门公布的政策文件中整理和遴选出 53 项高度相关的体育产业政策为研究样本，包括由各部门独立颁布和各部门联合发布的政策。

（二）分词提取与词频统计

本研究使用 ROS-TCM6.0 文本挖掘工具对 53 项体育产业政策进行处理。首先，对 53 项政策文本进行分词并对分词后的文档进行特征词词频统计。其次，对分词后的文档中出现频率较高且对分析政策特性无显著影响的名词（中国、社会、国家和体育等）以及动词（推动、提高、促进和加强等）予以剔除。最后，按照词频从高到低的顺序对剔除上述干扰词汇后的特征词汇进行排列（如表 4-1 所示），并选取有效高频词汇中的前 56 个进行分析。

表 4-1　前 56 个词汇及词频汇总

词汇	词频	词汇	词频	词汇	词频	词汇	词频
发展	1699	冰雪	485	创新	314	标准	221
运动	1544	完善	469	改革	300	机构	217
建设	986	鼓励	456	政策	298	基础	209
健康	941	体系	437	部门	286	保障	206
项目	780	规划	376	航空	281	作用	204
服务	741	开展	375	特色	270	职业	204
赛事	658	机制	274	武术	264	地区	203
旅游	590	市场	368	资源	257	结合	197
健身	586	文化	356	引导	252	户外	196

词汇	词频	词汇	词频	词汇	词频	词汇	词频
管理	574	水平	345	群众	248	培育	194
设施	561	人才	323	安全	230	培养	193
足球	531	企业	323	俱乐部	227	冬季	191
休闲	491	全民	322	参与	224	水上	179
组织	486	消费	319	协会	222	竞赛	171

从词频排名前 10 的词汇可以推测，国家体育产业政策主要是通过发展运动项目（尤其是体育赛事）来促进体育产业发展和满足群众健身健康服务需求。从具体发展内容来看，旅游、足球、休闲、冰雪、航空、武术、户外和水上的词频从高到低排列，凸显了国家体育产业政策对上述运动项目发展的侧重程度有所不同。从具体生产要素来看，设施、机制、市场、文化、人才、企业、消费、创新和资源出现频次由高到低，显示了当前国家体育产业政策对不同生产要素的倾向度有所不同，其中设施、机制和市场是目前国家体育产业政策关注的中心环节和关键要素。同时这些词汇也反映出，2014 年以来，我国体育产业与相关产业相互交叉、相互渗透、相互融合的程度不断增强，体育旅游、体育康养等多种"体育+"新兴业态正成为体育产业政策重点关注领域。

（三）政策工具框架

借鉴 Rothwell 和 Zegveld 提出的经典政策工具划分方法，并结合体育产业政策自身特点，将国家体育产业政策工具划分为需求型、供给型与环境型三大类15 小类的分析框架（见图 4-1）。其中，需求型政策工具是指政府通过购买服务、税收优惠等拓展市场，以市场需求来拉动体育产业发展。该政策主要侧重于政府对体育产业发展的拉动力，包括政府购买服务、税收优惠、品牌工程、金融补贴、质量标准等工具；供给型政策工具是指政府通过直接的资金投入、场地供给等为体育产业发展提供基础保障。该政策注重于政府对体育产业发展的推动力，包括政府直接的设施供给、资金投入、人才激励、技术投入、科技投入等工具；环境型政策工具则是指政府通过融资支持、管理制度等为体育产业发展提供健康有序环境。该政策侧重政府对体育产业发展的间接支持力，包括目标规划、管理制度、产权专利、人才培养、融资支持等工具。可以说，这三类政策工具共同构成了体育产业发展的"生态系统",并以"关系共同体、命运共同体、责任共同体"的身份在相互关联的生态系统中确保着体育产业的健康发展。

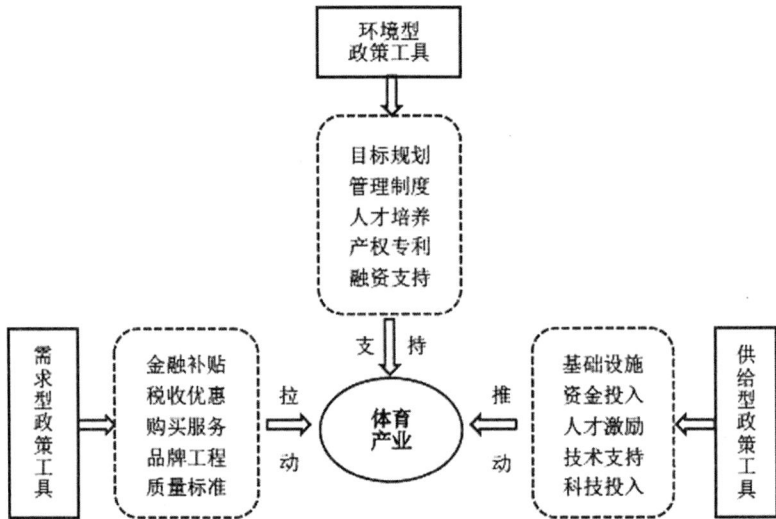

图4-1 政策文本分析框架

（四）政策内容编码

将53项国家体育产业政策文本按照"政策编号—章节—条款"进行编码,统计出国家体育产业政策各章节/条款所对应的15个政策工具。为保障数据分析的准确性,编码工作首先由三名编码者分别进行,然后由笔者对编码结果进行认真核对,并对存有异议之处进行集体讨论达成一致,最后由课题组成员进行再次讨论达成一致结果以及对编码结果进行信度检验。根据已有研究的判断者信度评估原理,最终得到的编码一致性计算结果（信度值）为0.872,在Viney所界定的合理区间 [0.8, 0.9] 内,因此表明编码结果可信度较高。从统计结果来看（见表4-2）,53项体育产业政策文本共使用政策工具269次,需求型、供给型和环境型政策工具的使用比例分别为24.16%、28.25%和47.58%,其中环境型政策工具占比近1/2。在15个政策工具中,使用频率最高的5个政策工具依次为环境型中的管理制度（41次）、目标规划（38次）和供给型中的基础设施（26次）、需求型中的品牌工程（23次）及环境型中的人才培养（22次）。这说明政府在体育产业政策工具的选择上更倾向于采用"环境型政策工具为主，需求型和供给型政策工具为辅的模式"。

表4-2 体育产业政策工具统计

工具类型	工具名称	政策-章节/条款编号	小计	占比（%）	
需求型	金融补贴	4-5、5-7、6-5-3、10-7、13-4-2、36、39-3、48-7、49-11、52-6	10	15.38	24.16
	税收优惠	1-3-3、3、4-5、6-5-2、10-8、11-4-2、13-4-3、16-4、17-4、19-5、22-3、24-4、42-4、43-4、44-3	15	23.07	
	购买服务	9-3、11-4-1、13-4-2、45-3-3、46-3-2	5	7.69	
	品牌工程	4-4、5-9、6-4、9-6、10-3、10-4、10-6、14-3、15-3-2、16-3、17-3、18-3、22-2、23-3、38-3、41-3、42-3、43-3、45-2-4、48-18、51-3-2、52-7、53-5	23	35.38	
	质量标准	9-6、11-4-4、14-2、14-3、19-4、25-4、46-3-1、47-5、48-20、49-6、52-16、53-9	12	18.46	
供给型	基础设施	1-3-4、2-9、4-4、5-4、6-3、7-2、10-5、11-4-3、12、13-3、15-3-1、16-3、17-3、18-3、19-4、22-2、37、38-3、42-3、46-3-2、47-2、48-26、49、51-5-1、52-17、53-5	26	34.21	28.25
	资金投入	1-3-2、5-7、6-5-3、7-3-2、10-8、11-4-1、18-4、22-3、25-5、25-8、27-4、31、32、36、43-3、46-3-5、48-17、49-11、53-6	19	25.00	
	人才激励	4-5、6-5-4、7-3-4、9-7、10-8、13-3、13-4-2、15-3-4、24-4、44-3、46-3-4、47-5、52-10	13	17.10	
	技术支持	9-7、10-6、15-3-5、42-3、46-3-6、47-4、49-12、51-5-2、53-5	9	11.84	
	科技投入	5-8-1、6-3、7-3-3、10-6、44-5-1、45-3-4、46-3-8、51-5-4、53-11	9	11.84	

工具类型	工具名称	政策-章节/条款编号	小计	占比（%）	
环境型	目标规划	1-1, 2-1, 4-3, 5-2, 6-2, 7-1, 8-2, 9-1, 10-1, 13-2, 14-1, 15-2, 16-2, 17-2, 18-2, 19-3, 20, 22-1, 23-2, 25-3, 27-2, 33, 35, 37, 38-2, 39-2, 41-2, 42-2, 43-2, 43-3, 44-2, 45-2, 46-1-2, 47-1, 48-23, 49-2, 51-3-3, 53-1	38	38.00	47.58
	管理制度	1-4, 2-4, 2-11, 4-5, 5-10, 6-5-4, 7-3-5, 8-4, 9-7, 10-8, 15-4, 16-4, 17-4, 19-4, 21, 23-3, 23-4, 24-4, 25-3, 25-80, 26, 27-3, 28, 29, 30, 31, 32, 33, 34, 35, 36, 40, 41-3, 45-3-1, 46-3, 47-6, 48-16, 49-5, 50, 51-5-1, 52-20	41	41.00	
	人才培养	1-3-5, 2-7, 4-4, 6-5-4, 8-3, 11-4-5, 13-3, 14-2, 16-4, 17-4, 18-4, 22-3, 23-3, 24-3, 38-3, 42-4, 45-3-6, 46-3-4, 47-5, 48-34, 51-5-4, 52-11	22	22.00	
	产权专利	1-3-6, 5-7, 15-3-5, 16-3, 17-3, 18-3, 45-3-5, 46-2-3, 48-6	9	9.00	
	融资支持	1-3-1, 5-7, 11-4-1, 13-4-3, 15-4, 16-4, 17-4, 18-4, 19-5, 23-4, 36, 39-3, 42-4, 43-4, 45-3-2, 48-7, 49-11, 51-6-1	18	18.00	
合计	N/A	N/A	269	N/A	N/A

（四）政策工具统计结果分析

一是环境型政策工具相对过溢。从统计结果来看，环境型政策工具使用最为频繁，占比高达47.58%，说明政府在体育产业政策工具的选择上更倾向于环境型政策。在环境型政策工具中，管理制度（41%）和目标规划（38%）使用比例最高，说明政府非常重视对体育产业发展的规范化管理，通过建立科学的管理制度和适切的发展目标，形成政府与产业共建共赢的常态化发展机制，从而破解制约体育产业发展的条条框框，营造良好的体育产业发展的生态环境。相比之下，人才培养（22%）和融资支持（18%）的应用在一定程度上体现了政府对培养体育产业人才以及建立体育产业多元融资支持渠道的重视程度。而产权专利（9%）作为支撑体育产业创新转型和降低同质化竞争的重要政策工具，其应用明显不足，这也表明当前体育产业政策中关于产权专利的条款较少，尚未真正发挥知识产权对体育产业创新发展的促进作用。从现实来看，我国体育产业已经实现了"量"的突破，但整体上还尚未真正实现"质"的跃迁，最突出的表现就是缺少"高知识含量"的产品和服务，而这与环境型政策工具"重管理、轻创新"的表征不无关系。因此，在环境型政策工具补充和再制定的过程中，要增加人才培养、融资支持和产权专利等政策工具的比例，这既是对新时代经济高质量发展的"适切回应"，也是体育产业应对国际竞争的"生存法则"。

二是供给型政策工具相对弱势。从表4-2可以看出，供给型政策工具（28.25%）明显低于环境型政策工具的使用频次。在供给型政策工具中，基础设施占比最高（34.21%），其次是资金投入（25.00%），这表明政府更倾向于采用基础设施建设、政府财政拨款等直接推动策略，通过财力、物力方面的支持为体育产业发展提供直接动力，这也是当前政府回应体育产业发展问题最直接的体现和最有效的方式。然而，仅靠政府物力、财力等方面的投入并不能持续推动体育产业的高质量发展，人才激励（17.10%）、科技投入（11.84%）和技术支持（11.84%）作为关键要素资源，所产生的集聚效应往往比基础设施和资金投入更为显著。现实来看，政策上的欠缺，发展上就会有反应，也正是因为对体育科技、技术等政策工具投入有限，导致体育产业在发展过程中对"规模和速度"的关注程度远远高于对"技术和科技"之于体育产业发展影响的研究，造成的直接影响就是我国体育产业在国际竞争中屡受牵制，即便是目前最为倚重的体育制造业，也因缺少高科技含金量的产品而不得不在价值链末端徘徊。可见，供给型政策内部各工具的均衡使用在某种程度上直接决定着体育产业能否真正实现高质量发展。因此，政策在制定过程中，应适当调整各政策工具的使用比例，尤其是增加对科技投入和技术支持两项工具的比例。

三是需求型政策工具相对滞后。从统计结果来看，需求型政策工具在三类政策工具中占比最低（24.16%），表明我国政府当前主要通过营造良好的政策环境和加大政府供给为体育产业发展提供动力。当然，伴随着体育改革的深入推进，近些年政府在需求型政策工具的使用频次上已明显增加，但与环境型和供给型政策工具相比仍表现滞后。需求型政策工具主要由品牌工程（35.38%）、税收优惠（23.07%）、质量标准（18.46%）、金融补贴（15.38%）和购买服务

（7.69%）构成，政府通过这些政策工具的协同效应来调节体育产业市场需求，控制体育产业市场的稳定性和持续性，对体育产业发展的薄弱环节进行合理的拉动。国内外经验表明，体育产业的发展不仅需要政府"这只看得见的手"的适切引导，还需要市场"这只看不见的手"的直接参与，二者在关系耦合中共同维系着体育产业的健康与稳定。从某种程度上说，需求型政策工具具有鲜明的导向引领作用，其作用效果的发挥往往比环境型和供给型政策工具更直接有效。这一点，完全可以从46号文颁布前后体育产业市场化程度的比较分析中获得证明，即目前体育产业市场化成绩的取得与政府实施需求型政策工具息息相关，但由于金融补贴、质量标准和购买服务等政策工具的断层，也极大地削弱了需求型政策工具最大拉动效用的发挥。因此，在体育产业政策调整过程中应强化各政策工具的均衡性。

三、体育产业政策评价模型构建

PMC（Policy Modeling Consistency）指数模型是基于 Omnia Mobilis 假说建立的，由 Ruiz Estrada 等人提出。① 该理论认为，任何事物均存在相互关系和具有运动特性，研究政策评价模型或确定评价变量时应详尽地考虑每一个变量的存在。因此，PMC 指数模型与其他条件假设相同评价模型的最大区别或创新之处在于，该模型强调不应对二级变量数目和变量权重设置限制，并采用二进制 0 和 1 平衡所有变量。② PMC 指数模型不仅用于分析某政策内部的一致性水平，还能够直观地展现某政策的优势与不足，以及这些变量所代表的具体含义和真实水平。PMC 指数模型的具体构建步骤（见图4-2）：首先，进行变量的分类及参数识别；其次，建立多投入产出表；再次，测量并计算各项政策的 PMC 指数；最后，绘制待评价政策的 PMC 曲面图。

① RUIZ E M A, YAP S F, NAGARAJ S. Beyond the ceteris paribus assumption：Modeling demand and supply assuming omnia mobilis ［J］. *International Journal of Economics Research*, 2008（2）：185-194.

② ESTRADA M A. Policy modeling：definition, classification and evaluation ［J］. *Journal of policy modeling*, 2010, 33（4）：523-536.

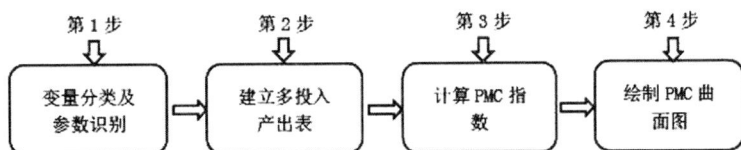

图 4-2　PMC 指数模型构建过程

（一）体育产业政策评价指标确立与参数设定

基于 Ruiz、张永安、李晨光[①]等学者对产业政策评价指标的设定，并结合体育产业政策文本挖掘和体育产业发展的自身特点，通过三轮专家咨询共修改确定了 10 个一级评价指标和 41 个二级评价指标，最终确定形成体育产业政策 PMC 评价体系（见表 4-3）。在参数设置上，如果政策文本中与二级指标的描述相符，则将其赋值为 1；若不符，则赋值为 0。

表 4-3　体育产业政策 PMC 评价体系

一级变量	二级变量					
X_1 政策性质	$X_{1:1}$ 预测	$X_{1:2}$ 监管	$X_{1:3}$ 建议	$X_{1:4}$ 描述	$X_{1:5}$ 导向	—
X_2 政策效力	$X_{2:1}$ 长期	$X_{2:2}$ 中期	$X_{2:3}$ 短期	—	—	—
X_3 政策领域	$X_{3:1}$ 经济	$X_{3:2}$ 社会	$X_{3:3}$ 服务	$X_{3:4}$ 环境	$X_{3:5}$ 政治	—
X_4 政策级别	$X_{4:1}$ 国家级	$X_{4:2}$ 省市级	$X_{4:3}$ 地市级	$X_{4:4}$ 区县级	—	—
X_5 政策评价	$X_{5:1}$ 依据充分	$X_{5:2}$ 目标明确	$X_{5:3}$ 规划翔实	$X_{5:4}$ 方案科学	—	—
X_6 作用客体	$X_{6:1}$ 体育企业	$X_{6:2}$ 行政部门	$X_{6:3}$ 产业基地	$X_{6:4}$ 社会组织	—	—

---

① 李晨光，张永安．区域创新政策对企业创新效率影响的实证研究［J］．科研管理，2014（9）：25-35.

续表

一级变量	二级变量					
X_7 作用重点	$X_{7:1}$ 创业创新	$X_{7:2}$ 体育消费	$X_{7:3}$ 运动项目	$X_{7:4}$ 职业体育	$X_{7:5}$ 市场开发	—
X_8 政策功能	$X_{8:1}$ 赛事发展	$X_{8:2}$ 经济效益	$X_{8:3}$ 政府购买	$X_{8:4}$ 规范引导	$X_{8:5}$ 制度约束	—
X_9 激励措施	$X_{9:1}$ 专项资金	$X_{9:2}$ 税收优惠	$X_{9:3}$ 人才激励	$X_{9:4}$ 金融补贴	$X_{9:5}$ 协同发展	$X_{9:6}$ 知识产权
X_{10} 政策公开	—	—	—	—	—	—

（二）构建多投入产出表

多投入产出表的本质是搭建一套数据分析架构，它可以从多个维度对单个变量进行量化。每个一级变量由若干个二级变量构成，但二级变量的数量是不受限制的，因此多投入产出表没有任何特定的排名，而是存在二级变量的基本分类。因此，结合体育产业政策变量设置构建体育产业政策多投入产出表（见表4-4）。

表4-4 多投入产出表

一级变量	X_1	X_2	X_3	X_4	X_5	X_6	X_7	X_8	X_9	X_{10}
二级变量	$X_{1:1}$	$X_{2:1}$	$X_{3:1}$	$X_{4:1}$	$X_{5:1}$	$X_{6:1}$	$X_{7:1}$	$X_{8:1}$	$X_{9:1}$	—
	$X_{1:2}$	$X_{2:2}$	$X_{3:2}$	$X_{4:2}$	$X_{5:2}$	$X_{6:2}$	$X_{7:2}$	$X_{8:2}$	$X_{9:2}$	—
	$X_{1:3}$	$X_{2:3}$	$X_{3:3}$	$X_{4:3}$	$X_{5:3}$	$X_{6:3}$	$X_{7:3}$	$X_{8:3}$	$X_{9:3}$	—
	$X_{1:4}$	—	$X_{3:4}$	$X_{4:4}$	$X_{5:4}$	$X_{6:4}$	$X_{7:4}$	$X_{8:4}$	$X_{9:4}$	—
	$X_{1:5}$	—	$X_{3:5}$	—	—	—	$X_{7:5}$	$X_{8:5}$	$X_{9:5}$	—
	—	—	—	—	—	—	—	—	$X_{9:6}$	

（三）PMC指数的计算

根据 Ruiz Estrada 的理论框架，体育产业政策PMC指数计算共4步：首先，将所有变量放入到多投入产出表中；其次，通过文本挖掘和内容分析对二级变

量 $X_{t:j}$ 进行赋值，其中 t 为一级变量序号，t：j 为二级变量序号。如式（1）所示，所有二级变量都服从 [0，1] 分布；然后，根据式（2）计算各项体育产业政策的一级变量值，其中 n 为二级变量的个数；最后，根据式（3）计算出各项体育产业政策的 PMC 指数得分，并根据表 4-5 对体育产业政策进行等级划分。

$$X_{t:j} \sim N[0，1]$$
$$t = 1，2，3，4，5，6，7，8，9，10，\cdots，\infty$$
$$j = 1，2，3，4，5，6，\cdots，\infty \tag{1}$$

$$X_t\left(\sum_{j=1}^{n} \frac{X_{ti}}{n}\right)$$
$$X_t \sim R[0 \sim 1]$$
$$n = 1，2，3，4，5，6，\cdots，\infty \tag{2}$$

$$PMC = \left[X_1\left(\sum_{i=1}^{5} \frac{X_{1i}}{5}\right) + X_2\left(\sum_{j=1}^{3} \frac{X_{2j}}{3}\right) + X_3\left(\sum_{k=1}^{5} \frac{X_{3k}}{5}\right) + X_4\left(\sum_{l=1}^{4} \frac{X_{4l}}{4}\right) + X_5\left(\sum_{m=1}^{4} \frac{X_{5m}}{4}\right) + \right.$$
$$\left. X_6\left(\sum_{n=1}^{4} \frac{X_{6n}}{4}\right) + X_7\left(\sum_{p=1}^{5} \frac{X_{7p}}{5}\right) + X_8\left(\sum_{q=1}^{5} \frac{X_{8q}}{5}\right) + X_9\left(\sum_{r=1}^{6} \frac{X_{9r}}{6}\right) + X_{10} \right] \tag{3}$$

表 4-5 政策评分等级

PMC 得分	10~9	8.99~7	6.99~5	4.99~3
评价	完美	优秀	良好	可接受

（四）PMC 曲面的构建

PMC 曲面可以对 PMC 指数进行更加直观地表达，因此需要将各项政策的 PMC 指数代入式（4）的 PMC 矩阵进行 PMC 曲面的绘制，通过三维图像来更加形象地展示体育产业政策的评价得分和优劣势。本文共设置了 10 个一级变量，其中政策公开（X_{10}）无二级变量且各项政策的该项指标得分均为 1，考虑到矩阵的对称性与 PMC 曲面的平衡性，本文将一级变量 X_{10} 剔除，最终产生 3 阶 PMC 矩阵。

$$PMC = \begin{pmatrix} X_1 & X_2 & X_3 \\ X_4 & X_5 & X_6 \\ X_7 & X_8 & X_9 \end{pmatrix} \tag{4}$$

第四节　基于 **PMC** 指数模型的体育产业政策量化评价

一、数据来源

国务院"46 号文件"颁布之后,体育产业政策进入"密集高发期",故本节以 2014 年 10 月为政策选取起点,研究时间区间为 2014 年 10 月至 2020 年 9 月。根据"权威性、代表性、公开性、针对性、均衡性"原则,选取"中央—省市—地市—区县"四级党政机关发布的体育产业政策作为研究对象。数据来源于《体育产业政策汇编(国务院及部门篇)》《体育产业政策汇编(地方篇)》,并结合各级政府门户网站、相关部委门户网站以及北大法宝进行对比补充。为了便于统计综合评价,省级及以下政策按照每个省份 3 份政策(省级 1 份、市级 1 份、县级 1 份)进行优选,最终整理遴选出 149 份高度相关的体育产业政策作为评价文本,并按照政策发布时间先后顺序进行编号(见表4-6)。

表 4-6　体育产业政策汇总(部分)

编号	政策名称	发文年份	政策级别
P1	国务院《关于加快发展体育产业促进体育消费的若干意见》	2014.10	国家级
P2	体育总局《关于推进体育赛事审批制度改革的若干意见》	2014.12	国家级
P3	《体育场馆运营管理办法》	2015.01	国家级
P4	《国务院办公厅关于印发中国足球改革发展总体方案的通知》	2015.03	国家级
P5	《河北省人民政府关于加快发展体育产业促进体育消费的实施意见》	2015.05	省市级
P6	《浙江省人民政府关于加快发展体育产业促进体育消费的实施意见》	2015.06	省市级
P7	《北京市人民政府关于加快发展体育产业促进体育消费的实施意见》	2015.07	省市级
P8	《海晏县人民政府关于印发 2015 年体育产业发展相关政策措施的通知》	2015.07	区县级

编号	政策名称	发文年份	政策级别
P9	《上海市人民政府关于加快发展体育产业促进体育消费的实施意见》	2015.07	省市级
P10	《辽宁省人民政府关于加快发展体育产业促进体育消费的实施意见》	2015.08	省市级
P11	《国务院办公厅关于加快发展生活性服务业促进消费结构升级的指导意见》	2015.11	国家级
P12	《吉林省人民政府关于加快发展体育产业促进体育消费的实施意见》	2015.12	省市级
P13	《国家体育总局关于进一步加强国家体育产业基地建设工作的通知》	2016.03	国家级
P14	《中国足球中长期发展规划（2016—2050年）》	2016.04	国家级
P15	《体育发展"十三五"规划》	2016.05	国家级
P16	《淮滨县人民政府关于加快发展体育产业促进体育消费的实施意见》	2016.06	区县级
P17	《南昌市人民政府关于加快发展体育产业促进体育消费的实施意见》	2016.07	地市级
P18	《国务院办公厅关于加快发展健身休闲产业的指导意见》	2016.10	国家级
P19	《水上运动产业发展规划》	2016.10	国家级
P20	《山地户外运动产业发展规划》	2016.11	国家级
P21	《航空运动产业发展规划》	2016.11	国家级
P22	《冰雪运动发展规划（2016—2025年）》	2016.11	国家级
P23	《石家庄市人民政府办公厅关于加快发展健身休闲产业的实施意见》	2017.08	地市级
P24	《莆田市体育产业发展行动计划（2017—2021年）》	2017.12	地市级
P25	《韶关市人民政府关于加快发展体育产业促进体育消费的实施意见》	2018.09	地市级
P26	《长子县人民政府关于加快发展体育产业促进体育消费的实施意见》	2018.09	区县级
P27	《烟台市人民政府关于加快发展体育产业促进体育消费的实施意见》	2018.11	地市级

续表

编号	政策名称	发文年份	政策级别
P28	《舟山市人民政府关于加快发展体育产业促进体育消费的实施意见》	2019.01	地市级
P29	《体育强国建设纲要》	2019.08	国家级
P30	《楚雄州人民政府办公室关于印发楚雄州加快发展健身休闲产业实施方案的通知》	2019.08	地市级
P31	《关于推动徐汇区体育产业高质量发展的实施意见》	2020.01	地市级
……	……	……	……
P148	《全国马产业发展规划（2020—2025年）》	2020.09	国家级
P149	无锡市体育局 无锡市发展和改革委员会《关于促进全民健身和体育消费推动体育产业高质量发展实施方案》	2020.09	地市级

二、量化评价

根据上述评价步骤，对149份体育产业政策逐一进行赋值和计算，仅列出PMC指数得分统计和部分政策评分结果（为了更好地展现PMC指数模型的适切性和实用性，选取"中央—省市—地市—区县"四级党政机关发布的体育产业政策"P1—P6—P23—P89"作为示例）见表4-7、表4-8、表4-9和图4-3、图4-4、图4-5、图4-6。

表4-7　149份体育产业政策PMC指数得分统计

PMC得分	10~9	8.99~7	6.99~5	4.99~3
政策数量	2	105	42	0
评价	完美	优秀	良好	可接受

表4-8　4份代表性体育产业政策PMC指数

	P1	P6	P23	P89
X_1政策性质	0.80	0.80	0.80	0.80
X_2政策效力	1.00	0.67	0.33	0.33
X_3政策领域	1.00	1.00	1.00	1.00

	P1	P6	P23	P89
X_4政策级别	0.33	0.33	0.33	0.33
X_5政策评价	1.00	1.00	0.50	0.50
X_6作用客体	1.00	1.00	1.00	0.80
X_7作用重点	1.00	1.00	0.80	0.60
X_8政策功能	1.00	1.00	1.00	1.00
X_9激励措施	1.00	0.83	0.83	0.33
X_{10}政策公开	1.00	1.00	1.00	1.00
PMC 指数	9.13	8.63	7.79	6.69
评价等级	完美	优秀	优秀	良好

表 4-9　4 份代表性体育产业政策 PMC 曲面

P1	P6	P23	P89
$P_1 = \begin{pmatrix} 0.80 & 1.00 & 1.00 \\ 0.33 & 1.00 & 1.00 \\ 1.00 & 1.00 & 1.00 \end{pmatrix}$	$P_2 = \begin{pmatrix} 0.80 & 0.67 & 1.00 \\ 0.33 & 1.00 & 1.00 \\ 0.80 & 1.00 & 0.67 \end{pmatrix}$	$P_3 = \begin{pmatrix} 0.80 & 0.33 & 1.00 \\ 0.33 & 0.50 & 1.00 \\ 0.80 & 1.00 & 0.83 \end{pmatrix}$	$P_4 = \begin{pmatrix} 0.80 & 0.33 & 1.00 \\ 0.33 & 0.50 & 0.80 \\ 0.60 & 1.00 & 0.33 \end{pmatrix}$

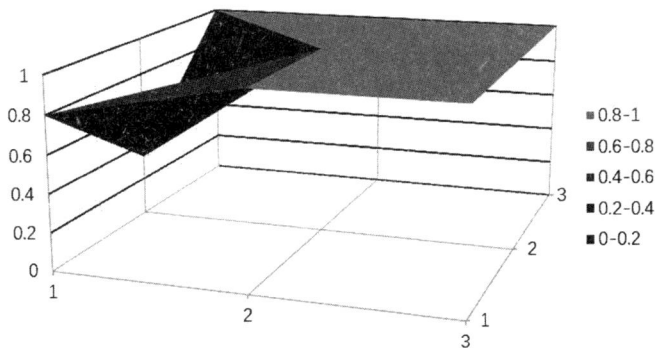

图 4-3　P1（国家级政策）的 PMC 曲面

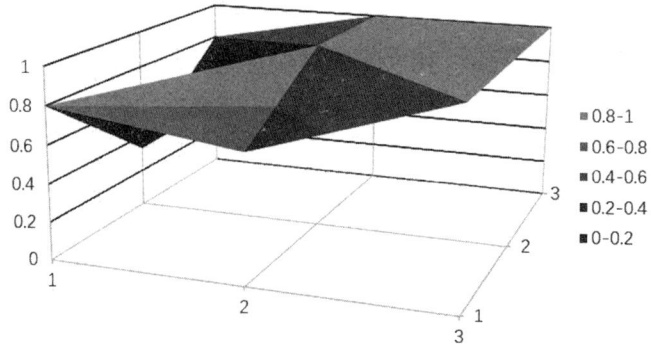

图 4-4 P6（省市级政策）的 PMC 曲面

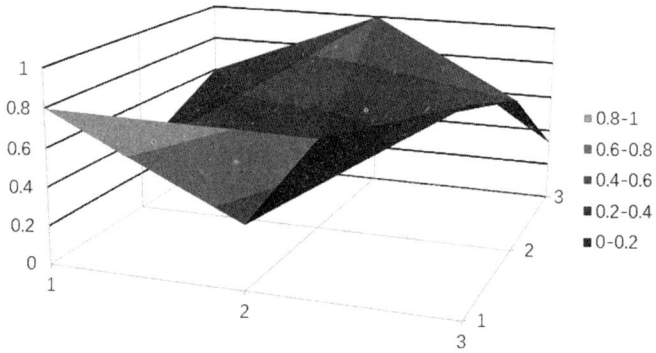

图 4-5 P23（地市级政策）的 PMC 曲面

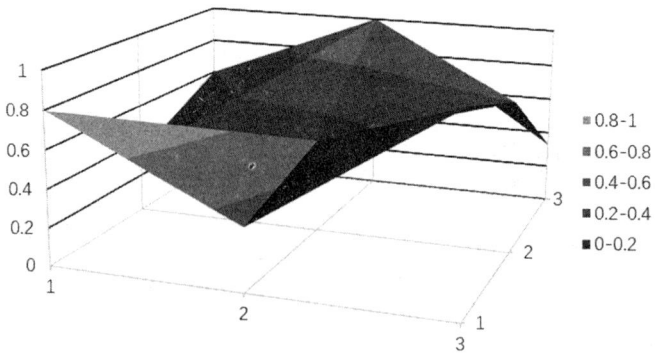

图 4-6 P89（区县级政策）的 PMC 曲面

三、体育产业政策评价结果

根据PMC指数得分，我国体育产业政策设计总体较为科学合理，149份体育产业政策中有2份政策的PMC指数评分等级为完美等级，有105份政策等级为优秀，有42份政策等级为良好，没有PMC指数得分为可接受和不良的政策。这些既充分说明了"中央—省市—地市—区县"四级政策文本的整体协同性较好，也反映出从中央到地方各级政府都非常重视体育产业发展。具体来看，首先，评价等级为完美的2份政策均为国家级，是国务院及国务院办公厅颁布的"规划"和"意见"类政策，属于典型的综合性和前瞻性的引导型政策文件。这两份政策内容较为完整均衡，政策领域涉面较广，政策效力均为长期（≥10年），除政策性质得分略低外，其他各项指标均高于均值，这也与国家层面的宏观统筹规划和指导意见类政策相契合。其次，评价等级为优秀的105份政策整体设计较为合理，政策主题多为国家级政策的地方性延续或专项配套政策。颁布主体以国务院相关部委及地方性政府为主，政策效力多为中短期的任务导向型目标。政策工具结构以环境型和供给型政策居多，反映出推动体育产业发展过程中"行政手段"的应用频率远高于"市场手段"，市场开发、知识产权、人才建设等指标涉及较少。最后，评价等级为良好的42份政策多为面向某特定领域或特定专项的政策，政策内容和政策作用的适应面相对较窄，这与专项政策的特定性和地方政策的区域性有关。在具体指标上，政策性质普遍缺少系统性描述，政策效力以短期（1~3年）规划为主，激励措施中普遍忽视多元主体协同、产权保护、人才建设和税收优惠等对体育产业创新发展的拉动作用。

四、我国体育产业政策特征分析

（一）体育产业政策工具结构失衡

我国体育产业政策工具使用较为全面，基本涵盖了供给型、需求型和环境型三类政策工具，但在结构上存在一定程度上的失衡，总体表现为"环境型政策工具偏多，供给型政策适中，需求型政策工具不足"。进一步分类考察，环境型政策工具中，目标规划和管理制度条目占比最高。供给型政策工具中针对体育产业发展的技术支持、科技投入和人才激励的条目相对较少。需求型政策工具中政府购买、金融补贴、税收优惠等条目严重不足，反映出政府希望通过打造行业或领域样板来引领社会力量跟进的思路。实践证明，环境型政策工具过高属于典型的"强政府弱市场"的产业发展模式，该模式虽然能够直接发挥政府投入和供应资源的优势，但也会在一定程度上降低整个体育产业经济体系的活力，挤压需求型政策拉动市场和社会力量参与体育产业的政策作用效力，尤其是在培育体育产业的自主创新能力和综合竞争力方面缺乏动力，不利于营造以市场配置为主体的体育产业发展环境。

（二）体育产业政策文本设计趋同

我国体育产业政策在设计上趋同性明显。国家级体育产业政策，意在从国家层面对体育产业发展进行顶层设计和宏观规划引导。地方政府颁布的政策，理应对上级政策进行层层细化向着纵深方向演进落实。然而，评价发现，很多地方政府却将上级政策或其他地区同类政策视为可供照搬的"模版"，依照上级政策或其他地区同类政策的形式与内容进行"拿来主义"的机械套用，甚至在条款数量和语言表述上都完全一致，政策文本中失分指标存在较强的趋同性。这种看似"规划合理""内容翔实"的政策，实际却与地方特色完全背离，实践中的政策有效性根本无法保障。在评价的 149 份政策中，尤以套用"46 号文件"等国家级政策文本最为明显。实践证明，这种"便捷"式的制定方式，在某种程度上确实能够降低政策制定的试错成本，但也会直接导致资源错配扭曲、重复建设严重、要素成本上升、产能过剩加剧、市场竞争受损等负面效应的发生，极不利于推动我国体育产业高质量发展。

（三）体育产业政策协同力度不够

我国目前已形成从"国家到地方、从宏观到专项"的体育产业政策体系，但政策的协同力度还相对较轻。一是多部门联合颁发的政策较少。目前体育产业政策以"单主体"发布的发展规划类和指导意见类政策较多，仅有的几份多主体政策为国务院相关部委联合发布的专项政策，省级及以下政策少见多主体联合发布。可见，目前体育产业政策各颁布主体之间的行政或制度壁垒还尚未完全突破。二是政产学研多主体协同不够。政产学研协同创新是区别于独立创新而提出的一体化深度协作，能够通过机制性互动促成体育产业产生创新效率的质变。但从政策中寥寥无几的内容可以判断出，目前依靠政产学研协同创新推动体育产业发展质量变革，还尚未纳入体育产业政策设计的核心范围。三是区域体育产业协同不够。体育产业区域一体化是京津冀、长三角、粤港澳等重大国家区域协同发展战略的题中之义，但现有政策中能够聚焦"区域协同"核心主题的政策少之又少，而且其他主题政策中也缺少体育产业区域协同发展的精准设计，各区域之间在体育产业发展中的联动效应发挥有限。

（四）体育产业政策执行效果乏力

我国体育产业政策面临的紧迫问题已经从"有没有"发展到了"用不用"。2014 年国务院"46 号文件"颁布后，我国体育产业政策进入"密集高发期"，如何"用好"或"执行"这些政策，显然成为目前最大最难最紧要的问题。从评价结果看原因有两个：一是现行政策效力着眼于"中短期"任务目标为主，尤以"短期"居多，甚至还出现了"1 年期"的产业政策。这种侧重"中短期"效力的政策，在体育产业需求激发方面着墨有限，也反映出政府在体育产业发展上存在"功利"倾向或"作秀"成分。二是政策缺乏配套实施细则，上下级政策衔接性不强，与相关政策协调不畅。现有政策的政策性质主要集中在"规划""描述""导向"上，政策内容大部分偏向战略指导与方向引导，政策实施层面缺乏牵头单位或责任部门，而且下级政策多为上级政策的同主题延续，普遍缺少操作性和针对性的实施细则或管理办法，在一定程度上削弱了体育产业政策实施中的效力和作用。

（五）体育产业政策创新生态欠佳

体育产业政策创新生态是顺应新时代发展要求的应然体现，但目前现有政策未能及时回应体育产业领域的热点重点难点问题。一是严重缺少对知识产权保护体系的规划。目前体育产业政策体系中关于知识产权保护的政策较少，虽有部分政策有所提及，但多以"要加强企业知识产权保护和应用"的表面叙述为主，不利于企业乃至整个体育产业创新活动的开展。二是缺少对产业技术创新与扩散体系的规划。体育产业行业中共性技术研发主体缺失，研发投入严重不足，而且技术扩散主体也相对匮乏，核心技术多依托于科研机构，体育科技成果转化与转移功能覆盖面较小，难以满足多数体育企业需求。三是缺少对体育制造业转型升级的规划。现有政策主要倾斜于运动休闲、运动项目、体育旅游、赛事表演等特定产业，对于传统体育制造业发展的专项支持相对不足，反映出传统业态与新兴业态在政策上还存在藩篱。从整体看，现行体育产业政策聚焦重点领域、重点任务和解决突出问题跟进不足，与立足新发展阶段贯彻新发展理念，建设现代化体育产业体系还存在一定差距。

五、我国体育产业政策优化建议

(一) 科学选用政策工具

当前要充分发挥市场决定性作用和更好发挥政府作用，需着力推动体育产业政策工具由行政调控为主转向政府、市场、法治手段并重。体育产业政策工具的核心是正确处理政府和市场关系，要把体育产业政策聚焦在"市场失灵"和"政府失灵"的核心领域和关键环节，充分发挥有效市场和有为政府的作用，更多地依靠市场化和法治化手段促进体育产业发展，惩戒体育市场经营活动中的违法违规行为，营造更加公平且竞争有序的体育市场环境。因此，一是要适当减少环境型政策工具的使用比例，同时要加强环境型政策工具中监督评估、准入条件、行业标准等法治化工具的应用。二是要调整供给型政策工具的使用结构，进一步强化技术支持、科技投入和人才激励等政策对体育产业发展的直接推动作用。三是要增加需求型政策工具的使用比例，用更加市场化的方式来引导体育产业发展，重点强化政府购买、金融补贴、税收优惠在产业市场化进程中的拉动作用，加大政府购买服务政策研究，切实发挥政府在购买服务方面的导向引领效应，同时扩大体育产业国际交流与合作，通过自我经验总结和国际经验借鉴，提升体育产业政策的系统性和有效性。

(二) 突出政策文本特色

体育产业政策的制定实施，应坚持问题导向和目标导向，既要深刻认识贯彻国家政策的原则要求，又要准确把握地区的比较优势，走出一条符合本地实际的高质量发展之路。一是分层分类制定体育产业发展政策，形成不同梯次的体育产业布局。产业发展环境好且基础配套完善的地区，在政策上应重点培育体育产业的领军企业、示范品牌及特色体育产业园区建设，形成从地区内生到省际外展的辐射效应。在大型体育产业集中区域，在政策上应以帮助企业协调省际关系、简政放权和战略布局等宏观且间接的政策为主，特别是应高度重视对产业链上游产品的培育。在产业基础较弱的小型体育产业集中区域，应侧重对税收优惠、金融支持和研发补贴等直接扶持政策的优先使用。二是因地制宜制定区域体育产业发展政策。我国不同地区的产业基础、资源禀赋和经济条件不同，决定了区域体育产业政策设计上要根据地域实际情况有所侧重。各地区要针对现阶段体育产业政策存在的共性内容趋同、区域特色不突出的问题，结合区域产业特点及定位，优化政策的地区根植性，尤其在体育旅游、体育产业基地、运动休闲小镇等项目建设上，要秉持求"异"防"同"的原则，防止同质化现象发生。

（三）强化政策协同发力

体育产业发展"不是单纯的体育问题，也不是体育部门一家的事情，它往往既是复杂的社会问题，同时又是多部门的共同事情"，而实现多部门共同参与的首要条件就是政策协同。针对当前体育产业政策协同力度不够的问题，要着力推动从单兵作战为主转向部门、校企、区域联动会战。一是建立部门间协同联动机制。加强各部门间政策协调联动，打破体育产业政策各颁布机构之间的行政壁垒，进一步拓宽各部门之间协同的广度与深度，促进资源整合、力量融合、功能聚合、手段综合，避免空白政策、重复政策及政策冲突现象的发生。二是建立政产学研协同创新机制。政府应充分发挥"引导者与推动者"的功能，出台相关促进政策，通过专项资金、搭建平台等方式为政产学研协同创新机制的形成提供切实保障，通过新基建建设加强前沿性基础研究和强化源头技术供给，通过科技力量联合，开展集群关键共性技术研发，推动体育领域"卡脖子"项目的技术攻关。三是建立区域间协同联动机制。全面把握国家重大区域一体化发展战略机遇，主动加强区域体育产业战略协同、规划衔接、政策沟通，打破体育产业的发展边界、技术边界、市场边界以及区域边界，大力推动区域体育产业集中合作区、合作示范园区以及科技创新共同体建设。

（四）提升政策执行效果

体育产业政策的生命在于政策的执行力，而政策的前瞻性、统筹性和配套体系的完整性是保障政策有效执行的核心要素。一是要提高政策的前瞻性和统筹性。要由现行侧重短期政策转向短期政策和中长期政策并重，尤其要以制定10年及以上的长期政策为主。要统筹好宏观政策调控与体育产业发展的关系，在短期的调控政策中贯彻落实长期发展的意志，要弱化短期增长的总量平衡，强化长期增长的结构均衡和质量升级。海内外经验表明，强化政策的前瞻性和统筹性，可以促进体育产业的稳定性发展和体育产业的高质量发展。二是强化政策配套体系建设。加强纵向的体育产业政策互动。各级政府在制定政策时应充分考量政策作用对象的针对性，下级政策要对上级政策进行层层细化，尽量使用量化指标来体现。加强横向的体育产业政策互动。强化体育产业政策与创新、金融、财税、土地、环境等政策的联动。要尽快出台《中华人民共和国体育产业促进法》，出台《体育产业促进法》，完善相关行政法规、部门规章以及规范性文件和相关制度性文件、技术性文件，以法律形式明确体育产业各项制度安排，为促进体育产业政策制定和执行提供原则性、基础性的法律保障。

（五）拓宽政策作用重点

从当前体育产业发展趋势看，加快推进体育产业政策从选择性产业政策向功能性政策转变是实现我国体育产业高质量发展的必然选择。一是强化知识产权保护政策。完备的知识产权保护体系是保障企业及时获得创新回报的重要手段，但保护不力则会降低甚至压抑企业的研发意愿和研发投入。要加快建立健全体育领域知识产权保护相关法律制度，通过法制手段完善相应执行机制，真正发挥知识产权促进科技创新的作用。二是强化科技创新和技术扩散政策的核心地位。创新是体育产业发展的原动力，是体育产业结构调整、转型升级与高质量发展的关键所在。要高度重视先进实用性技术在体育产业领域的应用与扩散，通过促进战略性技术、共性技术、通用技术的供给、扩散和应用，切实提升体育企业的技术创新能力。三是在政策重心上要从选择特定产业、特定企业的特惠模式向普惠性、功能性政策转变。虽然我国传统体育制造业的成本优势正逐渐弱化，但产业链完整的优势依然存在，对做实做强做优体育实体经济具有不可替代的意义。各地政府在体育产业政策的制定上要采取同步分享、增量赋权的政策，强化对体育制造业转型升级政策的倾斜度，实现体育产业政策从选择性政策向功能性政策转变。

第五节　小　结

体育产业政策是指政府为了实现一定的目标，对体育产业经济活动（包括产业类型、产业组织、产业结构、产业布局、产业关联、产业发展等各方面的状况和变化）进行干预而制定的各种政策的总和。简单地说，以体育产业为对象而实施的政策都可以称之为体育产业政策，具体可分两大类型。一是体育产业扶持政策。这类政策以促进体育产业发展为目标，因而往往包含一系列的扶持性举措。二是体育产业规制政策。该类政策以面向体育行业的规制措施为手段，目的是维持体育市场的竞争格局，防止因垄断而导致福利的损失。体育产业政策生发的理论依据主要是弥补市场协调不足和巨大的社会收益。从关系视角看，体育产业政府与体育产业管理之间的关系是一种"你中有我、我中有你，相互依存、相互交织"的关系,主要表现在:体育产业政策可以规范体育产业管理;体育产业管理可以提高体育产业政策效力;体育产业管理实践可以检验完善体育产业政策。

完善体育产业政策是推动体育产业高质量发展的根本保障和重要推力。基于"中央—省市—地市—区县"四级体育产业政策,利用 PMC 指数模型建立体育产业政策评价指标体系,对选取的 149 份体育产业政策进行量化评价。评价认为,现行体育产业政策存在工具结构失衡、文本内容趋同、协同力度不够、执行效果乏力、创新生态欠佳等问题。据此,从科学选用政策工具、突出政策文本特色、强化政策协同发力、提升政策执行效果、拓宽政策作用重点等方面提出政策优化建议。随着体育产业的地位和作用的日益凸显,全球化舞台上的体育产业博弈越来越凸显"精品"之争,其背后是一个国家现代体育产业体系与国家体育综合实力的竞争。全球体育产业竞争的严峻态势和国内体育需求的多元变化,要求我们在健全体育产业体系中亟须加快构建"政企分开、产权清晰、权责分明、治理科学"的现代体育产业治理体系,逐渐完善以高质量发展为导向的体育产业政策,即制定顺应市场、不限制竞争、谨慎干预、可评估的有效体育产业政策,根据比较优势以及要素配置规律有效引导资源配置,以体育产业善治构筑体育产业繁荣发展格局。

第五章

区域市场化水平与政府体育产业管理

改革开放 40 多年来，中国体育产业取得了显著成就，但人们对于体育产业市场化水平的认识还停留在感性认知层面上，这与中国体育产业市场化水平评价理论研究的缺失有着十分密切的关系。自 2014 年国务院发布《关于加快发展体育产业促进体育消费的若干意见》（国发〔2014〕46 号）（简称"46 号文"）开始，中国体育产业市场化发展全面进入了黄金时代。从一定程度上说，"46 号文"实质上是新时期中国推进体育产业市场化向纵深发展的重要里程碑。在此背景下，重新开启中国体育产业市场化理论的探索和研究，深入探讨区域市场化水平与体育产业发展之间的关系，建立中国体育产业市场化水平评价；并理论和技术框架，构建中国体育产业市场化水平评价指标体系，对我国区域体育产业市场化水平进行量化评价；并深入分析制约我国体育产业市场化进程的主要因素，对于推进我国体育产业市场化发展理论研究和实践，正确理解和妥善处理政府与市场的关系，不断优化和完善政府体育产业管理行为，无疑具有十分重要的理论价值和实践意义。

第一节 区域市场化水平概述

一、市场化的概念

寻找和界定一个可以依靠或信任的概念，不仅是理论体系构建的前提和基础，也是理论探索的期盼与诉求。严格地说，每一种科学理论都应该有自己严密的概念体系，而且所有的推演都应在内涵与外延统一的概念体系框架内展开。

究竟何为市场化，目前国内外学术界尚未形成统一学理意义上的定义。从国外来看，由于西方并未经历计划经济向市场经济的转轨过程，因而西方学界很少研究市场经济体制改革，无论是古典经济学，还是新古典经济学，均将"完全竞争市场作为基本的理论逻辑假定"，因此，西方经济学中并无关于市场化的精准定义。

从国内来看，市场化是伴随着我国市场经济体制改革而出现的新问题。就定义而言国内学者进行了大量的研究，形成以下几种观点：一是特指改革或者转轨国家的资源配置方式由计划配置向市场配置转化的经济体制转变过程，以国家发改委市场与价格研究所课题组①为代表；二是政府干预和市场调节是我国资源配置的两种方式，市场化的本质是哪种资源配置方式在经济发展过程中扮演主导角色，以常修泽②为代表；三是市场化是市场调节资源配置在经济发展过程中逐渐占据主导地位的过程，即市场机制从逐步产生、发展到成熟的演变过程，以陈宗胜③为代表；四是市场化是指经济资源由计划配置为"体"向市场配置为"体"的根本性转变，以及由此引起的企业行为、政府职能等一系列经济关系与上述转变相适应的过程，以张曙光④为代表；五是市场化具有特殊的时代特色与地域特色，是指计划经济向市场经济转变的全部过程，涵盖了所有参与主体行为的转变过程，以樊纲⑤为代表；六是市场化即为经济自由化，以原玉廷⑥为代表。

可以看出，上述观点从制度经济学、资源优化配置、平等化等方面强调了市场化的内涵。虽然侧重角度不一，但是对中国的市场化内涵进行了把握和定义，均认可市场化是资源配置方式的变更过程，即政府行政干预资源配置向市场自主调节资源配置的转变。可以说，他们确定了我国市场化研究的理论雏形和框架，为我国的市场化进程及测度奠定了理论基础。本研究认为，樊纲关于

---

① 国家发改委市场与价格研究所课题组．我国经济市场化程度的判断［J］．宏观经济管理，1996（2）：20-23.

② 常修泽，高明华．我国国民经济市场化的发展［J］．中国劳动，1998（12）：4-7.

③ 陈宗胜，吴浙，谢思全．中国经济体制市场化进程研究［M］．上海：上海人民出版社，1999.

④ 张曙光．中国经济的市场化及其测度的几个问题［J/OL］．世纪中国，2001-8-13.

⑤ 樊纲，王小鲁，张立文．中国各地区市场化进程2000年报告［J］．国家行政学院学报，2001（3）：17-27.

⑥ 原玉廷，杨素青．我国市场化进程及研究动态［J］．江汉论坛，2005（11）：72-74.

市场化的定义，已经超出了政府干预和市场调节的两种资源配置方式范畴，涵盖了全部参与主体行为的转变过程与互动过程，较之其他界定更全面准确和接近本质。鉴于此，本研究也将继续沿用樊纲的市场化定义。由此得出，体育产业市场化是指体育产业生产中的一切经济活动都以市场为中心，按照社会主义市场经济的客观要求，以市场体系和运行机制完善、市场关系规范、市场竞争有序、宏观调控有度的体育产业市场经济体制的内在要求所形成和发展的过程。

二、市场化水平的界定

何谓市场化水平（也称之为市场化程度），目前国内学术界主要有两种解读：一是以樊纲[1]为代表的经济学家认为，市场化程度主要用于分析市场改革的成果，即计划经济体制向市场经济体制转变的成效，意在说明当下市场经济体制较之传统市场经济体制是否有进步；二是以李晓西[2]为代表的经济学家认为，市场化程度主要测定当下的市场经济体制距离标准的市场经济体制是否有进步。可见，关于市场化水平的概念，目前国内学界尚未达成共识，这也导致国内学者在市场化测度时所采取的指标不尽相同。如市场化在0%~15%为非市场经济，市场化在10%~30%为弱市场经济，市场化在30%~50%为转轨中期市场经济，市场化在50%~65%为转轨后期市场经济，市场化在65%~80%为欠发达市场经济或相对成熟市场经济，市场化在80%以上为发达市场经济或成熟市场经济[3]；第三产业市场化程度大致在5%~85%的区间波动。市场化程度低于5%属于典型的非市场经济，高于85%属于标准的成熟市场经济。市场化程度50%~60%属于准市场经济，30%~40%属于转型经济或称初步市场经济[4]。

总体而言，市场化程度既可以理解为是一种过程的测度，也可以理解为是一种结果的测度，这种解释恰好契合了"樊纲指数"与"北师大指数"：樊纲指数侧重于市场化过程的测度，即中国各地区市场化程度是否较之以往有显著提高；北师大指数更加侧重于市场化结果的测度，即中国各地区的市场化程度

[1] 樊纲，王小鲁，张立文，等. 中国各地区市场化相对进程报告 [J]. 经济研究，2003（3）：9-18，89.
[2] 李晓西. 中国是发展中的市场经济国家：解读《2003中国市场经济发展报告》[J]. 求是，2003（17）：36-38.
[3] 顾海兵. 中国经济市场化程度："九五"估计与"十五"预测 [J]. 经济学动态，1999（4）：14-17.
[4] 胡进祥. 中国第三产业的市场化程度分析 [J]. 唯实，2001（3）：20-27.

距离标准的市场化体制是否有显著提高。本研究旨在探讨市场化水平对体育产业发展的影响，并比较不同区域之间存在的显著差异，因而樊纲指数显然更契合研究设计。因此，本研究沿用了樊纲关于市场化程度的界定，即市场化程度是指市场在资源配置中所起作用的程度，是用来概括转轨国家由传统计划经济体制向市场经济体制转变的进程，其实质在很大程度上是指经济决策的权力从中央计划部门逐渐转交到分散的经济主体手中的程度。

三、区域市场化水平测度的内涵

所谓区域市场化水平，是指在一个区域经济中以市场方式运作的经济领域、经济成分不断增大的过程。区域市场化测度即指运用一定的方法将区域经济中以市场方式运作的那部分经济加以量化，以"绝对数值"的形式表示出来。设计指标和运用的方法不一，测得的市场化程度可能不一，但市场化程度是一区域市场经济发展过程动态反映的性质不会改变。因此，市场化水平测度是一个技术范畴、过程范畴，是区域经济发展目标的技术与过程函数。如何对区域市场化水平进行测度，目前国内外尚无统一的方法，称谓也不一样。西方经济学一般称之为经济自由化指数（经济自由度），国内学者一般称之为区域市场化指数。自20世纪90年代开始，多家西方研究机构对全球范围内不同国家的经济自由化程度进行了测度，其中最具影响力的是美国传统基金会（Heritage Foundation）和加拿大弗雷泽研究所（Fraser Institute）两家机构。

美国传统基金会对测度指标的评估采用"打分法"，即预先就分值的含义、依据、分值等做出规定，然后根据原始资料而对各项因素进行"打分"，各指标得分的平均值就是该国家或地区的经济自由度指数。指数1.99表示"经济自由"（Free）；指数2.00~2.99表示"比较自由"（Mostly free）；3.00~3.99表示"比较不自由"；4分及其以上表示"不自由"（Repressed）。加拿大弗雷泽研究所则根据不同性质的指标采用不同的计算公式。例如，对连续数据的指标先设定基年，某一与经济自由度正相关的指标数据的最大值和最小值规定为10分和0分，而与经济自由度负相关的指标数据的最大值和最小值规定为0分和10分。然后，在评价某一年度的具体指标时运用统计上的"插入法"公式进行计算，指数值越大经济自度越高。综合来看，这两种测算方法思路大致相同，不同之处在于：美国传统基金会的指数值范围为1~5，指标权重使用简单平均法，而费雷泽研究所的指数值范围为0~10，且对于各指标的权重设定采用主成分分析法，使附权更具客观性。

国内学者在创造性借鉴这两种方法的基础上，根据中国实际进一步开发出更多的测度方法，归纳起来主要有两类：一是算数平均法。将被选中的各个指标的值进行简单平均，得到一个综合反映市场化水平的数值，如陈宗胜①。二是加权平均法。通过打分计算出各指标的市场化指数，然后加权计算出一个综合市场化指数，如卢中原和胡鞍钢②，此方法也是大多数学者所采用的方法，如顾海兵③、常修泽和高明华④、徐明华⑤、樊纲、王小鲁⑥等采用的方法也基本类似。其中，最具代表性的是王小鲁等按方位将中国分为东部、中部、西部和东北部四大地区，通过打分来考察我国各省份的市场化进程，在指标权重上主要采用主成分分析法来确定。可以说，上述学者的努力和尝试，奠定了中国区域市场化水平实证分析的基础，更为中国体育产业市场化水平评价研究提供了借鉴。

第二节　区域市场化水平与体育产业发展的关系

关系是事物之间的相互作用，相互作用是事物之间的普遍关系。事物是普遍联系的，是经由相互作用而联系到一起的。相关研究表明，"市场化已成为区域经济发展的内在驱动力，市场化水平对区域经济发展具有显著的正向促进作用，对区域经济发展发挥了关键的推动作用，且随着区域市场化水平的提高而呈现出区域经济逐渐增强的态势"⑦。基于上述，本研究认为，体育产业具有较强的空间集聚发展倾向，其发展与区域市场化水平之间存在着紧密的正向关系。

---

① 陈宗胜. 中国经济体制市场化研究 [M]. 上海：上海人民出版社. 1999：36-51.
② 卢中原，胡鞍钢. 市场化改革对我国经济运行的影响 [J]. 经济研究，1993（12）：49-55.
③ 顾海兵. 中国经济市场化的程度判断 [J]. 改革，1995（1）：85-87.
④ 常修泽，高明华. 中国国民经济市场化的推进程度及发展思路 [J]. 经济研究，1998（11）：49-56.
⑤ 徐明华. 经济市场化进程：方法讨论与若干地区比较分析 [J]. 中共浙江省委党校学报，1999（5）：38-44.
⑥ 樊纲，王小鲁，张立文，等. 中国各地区市场化相对进程报告 [J]. 经济研究，2003（3）：9-18，89.
⑦ 宋月明. 市场化水平对区域经济发展的影响研究 [D]. 东北财经大学，2016.

为了更加直观地反映区域市场化水平与体育产业发展之间的正向关系，本研究对我国各省份市场化总指数、区域生产总值、体育产业总产值进行了对比（见表5-1）。

表5-1　我国各省份市场化总指数、区域生产总值、体育产业增加值

地区	市场化总指数	排名	区域生产总值	排名	体育产业均值	排名
浙江	48.35	1	40546.20	4	1248.99	4
江苏	48.00	2	65280.60	2	704.18	8
上海	47.07	3	23773.40	12	907.68	6
天津	46.95	4	15496.80	19	396.89	13
广东	45.81	5	68203.20	1	2963.20	1
北京	45.27	6	21538.40	13	1036.63	5
福建	41.00	7	24082.60	11	2868.37	2
山东	38.18	8	59139.00	3	1882.34	3
重庆	37.80	9	14382.20	21	235.78	17
湖北	34.77	10	27327.00	8	561.49	10
安徽	34.22	11	20740.20	14	244.33	16
河南	33.85	12	34840.20	5	349.37	14
辽宁	33.39	13	26320.00	10	702.61	9
四川	32.82	14	28357.40	7	464.33	12
湖南	32.48	15	26853.00	9	518.82	11
江西	32.11	16	15658.80	17	276.26	15
广西	31.67	17	15655.20	18	120.00	22
吉林	31.61	18	13525.40	22	30.30	28
黑龙江	30.36	19	14730.60	20	220.05	18
河北	29.82	20	29262.80	6	830.77	7
陕西	29.80	21	17153.40	16	67.58	24
海南	27.50	22	3457.40	28	12.72	30
山西	26.05	23	12670.80	24	155.28	20
内蒙古	24.98	24	17305.00	15	154.00	21

地区	市场化总指数	排名	区域生产总值	排名	体育产业均值	排名
宁夏	23.90	25	2749.80	29	16.98	29
贵州	23.00	26	9301.00	25	72.28	23
云南	22.63	27	12672.4	23	31.70	27
甘肃	19.65	28	6561.20	27	34.00	26
新疆	17.49	29	8838.80	26	45.00	25
青海	14.34	30	2261.40	30	211.00	19
西藏	2.520	31	922.60	31	6.00	31

从表5-1可以看出,市场化水平影响区域经济发展,即市场化指数高的省份区域生产总值相对较高;区域生产总值高的省份体育产业增加值相对较高。易言之,我国体育产业发展水平受区域市场化水平影响,市场化水平高的地区则体育产业发展相对较好。因而,在体育产业发展上,单纯地以体育产业本身作为抓手是失之偏颇的,提高区域市场化水平也是发展体育产业的重要基础工作,各地要根据区域市场化水平来实施适切的政府经济行为。当然,从系统科学视角看,市场化水平与体育产业发展之间的关系,不是单一的先后关系,或因果关系,或时空关系,或促进关系,或制约关系,或抑制关系……而是多元的、多向度的复杂关系。仅用因果关系无法系统诠释市场化水平与体育产业发展之间的关系,而且它们之间的因果关系也是"多因多果"的,绝非简单严格的"一因一果"关系。现实来看,市场化水平与体育产业发展之间的关系,用相互作用来刻画和描绘较为恰切,诸如从环境与系统的视角、从整体与局部的视角、从哺育与反哺的视角等,这既是分析市场化水平与体育产业互动发展的理论框架,也是统筹推进市场化水平与体育产业互动发展的实践逻辑。

一、环境与系统:市场化水平与体育产业发展的依生相照

环境与系统既"自成系统",又在相互关联中"互成系统"。究其原因,一是任何事物都可看作是一个系统;二是任何系统都生发于一定的环境之中;三是各系统之间可互为某种环境。环境对于系统的存在具有提供"营养"的功能,没有环境提供物质、能量和信息的支撑,作为耗散结构而存在的系统终会走向

衰竭甚至消亡。同时，系统又有其自身的成长边界，对环境具有相对的自主性和独立性。市场是体育产业发展的环境，体育产业是生长于市场的一个系统。体育产业生长于市场之中，不断地从市场环境中汲取各种养分。"市场"虽然不是体育产业发展所需资源的唯一供给者，但却是体育产业接触最为直接和最为密切的生长环境。体育产业演化中总是尽可能地直接从区域市场汲取一切所需要的资源，同时以某种特有的形式，诸如提供就业机会、提供公共服务、产生经济效益、体育科技转化等反作用于区域市场化水平的提升。

从世界范围看，区域市场化水平滋养体育产业发展，体育产业以其独有的文化涵养所在地区的市场化水平。体育产业发展与区域市场化水平之间表现为一种特殊的"地缘关系"，今天体育产业发展与区域市场化水平可谓是"你中有我，我中有你"。现如今的体育产业俨然已经成为推动区域经济市场化发展的重要动力源，体育产业不仅以实体企业的方式参与区域市场经济的有序运转，更以概念符号的形式加入区域市场经济的顶层设计之中。区域市场经济越来越需要体育产业，各地区以各种方式发展壮大体育产业，希冀通过体育产业调整地区经济结构和扩大社会效益。可以说，体育产业发展与区域市场化水平密不可分，日益成为一个命运与共的关系共同体。时至今日，区域市场化水平与体育产业发展的良性互动，已成为一种人类经济社会发展的宝贵经验和世界性共识。

二、整体与局部：区域市场化水平与体育产业发展的协同耦合

任何事物或系统都是由各个局部或要素构成的有机联系的整体。从关系视角看，整体统摄局部，局部在整体之中，离开了整体，局部不再是局部；离开了局部，整体无以成为整体。整体与局部相互依存、相互影响、相互作用，但整体不等于部分的简单相加，而是局部结构、功能和属性的整体涌现。这既是整体与局部的基本关系原理的体现，也是考察复杂系统和开展一切社会工作必须遵循的内在依据。按照此理，市场与体育产业之间是一种典型的局整关系。市场是一个整体，体育产业也是一个整体。体育产业作为一个"整体"而存在，同时又作为市场的一个"部分"而存在，即体育产业是市场整体之中的一个"整体"。体育产业与市场皆具有相对的独立性，同时又存在某种程度的依赖性，这种关系构成了体育产业与市场协同耦合发展的基石。体育产业与市场在相互依存、相互作用、相互映衬中相互发展。换言之，体育产业与市场之关系犹如山水之关系，"水得山而活，山得水而灵"。

市场与体育产业在相互关联的整体结构中，既共生共塑各自系统的新质，又互相催生对方的新态。市场与体育产业的协同发展和耦合共生，不仅可以提升各自的本质功能，还可以促进两者功能的整体涌现。从这个意义上说，区域市场化与体育产业应在一个整体框架内统筹发展，局于一隅或偏于一端的发展是片面的畸形发展，是破坏"山水一体自然景观"的反生态发展。体育产业发展与区域市场化水平提升需要协同并进，体育产业要服务于区域市场化水平的整体提升，区域市场化水平提升也要切实把体育产业发展纳入战略地位和重要议事日程，形成政府统一领导、各相关部门紧密配合、社会各界广泛参与的促进体育产业系统发展的大格局。事物之间的关系、作用是相互的和双向的。各地区在规划提升区域市场化水平时，要统筹考虑体育产业的建设与发展。体育产业作为区域经济的重要部分，也要为区域市场化水平提升做出回应和给予回报。

三、哺育与反哺：区域市场化水平与体育产业发展的互塑共长

宇宙是一个有机整体，"一切事物和一切人都是互相关联的。每一件事物影响另一件事物。不管差别多么大，不管距离多么遥远，我们都是相互关联这个整体的一部分……事实上，在我们中间，在其他人群和我们周围的世界找不到真正的分隔——除非在我们的思想里制造这种分隔。"① 换言之，宇宙万物是一个相互联系的命运共同体，事物与事物之间看似毫无联系，实则为命运与共。纵观历史长河，产业与市场的生发演化并非同时存在的，既存在大量的市场孕生产业的事实，也不乏产业孕生市场的典型案例。但无论是何种孕生时序，孕生后的产业与市场之间，都潜存着一种哺育与反哺的关系。最初的体育产业尽管不是市场的"有意设计"和"刻意安排"，诞生后的体育产业，它的生存和发展，与市场发生着这样或那样的关系，呈现出一种鲜明的"互哺现象"，即"区域市场化水平为体育产业发展奠定了基础，体育产业发展进一步壮大了区域市场化水平"。

体育产业的诞生、发展、壮大和繁荣，总是与区域市场经济相互介入、渗透。体育产业诞生之后，市场的命运也在被不断改写，体育产业以其独有的文

---

① ［加］富兰. 变革的力量：透视教育改革 [M]. 中央教育科学研究所，加拿大多伦多国际学院，译. 北京：北京教育科学出版社，2005：118.

化向市场提供优质资源或新的增长点，增强了市场经济的软实力，甚至改变了市场经济结构，内在地推动了市场经济的发展步伐，改变了市场经济的发展轨道，提升了市场经济的发展效能。尤其是现代社会，"体育产业俨然成为地区经济发展的重要标志"，如摩纳哥、墨尔本、巴塞罗那等地区的发展繁荣都有"体育光环"的存在。可以说，市场的进化越完善，市场对体育产业的哺育能力就会越强，体育产业的生存条件和发展平台就会越好，体育产业从市场中汲取的营养成分数量和质量就会越多和越高；体育产业的进化越充分，体育产业对市场的反哺能力就会越强，市场经济整体发展效能的支撑就会越强，市场经济结构的创新度就会越高。综合来看，体育产业与市场相互影响的途径是多元的，市场主要以"资源与政策"为核心影响体育产业发展的速度和规模，体育产业主要以"健康与绿色"为核心影响市场发展的步伐和方向。

第三节　体育产业市场化水平评价指标体系构建

一、构建原则

评价体育产业市场化水平须有一套明确的量化指标，指标体系的建立是体育产业市场化水平评价的核心内容，是关系到评价结果可信度的关键因素。考虑到评价指标体系的科学性，构建体育产业市场化水平评价指标体系应遵循科学性与客观性、综合性与系统性、可量化与可比性、动态性与前瞻性、权威性与简明性等原则。

（一）科学性与客观性

体育产业市场化水平评价指标体系的设计及评价指标的选择，必须以科学性与客观性为原则，能够客观真实地反映出各地区体育产业发展的实际情况，能够客观全面地反映出各指标之间的逻辑关系。科学性在一定程度上保障了客观性，即体育产业市场化评价指标体系的构建，不能仅仅依靠主观判断，要尽可能依托客观实际情况，选用科学的评价指标和评价方法，客观地反映我国体育产业市场化水平的真实情况。

（二）综合性与系统性

体育产业市场化水平评价指标体系，是从多角度、多维度、多层面全面反映我国体育产业市场化水平实际的评价指标体系。在指标构建过程中，仅仅根据某一指标进行分析判断是不可取的，应从系统的局整观①出发，既要充分考虑每项指标的相对独立性，又要准确把握各指标之间的内在联系，共同形成一个不可分割的综合评价体系，使其全方位反映出我国体育产业市场化综合水平状况。

（三）可量化与可比性

为使测算结果更具准确性和客观性，在指标选择上尽量使用定量化指标。指标体系的构建是为区域政策制定和科学管理服务的，指标选取的计算量度和计算方法必须一致统一，对于无法量化的指标尽量舍弃，除非可运用相关科学方法进行转换，在缺乏统计数据的情况下使用调查数据。因此，可量化与可比性要求在构建体育产业市场化水平评价体系时，保证指标数据的可获得性、连续性、准确性及评价方法的可操作性。

（四）动态性与前瞻性

体育产业市场化水平是一个动态的过程。在构建评价指标体系时，应充分考虑所选取指标的非线性变化规律，能够根据体育产业市场化发展变化进行适当调整，应能够切实反映出评价目标的动态性特点。同时，还应充分考虑评价指标体系构建的前瞻性，应尽可能地根据我国体育产业发展的规律，对体育产业市场化发展过程中不断更新与整合的指标数据进行动态调整，以保证评价指标的科学。

（五）权威性与简明性

在我国全面建设体育强国阶段，体育产业市场化水平意义重大。充分发挥市场在体育产业资源配置中的决定性作用，必须对体育产业市场化水平进行科学的评价，这对于体育产业高质量发展决策具有重要的参考意义，故应保证评价指标具有权威性。权威性与简明性，即指标应尽量使用政府机关统计发布的指标，指标数据应尽量使用统计口径一致的数据，各评价指标应不能过多过细，不能过于烦琐重叠，并且数据易获得且计算方法简明易懂。

二、指标体系选取

运用文献资料法，在知网等相关数据库以"体育产业市场化""市场化水

---

① 李枭鹰．高等教育选择轮［M］．北京：中国社会科学出版社，2011：329.

102

平""市场化程度""市场化测度""评价体系"等为关键词进行文献资料检索并整合相关信息。目前国内外测度市场化程度的代表性研究成果，主要有美国传统基金会和加拿大弗雷泽研究所的经济自由度指数，以及阎大颖[1]、樊纲等人[2]和北京师范大学经济与资源管理研究所[3]的"市场化指数"。本研究从市场化内涵出发，结合当前我国体育产业市场发展状况和重点任务，借鉴上述几种市场化指数的创新性设计，构建出体育产业市场化水平评价的初拟指标体系。体育产业市场化水平评价体系的指标筛选采用专家咨询法，将初拟指标体系设计成专家问卷，在体育经济、体育管理、市场经济等领域选取专家25名（其中体育经济11名，体育管理9名，市场经济5名）进行两轮问卷调查。问卷回收后，按照指标的重要程度进行赋分，计算出各指标的平均得分、各指标的变异系数和一致性检验等统计参数。参照评价指标体系的筛选标准[4]，选取平均分大于3.5，变异系数小于0.25，一致性检验结果小于0.05的指标，最终设计形成了5个一级指标和14个二级指标的中国体育产业市场化水平评价指标体系（见表5-2）。

表5-2 中国体育产业市场化水平评价指标体系

一级指标	二级指标	指标释义	关系[a]
1. 政府与市场关系	1.1 政府投资	地方政府在产业基本建设上的决算支出与体育产业增加值之比	逆向
	1.2 政府消费	地方政府在其控制或资助的非营利机构年度总财政支出与体育产业增加值之比	逆向
	1.3 政府规模	体育产业内国有职工人员数占体育产业从业人员数比重	逆向

---

① 阎大颖. 市场化的创新测度方法：兼对2000—2005年中国市场化区域发展特征探析[J]. 财经研究，2007（8）：41-50.

② 樊纲，王小鲁. 中国市场化指数：各地区市场化相对进程报告（2001）[M]. 北京：经济科学出版社，2003.

③ 对外贸易经济合作部进出口公平贸易局与北京师范大学经济与资源管理研究所. 中国市场经济发展报告（2005）[M]. 北京：中国商务出版社，2005.

④ 余道明. 体育现代化理论及其指标体系研究：以首都体育现代化研究为例[D]. 福州：福建师范大学，2007：1-133.

一级指标	二级指标	指标释义	关系[a]
2. 经济主体市场化程度（非国有）	2.1 非国有经济固定资产投资	体育产业内非国有经济固定资产投资占体育产业全社会固定资产投资的比重	正向
	2.2 非国有单位人员规模	体育产业非国有企业人员数占体育产业从业人员数比重	正向
	2.3 非国有经济税收贡献	体育产业中非国有企业上缴的增值税占区域企业应缴增值税比重	正向
3. 产品市场发育程度	3.1 市场决定价格程度	产品中价格由市场决定的部分比重	正向
	3.2 对外贸易自由度	减少商品市场上的地方保护	逆向
4. 要素市场发育程度	4.1 金融业市场化程度	地区金融业增加值占地区第三产业增加值比重	正向
	4.2 人力资源供应条件	体育产业中劳动力流动性情况	正向
	4.3 投资市场化程度	体育产业全社会固定资产投资中利用外资、自筹和其他资金所占比重	正向
	4.4 技术成果市场化	体育技术市场成交额与体育产业技术人员之比	正向
5. 市场制度完善程度	5.1 市场中介组织发育	律师、公共管理人员的市场中介组织服务条件	正向
	5.2 知识产权保护	三种专利受批数量与体育科技人员数之比	正向

注：a 正向表示该指标值与市场化程度成正比，逆向则表示该指标值与市场化程度成反比。

三、指标内涵释义

（一）政府与市场关系指标

该指标主要考察政府职能与市场经济之间的关联程度，反映中国经济市场化改革进程中政府行为方式做出相应转变的程度。该指标包含 3 个二级指标：

①政府投资：主要以各地政府支出在当地 GDP 中所占比重来反映政府在资源配置中的比重，通过政府在产业基本建设上的支出与体育产业增加值的比例，即政府支出比重低说明由市场分配资源的比重相对较高，以此反映政府对体育产业经济发展的影响水平。②政府消费：通过政府在其控制或资助的非营利机构年度总财政支出与产业增加值的比重评价或反映政府对产业经济的干预程度。③政府规模：按照体育行政机关和社会保障管理人员数占区域体育系统从业人员数的比例反映政府相对规模，政府人员过多容易降低市场活跃性，干预越大市场运行能力越差，市场化程度越小。

（二）经济主体市场化程度指标

市场经济是一种开放式市场自由竞争经济体系。一个地区的市场化程度很大层面可以决定地区市场经济基础水平，体育产业经济的市场化水平可以通过产业经济主体的多样化和自主性程度得以反映。该指标主要反映非国有体育企业在市场经济推进中发挥的作用及产业主体在经济活动中所享权利（指标 2.1 和 2.2）和非国有体育企业经济生产值（指标 2.3）：①非国有经济固定资产投资：该指标是考核非国有体育产业经济在地区固定资产投资中所占比重，通过其投资规模、发展速度和比重程度的变化体现推动市场经济增长趋势，突出反映体育产业投资的市场化程度。本研究将该指标作为体育产业市场化革新的重要评价指标。②非国有单位规模大小：该指标着重从市场经济中的非国有企业人员数与产业从业人员数的比值反映体育产业市场化水平，重点体现非公经济在市场化改革中的结构能力，总的来说，非国有单位产业从业人数越多，比例越大，体育产业市场化水平就会越高。③非国有经济税收贡献：表示国家财政投资或参与产品分配获得的全部收入，包括增值税、营业税、企业所得税等。受体育产业资料数据的不完整影响，囿于所有税收中增值税相对较大，结合研究所需，文章以体育产业系统中非国有企业上缴的增值税与区域全部企业应缴纳增值税的比重为该指标下具体数据，据此反映体育产业系统非国有经济对全社会体育产业税收所作出的贡献。其中，非国有体育企业上缴增值税＝区域体育企业应缴纳的增值税－国有体育企业上缴增值税。

（三）产品市场发育程度指标

该指标侧重对产品市场发育程度进行衡量，包括产品市场总体的发育程度和产品市场各部分发育程度，体系中主要用价格由市场决定的程度和减少商品市场上的地方保护两个指标反映产品市场发育程度。①市场决定价格程度：产品价格的决定方式不同，则产业发展趋向不同，价格由市场形成还是由政府决定是反映市场化程度的重要指标，采用社会零售商品价格由市场决定比重、生产资料价格由市场决定比重说明产品价格市场化程度，运用加权平均方法显示各指标权重。由于上述数据没有直接体现，但市场经济多年，大多产品价格已经由市场决定，故该数据用体育娱乐商品零售价格指数进行替换采用。②减少商品市场上的地方保护指标用对外贸易自由度进行替换。健全的市场准入度能有效维护社会公共利益的均衡性，是政府部门为规范企业生产行为而设立的，如若出于对地方经济利益的保护而对外商品的准入上设置障碍，从而降低产品市场流通，则违背了市场经济公平竞争性，因此，以产品的市场准入度进行评价，通过抽样调查样本企业在全国各省份销售产品或从事其他经营活动时遇到的地方保护或行政性限制措施占各省份总数之比反映地方保护情况，该比值越小、说明地方保护越少，评分即越高。

（四）要素市场发育程度指标

要素市场在市场体系中有着较高的价值，是市场经济推进中的重要产物。根据体育产业结构特点本研究设计相应指标分别从金融业市场化程度、劳动力流动性、引进外资市场化水平、技术成果市场化程度进行评价，综合考察体育产业要素市场的发育水平。①金融业市场化程度：主要通过金融业的市场竞争、资金分配的市场化两方面体现，前者以非国有金融机构吸收存款占所有金融机构吸收存款的比例，一般情况下比例越高则表明市场集中度越低，市场竞争程度则越高；后者以金融机构非国有贷款的比重反映该指标市场化程度，国有企业贷款比例越高说明信贷资金分配的市场化程度越低，综合数据完整度，采用金融业增加值与第三产业增加值比重反映。②人力资源供应条件：此指标不难理解，劳动力作为产业生产主体，很大程度能反映出产业规模，同时也决定着产业生产方向。分别对技术人员、管理人员、熟练工人供应情况代表劳动力流动性，由于缺乏准确的统计数据不能全面反映劳动力流动情况，因此，结合主观评价及实际数据相结合的方式中性评价人力资源供应条件。③投资市场化程度：体育产业投资分为流动性生产投资和固定资产投资，由于生产投资主体从政府国家转变为企业自主或外商资助，所以本研究选用社会固定资产中来源外资、自筹和其他资金比重和外方注册资金占外商投资企业总注册资金比重两指标作为反映体育产业资本形成的市场化水平。④产业技术成果市场化：技术的创新能帮助企业满足市场所需的高端体验，既能盘活市场资源，对产业结构合理化也能起到正向的促进作用，尤其较高的技术成果转化可以减少产业压力并获取更大的市场，推动产业数字化转型。因此，用区域技术市场成交额与技术人员数的比例反映技术成果的市场化程度。

（五）市场制度完善程度指标

该指标下主要以市场中介组织规模和知识产权保护两个方面的进行综合评价。①市场中介组织规模：体育市场中介组织指的是体育组织或个体为实现体育产品或服务的交易充当媒介而形成的中介活动领域和产生的各种代理关系的总和，包括经纪代理类、咨询代理类和监督类三方面，由于产业市场中介涉及范围较广，故以该行业律师和公共管理人员的市场中介组织服务条件以及行业协会对企业的帮助程度反映市场中介组织的发育程度，一方面在于从业人员数和相关企业经营者对服务条件的评价易通过调查形式获取；另一方面两指标可以很好地反映和评判中介组织规模和发育水平，是系统公共服务组织中的重要标志。②知识产权保护：该指标是维护市场秩序、保障技术进步、创新产业"智能化"和提升产业市场化水平的重要条件，重点以"三种专利申请批准数量与科技人员数"数据反映对知识产权的保护程度，以此考察市场制度环境水平。

第四节　基于主成分分析的体育产业市场化水平评价

一、样本选取与数据来源

体育产业作为国民经济的重要组成部分，其发展既遵循一般产业的发展逻辑，又有其自身的特殊逻辑。因此，为了全面了解我国体育产业市场实际，以全国31个省、自治区、直辖市（不包含港澳台地区）为研究样本区域，包括：华北地区（北京、天津、河北、山西、内蒙古）；东北地区（辽宁、吉林、黑龙江）；华东地区（上海、江苏、浙江、安徽、福建、江西、山东）；中南地区（河南、湖北、湖南、广东、广西、海南）；西南地区（重庆、四川、贵州、云南、西藏）；西北地区（陕西、甘肃、青海、宁夏、新疆）。数据主要来源于《中国统计年鉴》《中国区域经济统计年鉴》《中国体育事业统计年鉴》《中国体育产业发展报告》以及各省统计局和体育局官方公布数据。本研究主要分析现阶段中国体育产业市场化水平，在数据选取上尽量选取能够获得的近几年数据，对于个别年份、省域的指标缺失数据，采用了维度平均值填充的方法予以完善。考虑到体育产业数据统计和发布的滞后性以及数据的可获得性，本研究最终将数据的时间跨度限定在 2016—2019 年。

二、评价方法与模型选择

本研究选用指标体系综合分值法测算中国体育产业市场化水平。指标体系综合分值法是指在构建测度指标体系的基础上，用相应的计算公式把体育产业市场化水平指标转化成相对指数。具体步骤：首先，单个指标设定基期年份（2017 年）指标得分区间并形成与该指标对应的单项指标指数；其次，由属于同一级指标的几个指数按照计算的权重组合成一级指标的指数；最后，综合 5 个一级指标指数值权重合成总指数。这一指数值不仅能反映同一时期不同地区体育产业市场化水平在全国范围内的相对地位，还能从其时序变化中揭示出各个地区自身体育产业市场化的动态趋势。因此，本研究提出的市场化水平指数既可用于同一时期不同地区的截面比较，又可用于单一省份的时序比较，以及跨期多省份比较。

1. 单项指标指数化方法。中国体育产业市场化水平评价指标体系由 5 个一级指标和 24 个二级指标构成，各地区每个指标的指数值表达各地区在体育产业市场化水平某一方面的相对位置。体育产业市场化水平指标的指数值计算主要参照美国传统基金会和樊纲、王小鲁（2003）的方法。具体步骤是：首先，设定指标得分分值。设定基期年份（2017 年）各单项指数的最大值和最小值分别为 10 和 0，由于市场化指数的计算以一个特定年份为基期，所以允许单项指数经过跨年度变化后大于 10 或小于 0，不设定 10 为最高上限值，0 为最低下限值。其次，计算指标得分方法。根据指标类型采用两种计算公式将原始指标值转化为相对指数。如果第 i 个指数对应的原始数据高低与市场化程度高低呈正相关时，得分 $= \dfrac{V_i - V_{\min}}{V_{\max} - V_{\min}} \times 10$；反之，当第 i 个指数对应的原始数据高低与市场化程度高低呈负相关时，得分 $= \dfrac{V_{\max} - V_i}{V_{\max} - V_{\min}} \times 10$，其中，$V_i$ 是某地区某年份第 i 个指标的原始值，$V_{\max}$ 和 $V_{\min}$ 分别是各地区基期年（2017 年）第 i 个指标相对应的原始数据中最大值和最小值，经上述方式计算，各级指标指数均与市场化水平呈正相关关系。

2. 主成分分析法确定指标权重。主成分分析是一种分析并简化数据集的技术，它通过一个线性变换将原始数据变换到一个新的坐标系统中，将原始数据投影在几个少量正交的维度上，使得原有变量被重新组合成一组相互无关的综合变量，进而用少数的代表性综合变量替代原始变量以解决指标相关性带来的重复赋权问题。市场化是一个抽象概念，其各组成方面的重要程度很难从经济理论或定性的方面加以判断。为避免主观随机因素的干扰，本研究采用主成分分析法确定各个指标的权重，其最大的特点和优势在于客观性，即权重不是根据人的主观判断，而是由数据自身的特征所确定的。本研究运用 SPSS 统计分析软件中的 Factor 过程对中国体育产业市场化水平进行主成分分析。

三、分析步骤与数据处理

1. 确定主成分个数（m）。本研究中主成分个数的提取原则为主成分对应的特征值大于 1 且主成分累计贡献率大于 80% 的前 m 个主成分，由表 5-3 可知，x_1、x_2、x_3、x_4、x_{13} 均在第一主成分上有较高载荷，即说明第一主成分基本反映了它们的信息，其余指标分别在其他主成分上有较高载荷，即说明其余指标分别在其他主成分上有较高载荷，反映了其他指标信息。表 5-4 显示，5 个主成分累计方差贡献率超过 84.4%，因此，本研究采用 5 个新变量替代基础 14 个指标变量。

表 5-3 初始因子载荷矩阵

二级指标	因子载荷				
	F1	F2	F3	F4	F5
政府投资（x_1）	−0.850	−0.160	0.406	0.127	0.167
政府消费（x_2）	0.878	0.106	−0.407	−0.058	−0.133
政府规模（x_3）	0.955	−0.033	0.199	0.054	−0.105
非国有经济固定资产投资（x_4）	−0.804	0.021	0.262	−0.276	0.145
非国有单位人员规模（x_5）	0.247	0.893	0.269	−0.176	−0.026
非国有经济税收贡献（x_6）	0.247	0.893	0.269	−0.176	−0.026
市场决定价格程度（x_7）	0.340	−0.023	0.289	−0.401	0.649
对外贸易自由度（x_8）	−0.418	0.369	0.166	−0.093	−0.283
金融业市场化程度（x_9）	0.025	0.358	−0.446	0.573	0.391

二级指标	因子载荷				
	F1	F2	F3	F4	F5
人力资源供应条件（x_{10}）	0.372	−0.227	0.793	0.208	−0.134
投资市场化程度（x_{11}）	−0.419	0.758	−0.186	0.121	0.085
技术成果市场化（x_{12}）	0.226	0.100	0.363	0.665	0.417
市场中介组织发育（x_{13}）	0.955	−0.033	0.199	0.054	−0.105
知识产权保护（x_{14}）	−0.410	0.142	0.177	0.419	−0.564

表5-4　基于主成分分析的总方差解释

主成分	特征值	方差（%）	累计（%）
1	4.912	35.088	35.088
2	2.557	18.267	53.355
3	1.761	12.581	65.935
4	1.337	9.549	75.484
5	1.261	9.007	84.491

2. 确定主成分表达式（Y_j）。用表5-3（初始因子载荷矩阵）中的数据除以主成分相对应的特征值开平方便得到5个主成分中每个指标所对应的向量系数 f_i（表5-5）。根据各自对应的系数 f_i 乘以标准化的原始数据（指标指数）即可得到各个主成分的表达式，计算公式为：$Y_j = \sum_{i=1}^{14} f_i x_i$。

表5-5　各主成分指标系数

二级指标	Y1	Y2	Y3	Y4	Y5
政府投资（x_1）	0.3835	0.1002	0.3063	0.1097	0.1487
政府消费（x_2）	0.3963	0.0663	0.3069	0.0506	0.1189
政府规模（x_3）	0.4310	0.0209	0.1503	0.0468	0.0932
非国有经济固定资产投资（x_4）	0.3627	0.0133	0.1974	0.2387	0.1288
非国有单位人员规模（x_5）	0.1116	0.5587	0.2027	0.1525	0.0235

二级指标	Y1	Y2	Y3	Y4	Y5
非国有经济税收贡献（x_6）	0.1116	0.5587	0.2027	0.1525	0.0235
市场决定价格程度（x_7）	0.1533	0.0142	0.2178	0.3468	0.5783
对外贸易自由度（x_8）	0.1887	0.2307	0.1252	0.0801	0.2520
金融业市场化程度（x_9）	0.0113	0.2241	0.3363	0.4958	0.3480
人力资源供应条件（x_{10}）	0.1677	0.1417	0.5978	0.1795	0.1192
投资市场化程度（x_{11}）	0.1891	0.4741	0.1401	0.1046	0.0760
技术成果市场化（x_{12}）	0.1018	0.0628	0.2734	0.5748	0.3710
市场中介组织发育（x_{13}）	0.4310	0.0209	0.1503	0.0468	0.0932
知识产权保护（x_{14}）	0.1851	0.0885	0.1331	0.3626	0.5019

3. 确定权重和综合分值计算模型。在计算主成分综合分值时，首先要确定各个指标的主成分综合权重（$Q_总$），以该权重作为综合分值计算模型中各个指标的系数。各单个指标的各主成分权重 Q_j 则用主成分表达式 Y_j 中每个指标所对应的系数乘以第 j 个主成分所对应的方差贡献率，再除以所提取的 5 个主成分的方差贡献率之和，各单个指标主成分权重之和为主成分综合权重 $Q_总$，其计算公式为：$Q_总 = Q_1 + Q_2 + Q_3 + Q_4 + Q_5$。计算结果如表 5-6 所示。

表 5-6　各个指标的主成分权重

二级指标	Q_1	Q_2	Q_3	Q_4	Q_5	$Q_总$	$Q'_总$
政府投资（x_1）	0.1593	0.0217	0.0456	0.0124	0.0159	0.2548	0.0840
政府消费（x_2）	0.1646	0.0143	0.0457	0.0057	0.0127	0.2430	0.0801
政府规模（x_3）	0.1790	0.0045	0.0224	0.0053	0.0099	0.2211	0.0729
非国有经济固定资产投资（x_4）	0.1506	0.0029	0.0294	0.0270	0.0137	0.2236	0.0737
非国有单位人员规模（x_5）	0.0463	0.1208	0.0302	0.0172	0.0025	0.2171	0.0716
非国有经济税收贡献（x_6）	0.0463	0.1208	0.0302	0.0172	0.0025	0.2171	0.0716

续表

二级指标	Q_1	Q_2	Q_3	Q_4	Q_5	$Q_总$	$Q_总$
市场决定价格程度（x_7）	0.0637	0.0031	0.0324	0.0392	0.0617	0.2000	0.0660
对外贸易自由度（x_8）	0.0784	0.0499	0.0186	0.0091	0.0269	0.1828	0.0603
金融业市场化程度（x_9）	0.0047	0.0485	0.0501	0.0560	0.0371	0.1964	0.0648
人力资源供应条件（x_{10}）	0.0696	0.0306	0.0890	0.0203	0.0127	0.2223	0.0733
投资市场化程度（x_{11}）	0.0785	0.1025	0.0209	0.0118	0.0081	0.2218	0.0732
技术成果市场化（x_{12}）	0.0423	0.0136	0.0407	0.0650	0.0396	0.2011	0.0663
市场中介组织发育（x_{13}）	0.1790	0.0045	0.0224	0.0053	0.0099	0.2211	0.0729
知识产权保护（x_{14}）	0.0769	0.0191	0.0198	0.0410	0.0535	0.2103	0.0694

注：$Q_总$是将 Q 经过标准化处理的数据，即让 x_1—x_{14} 的权重之和相加为 1。

根据上述计算结果，可得到中国体育产业市场化水平综合分值计算模型：

$$F = 0.0840x_1 + 0.0801x_2 + 0.0729x_3 + 0.0737x_4 + 0.0716x_5 + 0.0716x_6 + 0.0660x_7 + 0.0603x_8 + 0.0648x_9 + 0.0733x_{10} + 0.0732x_{11} + 0.0663x_{12} + 0.0729x_{13} + 0.0694x_{14}$$

四、体育产业市场化水平测算结果

（一）全国体育产业市场化水平测算结果

根据中国体育产业市场化水平综合分值计算公式，求得按照 10 分制标准的 2016—2019 年中国体育产业市场化水平指数。为了便于直观了解，本研究将上述 10 分制指数折算成 100 分指数，数据如表 5-7 所示。测算数据显示，2016—2019 年，中国体育产业市场化水平指数分别为 42.0%、42.3%、45.2%、47.1%。

表 5-7　2016—2019 年全国体育产业市场化水平指数

标准	2016	2017	2018	2019
10 分制标准	4.20	4.23	4.52	4.71
百分制标准	42.0	42.3	45.2	47.1

（二）各地区体育产业市场化水平测算结果

按照全国体育产业市场化水平的定量测算方法，测得全国 31 个省份 2016—2019 年的体育产业市场化指数（见表 5-8）。

表 5-8　2016—2019 年中国各地区体育产业市场化水平指数（%）

地区	2016	2017	2018	2019	均值
北京	46.02	45.96	46.92	47.35	46.56
天津	44.91	44.48	46.20	46.90	45.62
河北	42.35	41.71	46.01	46.33	44.10
山西	37.72	37.62	43.01	43.10	40.36
内蒙古	38.23	36.49	42.20	41.21	39.53
辽宁	45.35	45.09	45.23	45.88	45.38
吉林	43.60	41.37	44.71	44.67	42.83
黑龙江	41.01	41.65	44.54	44.14	42.84
上海	46.05	49.56	50.06	50.79	49.11
江苏	58.66	51.91	50.65	52.84	53.52
浙江	46.59	50.75	52.27	59.32	52.23
安徽	42.31	44.29	46.53	47.47	45.15
福建	53.87	50.34	50.97	55.89	52.77
江西	41.62	42.17	45.17	45.07	43.50
山东	46.92	47.83	49.17	50.45	48.60
河南	45.43	42.68	47.65	48.74	46.13
湖北	45.94	46.78	47.96	49.50	47.55
湖南	44.39	45.94	47.59	47.28	46.30
广东	49.40	52.05	54.04	62.12	54.40

地区	2016	2017	2018	2019	均值
广西	40.45	39.64	43.21	43.60	41.72
海南	37.46	36.32	39.89	40.68	38.58
重庆	43.64	43.19	45.27	46.46	44.64
四川	43.03	44.79	47.80	48.94	46.14
贵州	37.64	36.48	41.96	40.90	39.25
云南	35.35	32.88	36.27	38.32	35.71
西藏	23.50	25.66	27.52	32.54	27.31
陕西	41.00	40.02	43.55	41.56	41.53
甘肃	35.84	34.13	40.09	40.61	37.67
青海	29.96	29.98	33.20	36.75	32.47
宁夏	31.26	35.84	36.27	40.74	36.03
新疆	32.06	32.26	35.47	38.05	34.46

将各年各地区的体育产业市场化水平指数从高到低排序，结果见表5-9。

表5-9　2016—2019年各地区体育产业市场化程度排序

排序	2016年	2017年	2018年	2019年	均值
1	江苏	广东	广东	广东	广东
2	福建	江苏	浙江	浙江	江苏
3	广东	浙江	福建	福建	福建
4	山东	福建	江苏	江苏	浙江
5	浙江	上海	上海	上海	上海
6	上海	山东	山东	山东	山东
7	北京	湖北	湖北	湖北	湖北
8	湖北	北京	四川	四川	北京
9	河南	湖南	河南	河南	湖南
10	辽宁	辽宁	湖南	安徽	四川
11	天津	四川	北京	北京	河南

续表

排序	2016 年	2017 年	2018 年	2019 年	均值
12	湖南	天津	安徽	湖南	天津
13	重庆	安徽	天津	天津	辽宁
14	吉林	重庆	河北	重庆	安徽
15	四川	河南	重庆	河北	重庆
16	河北	江西	辽宁	辽宁	河北
17	安徽	河北	江西	江西	江西
18	江西	黑龙江	吉林	吉林	黑龙江
19	黑龙江	吉林	黑龙江	黑龙江	吉林
20	陕西	陕西	陕西	广西	广西
21	广西	广西	广西	山西	陕西
22	内蒙古	山西	山西	陕西	山西
23	山西	内蒙古	内蒙古	内蒙古	内蒙古
24	贵州	贵州	贵州	贵州	贵州
25	海南	海南	甘肃	宁夏	海南
26	甘肃	宁夏	宁夏	海南	甘肃
27	云南	甘肃	海南	甘肃	宁夏
28	新疆	云南	云南	云南	云南
29	宁夏	新疆	新疆	新疆	新疆
30	青海	青海	青海	青海	青海
31	西藏	西藏	西藏	西藏	西藏

五、中国体育产业市场化水平分析

1. 全国体育产业市场化水平的总体趋势。由表 5-7 可知，2016—2019 年数据分析表明，中国体育产业市场化水平总指数以年均 1.28% 的增长率呈现持续提升的趋势，2019 年达到 47.10%，这说明中国在推进经济市场化改革的进程中，体育产业市场化水平也随之提高，发挥市场在体育产业资源配置中的决定性作用明显。根据北京师范大学经济与资源管理研究院《2010 中国市场经济发展报告》的权威发布，2008 年我国经济市场化水平已经达到 76.4%，人大经济论坛公布数据显示，2016 年我国经济市场化水平为 75.2%。我国学者借鉴目前国际上的市场经济判断标准，普遍认为（见表 5-10），"一个经济实体的市场化水平在 0%~15% 为非市场经济；市场化水平在 15%~30% 为弱市场经济；市场化水平在 30%~50% 为转轨中期市场经济；市场化水平在 50%~65% 为转轨后期市场经济；市场化水平在 65%~80% 为欠发达市场经济或相对成熟市场经济；市场化水平在 80% 以上为发达市场经济或成熟市场经济。发达国家的市场化水平约为 80%~90%，市场经济已经比较成熟"①②③。据此综合分析，我国目前经济市场化水平已超越市场经济临界水平（65%）进入欠发达市场经济阶段。根据本研究测算结果，2019 年中国体育产业市场化水平总指数（47.1%）比 2008 年和 2016 年全国经济市场化水平指数分别落后 29 个百分点和 28 个百分点，说明中国体育产业市场化水平整体落后于全国经济市场化水平，目前中国体育产业市场化水平整体滞后状态仍然没有改变。如果按照标准（表 5-10）测算，本研究认为目前中国体育产业市场化水平属于转轨中期市场经济阶段，中国体育产业市场化改革仍然需要持续的精工细作。

表 5-10　中国经济市场化水平标准

标准（%）	0~15	15~30	30~50	50~65	65~80	80 以上
水平	非市场经济	弱市场经济	转轨中期市场经济	转轨后期市场经济	欠发达市场经济	发达市场经济

2. 各省体育产业市场化水平变化趋势。从各省数据来看，2016—2019 年间，每年基本上都有 12~18 个省份体育产业市场化水平高于全国平均水平，特别是广东、江苏、浙江、福建、上海、山东、北京、湖北、湖南、四川、河南、安徽十二省份的水平一直高于全国平均水平。同样，每年基本上都有 13~19 个省份体育产业市场化水平低于全国平均水平。其余省份体育产业市场化水平指数各年均有所上下浮动。由此可见，中国各省份体育产业市场化水平呈现出非均衡态势，突出表现为以下几点：第一，2016 至 2019 年间广东、江苏、福建、

---

①　顾海兵，张冬梅. 中国经济市场化程度："九五"估计与"十五"预测［J］. 湖南经济，1999（4）：4-7.

②　胡进祥. 中国第三产业的市场化程度分析［J］. 唯实，2001（3）：22-27.

③　李晓西. 中国是发展中的市场经济国家：解读《2003 中国市场经济发展报告》［J］. 求是，2003（17）：36-38.

浙江四省体育产业市场化水平一直处于全国前列，年均水平均高于50%，其中，广东2019年体育产业市场化水平高达62.12%，相比于2019年全国平均水平高出15个百分点；第二，2016至2019年间西藏、青海、新疆、云南、宁夏、甘肃和海南七省的体育产业市场化水平一直低于全国平均水平，其中西藏、青海、新疆、云南四省始终在全国末位段浮动，与前四位的平均分相差高达21个百分点，特别是西藏、青海连续四年倒数第一和第二，整体发展变化趋势不明显；第三，从各省份体育产业市场化水平指数的变化趋势看，湖北、四川、安徽、江西、新疆等省份体育产业市场化水平基本上呈现出逐年上升趋势，表明这些省份在推进体育产业市场化方面成效较显著，而内蒙古、贵州、陕西等省份则出现小幅波动式下降的趋势，表明这些省份体育产业市场化进程相对缓慢。此外，表5-8、表5-9还显示，广西、山西、河南、吉林等省份体育产业市场化指数波动幅度较大，呈现出不稳定发展的趋势。

3. 四大经济区域体育产业市场化水平变化趋势。从各省份数据来看，我国不仅各省份之间经济市场化水平存在显著差异，而且还具有局部区域间的差异。因此，有必要对我国经济市场化水平进行区域间的横向比较。王小鲁、樊纲等①学者结合国家区域发展战略背景，按照东部、中部、西部和东北部地区的分类，对中国经济市场化水平进行了区域间的测算比较。本研究参照上述区域划分方法，对中国体育产业市场化水平进行东部（北京、天津、河北、上海、江苏、浙江、福建、山东、广东和海南）、中部（山西、安徽、江西、河南、湖北和湖南）、西部（内蒙古、广西、重庆、四川、贵州、云南、西藏、陕西、甘肃、青海、宁夏和新疆）和东北部（辽宁、吉林和黑龙江）的区域间比较。

通过对四个地区体育产业市场化水平进行比较发现（见表5-11），东部地区属于体育产业市场化的"第一梯队"，历年体育产业市场化水平指数均超过了47%，2019年更是达到了51.27%，整体上进入了转轨后期市场经济阶段；中部地区体育产业市场化水平稳步提高且发展趋势基本与全国水平持平，但与东部地区相比绝对水平仍然较低，历年体育产业市场化水平指数基本上都处于42%~47%之间，最高的2019年体育产业市场化水平指数也仅为46.86%，平均低于东部地区3.72个百分点；西部地区体育产业市场化水平相对较低，历年市

---

①　王小鲁，樊纲，余文静. 中国分省份市场化指数报告（2016）［M］. 北京：社会科学文献出版社，2017：32.

场化水平指数基本上都在40%左右，最低的2017年仅为35.95%，最高的2019年也才达到40.81%，平均低于东部地区10.43个百分点，低于全国平均水平6.03个百分点；东北部地区历年体育产业市场化水平变化相对稳定，历年市场化水平指数基本上在42%~45%之间波动，最高的2019年体育产业市场化水平指数为44.90%，平均低于东部地区4.61个百分点，略低于中部地区和全国水平1个百分点左右。

表5-11 2016—2019年四大区域体育产业市场化水平指数（%）

地区	2016	2017	2018	2019	均值
全国	42.00	42.30	45.20	47.10	44.15
东部	47.22	47.09	48.62	51.27	48.55
中部	42.90	43.24	46.32	46.86	44.83
西部	36.00	35.95	39.72	40.81	38.12
东北	43.32	42.70	44.83	44.90	43.93

从变动情况看，四大区域的体育产业市场化水平整体上均呈逐年上升趋势。其中，中部地区和东北部地区的体育产业市场化水平相对稳步发展，体育产业市场化水平指数稳步维持在42%~46%之间，与全国体育产业市场化水平基本持平。东部地区体育产业市场化水平进展较快，体育产业市场化水平指数保持在47%以上，连年高于全国平均水平，但在2017年出现了小幅下降，这可能与政府体育产业政策调整有关。西部地区历年体育产业市场化水平基本保持在40%以下，虽然平均低于东部地区近7个百分点，但是2017年后西部地区体育产业市场化水平持续上升，且保持相对较高的增长趋势，表明西部地区体育产业市场化水平呈加速发展趋势。从现实来看，西部地区依靠地理位置招商引资的优势不大，而这几年体育产业市场化水平的提高，反映出国家精准扶贫、西部大开发等战略成效显著。

六、中国体育产业市场化水平的影响因素

系统科学认为，体育产业市场是不断演化发展的系统，既有细流式的"渐变"，又有跨越式的"突变"。无论是"渐变"还是"突变"，都需要与外界进行能量交换，并受制于多方因素的影响，诸如政治、经济、文化、科技、制度

等。从各指标的主成分权重的计算结果可以看出，在影响体育产业市场化水平的指标中，政府与市场关系和要素市场发育程度两大指标发挥了至关重要的作用。这也说明，正确处理并优化政府与市场的关系，减少政府对体育生产经营主体活动的限制，提高体育资源要素市场化水平，是当前深化体育产业体制改革中需要关注的重点域。上述结果还表明，中国体育产业市场化改革取得了较好成效，体育产业制度安排为市场化改革提供了坚强后盾，但也是制约体育产业市场化总体水平提高的重要因素。不过，体育产业市场化是一个动态发展的过程，体育产业市场化程度的提升反过来会作用于体育产业制度，需要更合理的制度体系来匹配体育产业市场化改革，在未来体育市场化发展的过程中，需要对体育产业市场制度体系建设投入更多的精力。

现实来看，在体育产业市场化改革的初期，缺乏系统而清晰的改革路线规划，市场化改革观念主要在个体性体育产业实践中生成，体育产业市场化改革也呈现出明显的"临场发挥"的特征。随着体育产业市场化改革的逐步深入，仅仅靠"临场发挥"通常解决不了体育产业发展过程中的根本性问题，从局整观的视角进行系统性的结构调整和战略性的产业布局是当下体育产业市场化改革的必由之路。"十四五"时期体育产业改革，一是要走"两个分开"的改革策略：将体育产业领域中的公益性业务和经营性业务分开，在确保公共服务功能的前提下，尽可能地为经营性业务提供更多的发展空间，提高体育产业的市场化程度，充分释放体育产业发展活力。二是有针对性地开展体育产业市场化改革，实行"差异化"发展路径，补齐市场化程度指标的"短板"。可根据体育产业市场化水平的实际情况，分别采取不同经济行为模式来优化该体育产业的市场机制。当然，本研究对中国体育产业市场化程度的测度，仅仅是量上的初步估算，并没有穷尽中国体育产业市场化发展的所有层面，后续还需要在评价指标上进行挖掘和整理。

第五节　小　结

我国体育产业发展水平受区域市场化水平影响，市场化水平高的地区则体育产业发展相对较好。各地区单纯地以体育产业本身作为抓手失之偏颇，提高区域市场化水平也是体育产业发展的重要基础工作。借鉴"市场化指数法"和

"经济自由度指数法"，结合中国体育产业自身特点，设计形成了由 5 个一级指标和 14 个二级指标构成的中国体育产业市场化水平评价指标体系。以中国 31 省（区、市）2016—2019 年相关统计数据为基础，采用主成分分析方法对全国体育产业市场化水平进行量化评价。研究表明，中国体育产业市场化水平总指数以年均 1.28% 的增长率呈现持续提升的趋势，2019 年达到 47.10%，但落后于 2016 年全国经济市场化水平指数（75.2%）28 个百分点，说明目前中国体育产业市场化水平整体滞后状态仍然没有改变；中国各个省（区、市）体育产业市场化水平呈现出典型的非均衡态势，广东、江苏、福建、浙江四省的体育产业市场化水平处于全国前列，西藏、青海、新疆、云南、宁夏、甘肃和海南七省的体育产业市场化水平低于全国平均水平；中国四大经济区域体育产业市场化水平整体上虽呈逐年上升趋势，但区域间体育产业市场化水平差异明显，统计期内，东部、中部、西部、东北部地区的历年体育产业市场化水平指数均值分别为 48.55%、44.83%、38.12%、43.93%，东部地区的体育产业市场化水平明显高于全国平均水平和中部、东北、西部三个经济区域；在影响体育产业市场化水平的指标中，政府与市场关系、要素市场发育程度和市场制度完善程度三个指标发挥了至关重要的作用。与此同时，东部、中部、西部、东北部地区体育产业市场化改革的不同步也是造成中国体育产业市场化区域失衡的主要原因，这些都将成为中国体育产业高质量发展中需要十分关注的问题。

第六章

政府体育产业管理的非均衡经济行为模式构建

　　习近平总书记指出："不平衡是普遍的，要在发展中促进相对平衡。"我国疆域辽阔、人口众多，国内生产总值突破 100 万亿元，人均国内生产总值超过 1 万美元。同时，我国各地区经济水平、资源禀赋、人文特征等条件差异明显，区域发展不平衡不充分问题依然较为突出，因而不能简单要求各地区在经济发展上达到同一水平，而是要根据各地区的实际条件走优化发展的道路。改革开放以来，我国体育产业发展取得显著成就，但区域体育产业发展分化态势明显，发展动力极化现象日益突出，部分地区发展面临较大困难。从某种意义上说，各地区发展不平衡，使得各地区体育产业的发展有先有后，起点有高有低，速度有快有慢，各地区体育产业发展水平和产业发展基础呈现出典型的非均衡性和空间异质性。如此特征，决定了我国体育产业完全依靠市场经济自发成长的"一刀切"式的管理模式，不适宜当前我国不同地区体育产业的健康持续发展，亟需各地政府在体育产业发展上强化"因地制宜、因时制宜、因事制宜"，实施参差错落且各具特点的体育产业经济行为模式，进而促进我国体育产业实现高质量发展目标。因此，本研究在总结我国体育产业政府经济行为变迁的基础上，通过梳理发达国家政府体育产业管理典型模式，依据我国各地区体育产业市场化水平，构建了适宜我国体育产业发展的政府体育产业非均衡经济行为模式，即"政府主导型""市场决定型""政社合作型"三种经济行为模式，旨在为最终实现各地区体育产业高质量发展提供新方法和新思路。

第一节　我国体育产业管理的政府经济行为演变

改革开放40多年的经验表明，妥善处理政府与市场的关系是政府经济行为的核心逻辑。表面看是政府与市场选择权分散和集中相互交迭变化的过程，实际是在功能选择导向下的政府与市场关系不断优化的过程，或者说政府经济职能不断优化的过程。基于政府经济行为变迁视角，将我国体育产业管理分为"市场介入论""市场基础论"和"市场决定论"三个阶段。

一、政府主导，市场作用初步显现阶段（1978—1991）

1978年12月，党的十一届三中全会开启了改革开放新征程，彻底改变了传统的计划经济体制下政府替代市场的局面。党的十一届三中全会以后，解放思想、实事求是的思想路线重新确立，党的重心从阶级斗争转变为经济建设，中共中央确立了"计划经济为主、市场调节为辅"的改革方针，即在坚持计划经济体制中融入一些市场调节的因素。因此，加快政府自身的改革步伐，促进市场的发育，成为这一时期政府经济行为改革实践的重要内容。1984年10月，党的十二届三中全会通过了《中共中央关于经济体制改革的决定》，指出要突破把计划经济同商品经济对立起来的传统观念，明确提出社会主义计划经济必须自觉依据和运用价值规律，是在公有制基础上的有计划的商品经济。党的十三大进一步提出，社会主义有计划商品经济的体制应该是计划与市场内在统一的体制，把计划和市场的关系概括为"国家调节市场，市场引导企业"，"双轨制"成为这一阶段我国经济最大的特征。

为了更好地适应国民经济改革，以及更好地提高人民健康水平，政府对体育场馆的所有制形式和经营形式进行了系列改革：一是鼓励体育系统有条件的事业单位开展多种经营，提出体育场馆要实行"以体为主、多种经营"的方针，由行政事业管理型向多种经营管理型过渡。二是尝试项目协会实体化改革，吸引社会资金，以赞助和联办的形式资助体育竞赛活动和联办高水平运动队。此阶段，随着以"体育场馆改革为龙头带动运动队和体育竞赛活动吸引资金"的逐步展开，市场力量也随之介入体育场馆领域，但这个阶段的主流思想仍然认为"社会主义经济的本质就是计划经济"，市场力量只作为一个外在因素而存在。此时的全国正式体育竞赛活动仍由国家直接拨款、计划、经营为主，虽允许企业赞助，但市场极为有限。可以说，这一阶段传统政府职能作用的范围虽然在缩小，但强势政府的状况并没有发生根本性改变。

二、政府调节，市场发挥基础作用阶段（1992—2012）

20世纪90年代，在邓小平南方讲话中"计划与市场都是经济手段"精神的引领下，1992年10月召开的党的十四大提出"我国经济体制改革的目标是建立社会主义市场经济体制"①。党的十四届三中全会明确提出："建立社会主义市场经济体制，就是要使市场在社会主义国家宏观调控下对资源配置起基础性作用。"② 2003年1月，十六届三中全会对完善社会主义市场经济体制作了全面部署，提出要"更大程度地发挥市场在资源配置中的基础性作用"，并强调"切实把政府经济管理职能转到主要为市场主体服务和创造良好发展环境上来"③。党的十七大提出，为了促进国民经济又好又快发展，要"从制度上更好发挥市场在资源配置中的基础性作用，形成有利于科学发展的宏观调控体系"④。党的十八大提出在"更大程度更广范围发挥市场在资源配置中的基础性作用，完善宏观调控体系"⑤。这一时期，政府不断优化自身功能，以实现与市场的有机结合，而市场迅速发育且向纵深发展，市场力量由小到大、由弱到强，市场机制得到建立，市场成为独立的体制性因素和社会经济资源配置的基础性力量。

体育产业也随之开启了与市场经济相一致的渐进式管理体制改革：一是将体育产业的重点从经营创收向推动产业化方向发展，提出"面向市场，走向市场，以产业化为方向"的管理思路。二是提出明确了体育产业包括体育主体产业、体育相关产业和体办产业。三是提出了全社会共同发展体育产业的思路，

① 加快改革开放和现代化建设步伐，夺取有中国特色社会主义事业的更大胜利［N］. 人民日报，1992-10-21（1）.
② 中共中央关于建立社会主义市场经济体制若干问题的决定［N］. 人民日报，1993-11-17（1）.
③ 中共中央关于完善社会主义市场经济体制若干问题的决定［N］. 人民日报，2003-10-22（1）.
④ 高举中国特色社会主义伟大旗帜　为夺取全面建设小康社会新胜利而奋斗：在中国共产党第十七次全国代表大会上的报告［N］. 人民日报，2007-10-25（1）.
⑤ 坚定不移沿着中国特色社会主义道路前进　为全面建成小康社会而奋斗［N］. 人民日报，2012-11-09（2）.

确立了"依托场馆、紧扣本体、全面发展、服务社会"的体育产业发展方针。四是提出"推进竞赛的社会化、产业化,实现由单一的国家办和高度集中管理向国家办与社会办相结合、集中管理与分散管理相结合转变,逐步形成适应社会主义市场经济、符合运动竞赛发展规律、充满生机与活力的体育竞赛市场体系,使竞赛产业成为体育产业的支柱产业"的发展目标。这个阶段是体育产业市场化体制提出、建立和完善发展时期。市场力量迅速崛起,政府作用的范围、程度和重点不断发生变化,政府全面替代市场的格局被打破,"使市场在国家宏观调控下对体育产业资源配置起基础性作用","更大程度地""从制度上""更大范围"发挥市场在体育产业资源配置中的基础性作用,市场地位得到巩固,逐渐形成了政府主导市场运作的格局。

三、政府支持,市场发挥决定作用阶段(2013至今)

随着我国经济社会各项事业的不断发展,尤其是我国市场经济体制的不断完善,全面深化改革被提上日程。2013年,《中共中央关于全面深化改革若干问题的决定》明确指出:"全面深化改革的总目标是完善和发展中国特色社会主义制度,推进国家治理体系和治理能力现代化。"与此同时,一种新型的政府与市场的关系呼之欲出。党的十八届三中全会把市场在资源配置中的"基础性作用"修改为"决定性作用",这个变化表明了我们党对政府和市场关系的认识在不断深化,在这次全会中政府和市场关系是"既要发挥市场的决定作用,又要更好地发挥政府的作用。"这种新型关系的提出,"是我们党对中国特色社会主义建设规律认识上的一个新突破,是马克思主义中国化的一个新的成果,标志着社会主义市场经济发展进入了一个新阶段"①。这意味着,政府和市场将各就其位,政府与市场的关系不再是替代关系、主次关系,而是"努力形成市场作用和政府作用有机统一、相互补充、相互协调、相互促进的格局,推动经济社会持续健康发展"。处理好政府与市场关系,就是要遵循市场经济的一般规律,要发挥市场的决定性作用,但"不能盲目绝对讲市场起决定性作用,而是既要使市场在资源配置中起决定性作用,又要更好发挥政府作用"②。

---

① 正确发挥市场作用和政府作用,推动经济社会持续健康发展 [N]. 人民日报,2014-05-28.

② 中央文献研究室. 习近平关于社会主义经济建设论述摘编 [M]. 北京:中央文献出版社,2017:57-58.

在这样的背景下，体育产业成为国民经济新的增长点，中央政府提出"推动体育产业成为国民经济支柱性产业"的发展目标，并将体育产业提升至与"群众体育、竞技体育"并列的高度，体育产业受到了前所未有的重视。此阶段，政府职能以深化"放管服"改革，清除各类阻碍体育产业市场化发展的体制机制障碍，激活居民体育消费，实现产业高质量发展为目标。2014年《国务院关于加快发展体育产业促进体育消费的若干意见》（以下称为"46号文"）颁布，成为我国体育发展方式重大转变的标志。此后，为了更好地满足居民对体育消费的需求，协调体育产业发展中政府与市场的关系，扫除体育产业发展中的体制机制障碍，各级政府按照市场经济的要求不断重构和再造，"从行政主导向行政服务和市场推动相结合转变、政府办体育向扶持引导社会办体育转变、从体育部门主管向多部门联动转变"①。同时，各类体育产业政策相继出台，目标更为明确，内容更为具体，措施更具操作性。例如，从措施上看，主要是深入推进"放管服"改革，壮大市场主体，优化市场环境，优化产业布局与加强平台建设。市场作用和地位不断发生变化，从体制外到体制内，由外在变量到内在变量；政府和市场由最初的体制外结合，发展到体制内结合，形成了"政府支持，市场发挥决定作用"的格局。

综上所述，体育产业政府经济行为变迁的过程，就是政府和市场各自按照市场经济的内在要求不断重塑的过程，是政府与市场之间不断寻求平衡的过程，也是一个理论与实践互动的过程。但受政治、经济、资源、人才等多方因素制约，我国体育产业在发展中仍存在政府简政放权不到位、政策落实不到位、结构优化不到位等现象，以及政府服务体育市场主体需求和体育市场主体能力不足等问题。对于中国这样一个处于转轨中的发展中大国而言，不够完善的市场环境决定了在市场起资源配置主导作用的基础上，政府也需要在体育产业发展中承担起责任。总而言之，合理的体育产业政府经济行为应该达到这样一个状态：既要发挥政府的作用，又要规范他们的行为，形成控而不死、活而有序的局面，真正实现产业体育产业高质量发展。

---

① 刘鹏. 发展体育产业 促进体育消费 建设体育强国 服务经济民生［J］. 运动，2014（21）：2-3.

第二节　发达国家政府体育产业管理模式的比较

由于世界各国政治体制、经济发展程度、文化背景各不相同，因而其体育政策和与之相对应的体育产业管理体制也截然不同。从全球范围来看，存在着参差错落又各具特点的体育产业管理模式，目前世界各地的体育产业管理有三种典型模式，即"市场取向型""政府引领型""多元交叉型"。"市场取向型"管理体制即政府彻底放权于社会，采取市场充分自由发挥政策；"政府引领型"管理体制即权力高度集中在中央政府；"多元交叉型"管理体制即政府将多种管理体制相结合，形成复合多维的体育管理体制。

一、以美国为代表的"市场取向型"管理模式

美国是以自由市场为核心的经济体制，美国的体育产业管理首推是市场。20 世纪 80 年代，美国联邦政府和州政府逐步构建了以非政府组织/非营利组织（NGO/NPO）为主导的体育治理结构，而职业体育管理完全由市场主体承担，如美国阿纳翰市与迪士尼公司签署协议，将阿纳翰体育场的特许经营权交给迪士尼公司。这些以民间形式存在的非政府体育组织和非营利性体育组织分别承担了与其相对应的体育管理职能。① 美国的体育产业属于典型的"市场取向型"管理模式，是一种依靠社会力量、以市场为取向来管理本国体育产业和体育事业的管理模式。这种管理模式有以下特征：一是开放市场，自由贸易。美国政府不直接干预体育产业和体育企业，强调自由的企业制度，体育产业的成长演化基本上依赖市场，企业决策以市场为导向，实行市场调节政策，让其自主经营，自行管理，自负盈亏。第二，法律法规和政策双管齐下，市场机制十分完善，法律法规和相关政策的建立，为体育产业的发展营造了一个良性有序、公平竞争的市场环境。比如版权法、税法、合同法等相关法律完善都有利于推动体育产业的发展。第三，政府的调节作用主要表现在集群出现后的事后调节方面，有限干预非营利组织，政府的宏观调控手段主要运用货币政策和财政政策，

---

① 姜同仁，宋旭，刘玉. 欧美日体育产业发展方式的经验与启示［J］. 上海体育学院学报，2013，37（2）：19-24.

较少使用专门的产业政策，且调控方式透明度较高。

二、以日本为代表的"政府引领型"管理模式

日本政府在产业经济活动中，既维护市场机制的基础性作用，同时又强调政府的行政指导。制定针对性的产业政策引导资源的合理配置，尤其是根据不同发展阶段企业的需要来制定相应的宏观调控政策。日本参与体育产业相关管理活动的部门主要有文部科技省、总务省、经济产业省、国土交通省以及各个地方自治体，形成了以文部科技省为中心的中央体育管理和以地方教育委员会为中心的地方体育管理模式。同时，日本还设有振兴体育基金和民间体育组织来承担政府下达的体育管理型事务，对日本体育产业发展起到了重要的推动作用。日本体育产业的腾飞与强有力的产业政策调整紧密相连，文部科技省和经济产业省通过提供财政支持和出台政策，为体育产业发展提供了良好的体制保障。① 可以说，日本体育产业属于典型的"政府引领型"管理模式，是一种中央政府和地方政府统一引领、以市场为取向来管理本国体育产业和体育事业的管理模式。这种管理模式，结合了产业管理部门和体育管理部门的双重优势，有力地推动了日本体育产业的市场化、商业化运作，极大地促进了日本体育产业的发展。放眼世界，这种模式主要出现在日本、韩国、印度等体育市场经济后发展国家和地区，与欧美等体育市场经济发达国家市场主导模式相比具有下列特征：第一，体育市场经济发展历史较短，体育市场机制相对不完善且自发作用较弱，体育产业的成长演化主要依靠政府的扶持来完成。第二，由于体育产业起点比较低，单靠市场机制的作用很难在短期内创造足够的条件，实现体育产业集聚和培育地方创新网络的目标，政府的宏观调控在很大程度上弥补了市场配置资源的不足。第三，政府往往具有干预和控制经济的历史传统，强调体育企业与市场机制相配合，共同促进体育产业快速发展。同时，政府的调控手段侧重于体育产业政策和体育经济计划，透明度相对较低。

三、以法国为代表的"多元交叉型"管理模式

法国是西欧资本主义国家当中唯一实行计划的市场经济国家。其特点为以市场为基础，以私人经济为核心，自由竞争与国家计划结合，私人经济与国有

---

① 任波. 中日体育产业结构比较研究 [J]. 体育文化导刊, 2018 (4): 94-98, 158.

经济并存。严格说来，法国所实行的是资本主义私有制为基础的市场调节和国家调节结合的市场经济双重调节机制，被西方经济学者称为"现代混合经济体制"。法国负责全国体育事务的政府机构为体育部，法国的体育（联合会）协会和体育俱乐部都受法国体育部直接领导，而法国体育产业的地方管理机构是地区体育局。除以上政府部门外，还有"体育发展委员会""民间体育协会"等相关的非政府组织。法国体育部作为中央政府的代言人，为体育联合会（协会）提供一定的资金支持和人员支持，体育联合会（协会）按照与国家签订的合同完成既定任务。[1] 此外，法国有 16 万多个体育协会或社团组织，这些非营利组织有权组织和开展各项体育赛事，也可以通过签署协议的形式授权民间或职业联盟和体育俱乐部开展活动。[2] 法国在"多元交叉型"的体育管理模式下，运营本国的体育产业与体育事业，其突出特点表现在以下几方面：第一，法国强调政府的作用主要是保障健全的市场机制运行状态，在体育领域内采取"体育分权"政策，即把一些体育权利、体育资金、体育赛事和体育设施分散到全国各地，而并非只集中在首都巴黎，从而增加了对地方体育组织的经济资助。第二，集权与放权相结合。在法国有些体育单位属于国家垄断管理，而有些体育单位政府却放权于市场。其中，非营利组织和体育俱乐部是法国体育产业的核心主体。第三，法国非常重视体育产业与相关产业和行业的融合，积极发展与体育产业密切相关的信息产业、新媒体产业、教育业、旅游产业等，形成了与体育产业协同发展的庞大的产业群和区域产业联盟。第四，在体育资源配置机制方面，竞争和市场虽然对资源分配起着决定性的作用，但政府可以通过制订并实施全国体育经济计划，对体育经济实行宏观干预和调节，进而改变供求，对体育资源分配产生重大影响。

从世界各国模式比较看，不同国家的体育产业管理模式具有不同的特点。这说明各个国家和地区体育产业管理的模式选择有广泛的余地。经验昭示，一个国家或一个地区对体育产业的管理，不会墨守成规只采取单一的管理模式，而是几种管理模式共存，发达国家在体育产业管理方面更加注重法律法规与市场调节的作用。我国的体育产业管理不可能完全按照国外的管理模式展开，我们应借鉴发达国家的体育产业管理方法，结合本国国情，探索出一条符合社会

① 李艳丽. 法国冰雪产业发展经验与启示 [J]. 体育文化导刊，2020（4）：1-5，50.
② 黄海燕，张林，骆雷. 把握政策契机，借鉴国外经验，加快推进上海体育产业发展 [J]. 科学发展，2014（11）：55-60.

主义市场经济运行规律的体育产业管理道路。

第三节 我国政府体育产业非均衡经济行为模式构建

我国各地区体育产业发展的非均衡性和空间异质性，决定了各地政府在体育产业发展上应强化"因地制宜、因时制宜、因事制宜"，实施参差错落且各具特点的体育产业经济行为模式。构建政府体育产业非均衡经济行为模式，既是促进我国体育产业实现高质量发展目的必然要求，也是加强政府自身建设、提高政府体育治理能力的重大举措。

一、政府主导型体育产业经济行为模式

政府部门是公共事务传统的管理主体。放眼全球，很多国家都经历了政府干预体育事务的历程，主要表现为政府直接进行资金投入、出台扩大体育参与的政策、制定体育产业政策、设置优秀运动员选拔标准等。面对市场失灵和经济发展的不同阶段，体育产业客观上需要政府主导型经济行为模式，这不仅是生产社会化的一般要求，而且是实现部分地区体育产业跨越式发展而产生的特殊要求。

（一）政府主导型体育产业经济行为模式的内涵

政府主导型体育产业经济行为模式是政府对体育产业发展采取的主要调控手段，其根本概念是指政府根据当前经济社会环境和体育产业发展情况所采取的调控行为。政府主导型体育产业经济行为模式，在整体上虽然资源也是按市场经济原则进行配置，但政府以强有力的计划和政策对资源配置施加影响，以达到某种短期和长期增长目标的一种经济行为模式。具体来看，在经济运行体系中，政府计划管理机制发挥着决定性作用，而市场竞争机制的作用发挥极为有限。这种经济行为模式在性质上属于政府计划管理，在内容上虽然包括市场竞争机制，但其作用极为有限且受政府计划性的支配和调控，即在什么时候引入市场机制、在哪些方面或领域引入市场机制、在多大程度上发挥市场机制的作用等，都是由政府计划和管控的，是一种被支配的市场机制，或者说市场竞争机制是政府计划管控的一种手段。也就是说，政府主导型体育产业经济行为模式是"大政府、小市场"模式下的一种政府经济行为模式，其本质是政府计

划管理，在形式上表现为"计划为体，市场为用"。政府主导型体育产业经济行为模式的核心理念是政府计划管理，主张以政府集权管理为主导，发挥政府在体育产业管理中的绝对主体作用，同时有效利用市场机制为政府体育产业管理服务，实现政府体育产业管理或调控的目标。

政府主导型体育产业经济行为模式，主要针对体育产业市场化水平低或经济发展水平落后的地区，应充分发挥政府集中力量办大事的显著优势，通过财政投入、行政扶持、政策倾斜等方式对体育产业进行全方位"帮扶带动"的一种政府经济行为模式。纵观历史长河，我国体育产业从无到有，逐步兴起，尤其是党的十八大以来，我国体育产业发展势态迅猛，取得了骄人成绩。但由于区域经济发展水平及体育产业市场化程度的差异性，我国体育产业出现了明显的"东强西弱"差序化发展格局，尤其是中西部经济落后地区体育产业无论是经济环境还是体育产业要素资源配置，都远远落后于东部沿海经济发达地区，如果让这些地区的体育产业完全依靠市场经济自发成长显然不符合客观实际。对于经济落后地区来说，区域经济发展总体规划战略和产业发展战略都是区域发展的核心问题，而实事求是地选择适宜的政府主导型经济行为是促进区域经济和产业发展实现转型跃迁的重要法宝。发达国家的实践也表明，政府在推进国家技术进步和企业技术创新发展中通常起到了不可代替的帮助与促进作用。综合来看，政府主导型体育产业经济行为模式，主要适于区域经济发展水平落后、体育产业市场化程度低、体育产业市场发展导入期以及必须依靠本土力量进行自主创新的体育产业核心（关键）技术环节，政府通过"发挥我国集中力量办大事的制度优势"，自上而下地为体育产业发展提供足够支持。

（二）政府主导型体育产业经济行为模式的特征

第一，政府直接配置体育产业发展的资源。政府主导型经济行为模式在政治动员、力量整合、政策推进等方面具有其他经济主体难以企及的权威。政府集中掌握着大量国有土地、金融资源和自然资源，在体育产业发展方面具有很强的资源动员和干预能力，短期内就可以达成政府希望达成的目标或实现落后条件下的赶超发展。与此同时，在必须依靠自主创新的核心技术领域，政府主导型经济行为模式的优势在于，可以倾举国之力而为之，而不宜分散资源，各自为政，各自为战，造成低效和不必要的内耗。中华人民共和国成立后，我们在十分落后的条件下开启现代化征程，只有付出更大努力才能实现更快发展，才能体现社会主义优越性。为此，在工业建设方面，我国集中力量发展重工业、国防工业等，在短时间内就建立起了独立的比较完整的工业体系和国民经济体系，为我国此后成为制造业第一大国打下了坚实基础。在基础设施方面，无论是贯通全国的高速公路网，还是世界第一的高铁里程等都莫过于此，这些基础设施为国民经济的高速增长提供了可靠的物质保障。

在体育发展方面，我国充分发挥举国体制优势，在短时间内实现了竞技体育的跃迁腾飞，使我国从体育落后国家赶超到了体育先进国家。这种优势既是其他西方国家经济制度难以企及的，也是中国改革开放 40 多年来取得令世界瞩目成就的重要原因之一。放眼全球，我国体育市场经济起步较晚，体育产业发展虽然取得了辉煌成绩，但整体还处于初级发展阶段，政府目前还掌握着大量资源，集中表现在政府具有较强的宏观或区域性经济调控能力上，包括调控国企履行社会责任、集中和分配全国性财力、引导社会投资方向、协调区域发展和培养产业人才等方面。政府可以通过财政投入、政策倾斜、力量整合、资源分配等方式积极干预体育产业发展，吸引社会资本参与体育产业建设，充分释放其他产业与体育产业的叠加效应，推动形成具有竞争力的区域体育产业集群。

第二，政府可营造健康有序的体育产业市场环境。营商环境是市场经济的培育之土，是市场主体的生命之氧，只有进一步优化营商环境，才能真正解放生产力、提高竞争力。政府主导型经济行为模式，不仅可以直接配置体育产业发展所需资源，还通过制定政策维护体育产业发展的市场竞争环境，规制企业垄断及区域市场垄断等破坏市场竞争环境的行为，营造健康有序的市场环境，促进体育产业健康有序发展。在市场经济领域，公平竞争问题越来越成为核心问题。正如习近平总书记所说："在我国现有发展水平上，社会上还存在大量有违公平正义的现象。'公平'这个问题不抓紧解决，不仅会影响人民群众对改革开放的信心，而且会影响社会和谐稳定。"当前亟须解决的，是"由于制度安排不健全造成的有违公平正义的问题"，以"使我们的制度安排更好体现社会主义公平正义原则"。① 制度安排本质上就是要求创造公平有序的市场环境，而政策作为调节市场经济的辅助手段，在维护市场健康有序方面具有不可替代的价值。

我国体育市场经济起步较晚，目前来看还存在市场体系不完善、市场规则不健全、市场秩序不规范、市场竞争不充分等问题。众所周知，体育产业发展取决于体育市场的成熟和完善，而体育市场的形成和发展取决于体育市场内外

---

① 习近平. 习近平谈治国理政 [M]. 北京：外文出版社，2014：95，97.

要素的成熟度。于内而言，就是发挥市场在资源配置中的决定作用；于外而言，就是更好发挥政府作用。而更好发挥政府作用，就要加强体育市场体系建设，进一步完善体育市场经济体制，在保证市场发挥决定性作用的前提下，管好那些市场管不了或管不好的事情。在社会主义市场经济条件下，体育产业发展规律要求我们通过制定指导性、战略性、预测性的规划，从宏观上保持一定经济发展水平下各产业之间的平衡关系，使社会总供给和总需求实现总体平衡，避免剧烈的经济波动，促进体育产业稳定、持续、协调发展。因此，营造健康有序的体育市场环境，解决体育市场上一些不正当行为和不良现象，需要政府进行强有力的监管和调控。

（三）政府主导型体育产业经济行为模式的价值

第一，弥补体育市场体系的结构性缺陷。我国体育产业发展起步较晚，整体水平与发达国家还存有差距。为了在较短时间内实现赶超，政府必须精心选择最佳发展模式，并对体育产业发展进行有效引导。目前，我国体育产业市场化整体水平较低，体育市场体系发育不完善。在这种情况下，市场的资源配置作用就会受到限制，单纯依靠市场集聚资本来发展就会出现市场机制作用的"弱势区"和"真空地带"。这种现象很可能会加剧体育产业的结构性矛盾，造成以某类型产业发展为标志的暂时性繁荣，最终却由于基础性产业滞后而影响体育产业发展的后劲。因此，必须通过有计划的调节，引导体育产业的发展方向，减少产业发展的盲目性，缩短产业现代化所需要的时间，缩小与发达国家的差距。

第二，弥补体育市场机制的功能性缺陷。社会资源配置依靠市场机制自发进行，只有在满足一些严格的前提下才能达到"帕累托最优"状态。然而，在现实生活中仅靠市场机制自发调节资源配置经常无法达到最优状态。我国体育产业正处于转型期，政府需要培育体育市场，不断增进体育市场功能。在目前体育产业发展阶段，由于地区经济发展差异，各地体育市场发育的深度、广度和完善程度受到了很大局限，价格的信息功能、动力功能、调节功能的作用受到了很大限制。目前，中国体育产业市场化水平属于转轨中期市场经济阶段。这种阶段是不能简单地用取消行政管制的办法来加以完善的。体育市场的发育需要物质基础，需要地区生产力发展的支持。在体育市场发育不健全的条件下，政府不仅要维护体育市场的平衡，而且要培育体育市场，引导体育市场，组织体育市场，并在市场失灵的地方替代市场。因此，政府干预的广度和深度要远远超过发达的市场经济国家。

第三，纠正体育市场调整的结果性缺陷。在市场经济条件下，各市场主体效益之和的最大化并不意味着社会整体利益和长远利益的最大化，即在市场机制充分发挥作用的条件下，市场调节的结果可能给社会福利造成一定的损失，这种情况称为市场调节的结果性缺陷。为了在相对稳定的环境中推进体育产业改革，政府在产业运行过程需要保留较多的行政干预。体育产业在发挥市场决定性作用过程中，面临着国内外经济下行压力加大、不同利益主体收入差距扩大、文化观念冲突日益强烈和各种矛盾加剧的严重威胁，如果没有强有力的政府的协调组织和有效控制，各种利益集团的相互冲突就可能使体育产业陷入无序状态之中，正常的市场竞争秩序就不可能建立起来，体育产业的改革和发展就会受到阻碍。当然，这种行政干预虽然可能不符合市场经济的要求，但却是过渡经济有效运行的必要条件，它只能随市场机制的不断完善而逐步减少，但不可能在短期内很快被取消。

（四）政府主导型体育产业经济行为模式应把握好几对关系

第一，把握阶段性。政府主导型体育产业经济行为往往是自上而下形成的，即以政府部门为中心，通过各种扶持政策和资源支持，为体育企业提供和完善各种服务体系和基础设施，从而形成规模效应，打造具有核心竞争力的体育产业集群或体育龙头企业。在体育产业发展过程中，自由放任的市场机制极易在产业结构转换中造成大量的资源闲置与浪费。因此，政府必须在体育产业不同的发展阶段进行积极干预，保护幼小产业、选择主导产业、扶植战略性产业，推动体育产业结构调整和优化。

第二，发挥主导性。政府主导型体育产业经济行为是政府主导形成的，很多省份由于市场化水平较低，市场机制不能够充分发挥资源配置的效用，同时民间资本发展缓慢，尚未形成独立的市场主体。在这种情况下，政府应根据自身条件和当地发展实际来确定主导性体育产业。通常这些主导性体育产业都具有较强的扩散效应，可以将自身的产业优势辐射传递到产业关联链上的各个产业形态上，进而带动和促进其他产业形态的发展。

第三，增强针对性。政府主导型体育产业经济行为，不论在核心产业的选择上，还是在政策的制定上，都应具有较强的针对性。这种针对性主要受两方面因素影响：一是地区的资源禀赋。不同地区的资源禀赋不同，具有竞争优势的资源也不同。政府只有选择在资源禀赋方面具有相对优势的体育产业进行扶持，才能形成竞争优势。二是地区的产业基础和产业特征。只有具有良好基础以及扩散效应较强的体育产业，才能在政府的扶持下迅速发展壮大并形成竞争优势。因此，目前乃至今后一个相当长的时期，政府主导型体育产业经济行为模式在我国仍是至关重要的。

历史与事实昭示，自有市场经济以来的几百年间，没有哪个国家的政府不干预经济，也没有哪个国家的经济不受政府干预，现代市场经济更是如此，在战争、危机、灾难的情况下强化政府干预则是常态，如美国 2008 年次贷危机引发金融危机、经济危机的情况就是证明。可以说，政府主导型体育产业经济行为模式，是体育产业落后地区赶超发达国家、走向现代化的有效途径。不论从理论上看，还是从实践上看，这种经济行为模式无疑都是一种正确的选择。当然，政府主导型体育产业经济行为模式也并非完美无缺的，它需要在实践中被检验、补充、改革和完善。

（五）政府主导型体育产业经济行为模式中的政府职能定位

体育产业发展不仅是市场选择的结果，也是政府直接或间接推动的结果。就我国而言，政府主导型体育产业经济行为模式的核心要义就是"发挥中国特色社会主义制度的优越性，发挥我国集中力量办大事的制度优势"。在这一过程中，应当特别重视政府在体育产业建设中的角色与职能定位：一是要重视政府在体育产业发展中的主体作用，维护良好的体育市场竞争秩序，发挥政府在区域体育产业发展中的守夜人职能；二是重视政府在区域体育产业发展中的战略引领作用，充分发挥好政府"增长甄别、因势利导"的职能；三是要重视政府在弥补市场机制调节不足过程中的重要作用，通过资金投入、财政补贴、税收优惠等方式激励社会力量参与体育产业建设和创新活动，发挥政府财政对体育产业基础建设与共性技术研发的扶持功能；四是要重视政府的体育产业基础设施建设职能，发挥好政府在体育市场建设、体育园区建设等领域的职能；五是要重视政府在体育产业创新系统内部"产学研"协同创新体系建设中的重要职能，发挥政府协调不同创新主体间利益关系的职能；六是重视政府在体育产业发展中的公共服务职能，通过适切手段保障投资主体享受高质量、高效率的公共服务，提高投资主体在体育领域的投资激励和参与热情。

二、市场决定型体育产业经济行为模式

针对当前我国体育产业高质量发展进程中存在的问题，在党的十八届三中

全会"让市场在资源配置中起决定性作用"的改革导向下,这里提出一种"政府引导、市场决定"的新型体育产业推进模式,即让市场在体育产业的资源配置中发挥决定性作用,而政府更多地通过制定战略和规划给予政策和制度的支持体育产业发展模式。

(一)市场决定型体育产业经济行为模式的内涵

从世界各国体育产业发展的经验来看,体育产业发展驱动力大体分为政府动力、市场动力和民间动力。在动力机制的应用上,基于健全的市场体系和良好的企业经营组织能力,欧美国家的体育产业发展以市场为主导。所谓市场决定型体育产业经济行为模式,是说在体育产业治理体系中市场竞争机制发挥着决定性作用,进而激发体育市场活力以推动体育产业发展的一种政府经济行为模式。这种治理模式在性质上是一种市场化治理,但在内容上既包括市场竞争机制,也包括政府计划调节机制。只不过政府的计划调节作用被限定于有限范围内,并作为市场竞争机制的一种辅助和补充,为提高市场竞争机制的作用和效率服务。也就是说,市场决定型体育产业经济行为模式是"大市场,小而能政府"模式下的一种政府经济行为模式,其本质是市场化治理,是基于市场竞争机制的治理,在形式上表现为"市场为体,计划为用"。市场决定型体育产业经济行为模式的核心理念是市场化治理思想,主张将私营部门的管理理论、方法、工具和技术引入体育产业领域,来提高体育产业治理成效,其基本要点包括分权化管理与分散化决策、明确的标准和绩效评估、注重产出控制,以及强调体育产业管理的职业化等。

市场决定型体育产业经济行为模式,主要是针对体育产业市场化水平较高或经济发展水平发达的地区,政府充分调动和利用其地区具备的各方优势体育产业资源,充分发挥市场在资源配置中的决定性作用,进而激发体育市场活力以推动体育产业经济发展的一种政府经济行为模式。发挥市场决定性作用,说到底就是要转变资源配置方式,让市场而不是权力在资源配置中起主导作用。只有通过市场配置资源,才能保证各类市场主体在市场竞争中的平等地位,才能通过平等竞争,优胜劣汰,实现资源向优势企业的集中,提高资源配置效率。在计划经济向市场经济转轨的过程中,由于我国体育产业起步较晚,加上体育市场机制建设不完善,我国的体育产业以政府主导为主。以政府主导为典型特征的体育产业道路虽然能调动多方面资源,集中大量资本、人力和物力,在短时间内实现体育产业的发展目标。但随着我国社会主义市场经济体制改革的不断深入与向前推进，尤其是在体育产业市场化水平较高或经济发展水平发达的地区，其持续发展动力不足、质量和效益低下、产业支撑乏力等问题逐渐凸显。随着政府主导型体育产业弊端的日益凸显，一种由市场主导，以企业为经营主体，利用市场化运作手段建设和运营体育产业的市场化模式正在兴起，即"政府为引导、市场为运作手段、企业为经营主体"。政府一方面通过引导和规划影响生产要素市场的资源配置；另一方面在体育产品市场上通过提供服务，在为企业和市场提供服务的同时也从中获得相应的税收收入。可见，相比于政府主导型体育产业经济行为模式，市场决定型体育产业经济行为模式实质是市场推动的体育产业。

(二) 市场决定型体育产业经济行为模式的特征

第一，坚持市场导向。市场经济是以市场机制导向社会资源配置、实现社会生产和再生产的经济形态。市场决定型体育产业经济行为的显著特征，是市场交换规则普遍化，即市场在体育产业资源配置中起决定性作用，促进体育产业资源配置依据市场规则、市场价格、市场竞争实现效益最大化和效率最优化。所谓"决定性作用"，是指市场在体育产业领域的资源配置中处于主体地位，对于生产、流通、消费等各环节的商品价格拥有直接决定权。"决定性作用"意味着，不能有任何力量高于甚至代替市场的作用。市场决定资源配置的机制，主要包括价格机制、供求机制、竞争机制以及激励和约束机制。其作用主要体现在，以利润为导向引导生产要素流向，以竞争为手段决定商品价格，以价格为杠杆调节供求关系，使社会总供给和总需求达到总体平衡，生产要素的价格、生产要素的投向、产品消费、利润实现、利益分配主要依靠市场交换来完成。实践证明，迄今为止，在市场经济条件下，尚未发现任何力量比市场的作用更广泛、更有效率、更可持续。因此，只要实行市场决定型体育产业经济行为，就必须尊重市场在资源配置中的主体地位和决定性作用，其他任何力量都不能代替市场的作用。

第二，发挥政府作用。使市场在体育产业资源配置中起决定性作用并不是无边界的，更不是说市场是万能的，政府可以撒手不管。发展体育市场经济，既要发挥市场作用，也要发挥政府作用，但市场作用和政府作用的功能是不同的。站在历史长河看，社会主义市场经济体制的本质特征，是把坚持社会主义制度与发展市场经济结合起来，核心是把公有制为主体、多种所有制经济共同发展的基本经济制度与市场体制有机结合起来。社会主义市场经济体制比资本主义自由主义的市场经济体制更有优势，就在于社会主义市场经济兼顾了效率和公平。兼顾效率和公平，一个很重要的原因就是政府在参与体育产业资源配置过程中作用更加积极全面，更能发挥保持宏观体育经济稳定、弥补体育市场失灵、熨平体育经济波动的作用。在社会主义市场经济条件下，政府不仅仅是充当"守夜人"的角色，而且要通过以国家发展战略和规划为导向、以财政政策和货币政策为主要手段的宏观调控体系对体育经济进行宏观调控。体育市场化改革越深化，体育市场经济体制越完善，越要发挥好政府在保持宏观体育经济稳定，加强和优化体育公共服务，保障公平竞争，加强市场监管，维护市场秩序，推动可持续发展，促进共同富裕，弥补市场失灵等方面的职责和作用。当然，更好发挥政府作用，不等于政府可以更多地直接参与资源配置、干预微观经济活动，更不等于代替市场在资源配置中的决定性作用。

（三）市场决定型体育产业经济行为模式的价值

第一，有利于激发各类体育市场主体创业创新活力。平等的市场准入和产权保护、公平的竞争条件和营商环境，是体育市场主体焕发生机活力的根本保证。由于我国体育经济起步较晚，现在束缚体育市场主体创业、创新活力的体制障碍仍然存在；在体育产业投融资、运营权、市场开放等方面仍然有一些限制没有完全消除，这样既不利于市场机制发挥优胜劣汰的功能，也会造成对民营资本的"挤出"效应。与此同时，由于历史原因，体育领域还存在明显或变相的行政性垄断，导致在个别赛事、个别项目等方面对民间资本还没有实现完全开放，在一定程度上妨碍了公平竞争，使大量有意向的民间资本不得不继续在竞争性经济领域展开殊死搏杀，加剧了体育用品制造业等一些行业产能过剩，而迫切需要加大发展力度的体育赛事活动等业态却资金短缺。此外，体育科技体制中政府与市场定位不清，妨碍体育企业成为体育技术创新主体，政府为体育企业科技创新营造良好环境方面作为不够。解决这些妨碍各类体育市场主体发挥创业创新积极性问题，关键是要实施市场决定型体育产业经济行为。

第二，有利于加快我国体育产业转型升级。我国体育产业结构不合理，粗放型经济发展方式转变迟缓。当前体育用品制造业领域低端产品产能过剩、效益下降，究其原因，同政府对体育产业干预过多和干预不当、妨碍市场起决定性作用有很大关系。例如，职业赛事、运动员、教练员、裁判员等体育产业的核心资源要素的行政性管制特征明显，尚未真正实现市场化，资本市场体系不完善，等等，这些问题导致多种要素价格不能真实反映资源稀缺程度和供求关系变化。与此同时，财税体制不够合理，政府干部政绩考核过于看重 GDP 增长率，助长地方追求对速度型经济增长和投资冲动，加剧重复建设和产能过剩。根据使市场在资源配置中起决定性作用的要求深化体育产业相关改革，是加快体育产业发展方式转变，推动体育产业发展更有效率、更加公平、更可持续发展的关键举措。

第三，有利于加快体育产业走出去的步伐。适应经济全球化新形势，必须推动对内对外开放相互促进、引进来和走出去更好结合，促进国际国内要素有序自由流动、资源高效配置、市场深度融合，加快培育参与和引领国际经济合作竞争新优势。对于体育产业来说，没有市场化的运作，没有资金、技术、人才等资源的合理流动和高效配置，今后要进一步以开放促改革促发展是难以想象的。可以说，对外开放不仅能使我国体育产业得以充分利用国际市场和国外资源有力推动国内体育产业发展，而且为国内体育产业进一步市场化改革提供了发展经验、规则借鉴，成为促进改革的重要动力和活力源泉。总之，使市场在资源配置中起决定性作用，才能适应新一轮国际体育产业竞争新格局的要求，改变我国传统体育产业低端层面的国际竞争模式、提升我国体育产业参与国际经济活动的综合实力、加强国际体育经济交流与合作、重塑国际体育产业分工新格局等等，推动我国体育产业更高质量、更高水平地对外开放，在广度和深度上进一步融入产业经济全球化。

三、政社合作型体育产业经济行为模式

体育产业资源配置模式不仅有政府主导和市场主导两种模式，还包括政府与市场、社会合作的第三种模式。政府和社会资本合作既能充分发挥政府、市场各自具有的优势，又能弥补政府、市场配置资源中的不足。

（一）政社合作型体育产业经济行为模式的内涵

政府与社会资本合作（Public-Private Partnership，简称"政社合作"，即 PPP）模式不仅是区别于政府主导提供产业服务的新模式，还是一种新的资源配置和国家治理的新模式。各国关于政社合作模式的定义莫衷一是。世界银行将 PPP 模式定义为"政府和私营部门长期建立起的合同，提供公共产品和服

务，由私人部门承担主要风险并负责管理，并根据建设与服务绩效获得报酬。"① 联合国发展计划署（UNDP）将 PPP 定义为"政府、营利性企业和非营利性组织基于某个项目而形成的一种长期的相互合作关系的形式，其本质在于通过政府和社会资本之间的长期合约关系，形成政府资源及市场资源在数量、禀赋上的优势互补"。② 欧盟委员会将公私合作伙伴关系定义为"是一种合作谱系，即公共部门和私营部门共同合作、共担风险，以获得公共政策相关领域所期望结果的各种安排"。③ 英国财政部将 PPP 定义为，两个或多个部门之间的协议，通过联合投资完成公共服务工程，合作具有一定程度的共享权利和责任，双方承担风险并共享利益。加拿大公私合作理事会（CCPPP）将 PPP 模式定义为"公共部门和私营部门之间对基础设施项目展开合作，建立在各合作伙伴专业领域的能力之上，通过适当的资源、风险和回报分配，以更高效运作方式满足公共服务需求"。④ 美国 PPP 国家委员会将其定义为"介于外包和私有化之间并结合了两者特点的一种公共产品提供方式，它充分利用私人资源进行设计、建设、投资、经营和维护公共基础设施，并提供相关服务以满足公共需求"。⑤ 由上可见，不同国家或组织根据实践需要对 PPP 模式定义不尽相同。

我国国家发展改革委员会《关于开展政府和社会资本合作的指导意见》（发改投资）〔2014〕2724 号）则把 PPP 模式定义为政府为增强公共产品和服务供给能力，提高供给效率，通过特许经营、购买服务、股权合作等方式，与社会资本建立的利益共享、风险分担及长期合作关系。自 2014 年以来，PPP 模式逐渐成为宏观层面的"体制机制变革"和微观层面的"操作方式升级"。李克强在多次讲话以及政府工作报告中强调，"在基础设施、公用事业等领域，积极推广政府和社会资本合作（PPP）模式"，并给予了极大的政策支持。国家宏观经济政策的顶层设计在更高起点上为新一轮的体育产业发展指明了方向。换言之，

---

① World Bank. Public-Private Partnerships Reference Guide（Version1.0）［R］. Washington D. C.：World Bank，2012.

② United Nations Institute for Training and Research. Public Private Partnership for Sustainable Development［R］. 2000.

③ European Commission. Guidelines for Successful Public-Private Partnerships［R］. 2003.

④ JOHN R. ALLAIN. Public-Private-Partnerships：A Review of Literature and Practice，Saskatchewan Institute of Public Policy［R］. 1999.

⑤ National Council for PPP. For the Good of the People：Using PPP to Meet Americans Essential Needs［R］. 2002.

PPP 模式的建立已成为提升体育产业竞争优势的必然。政社合作型体育产业经济行为模式实则是体育产业的 PPP 模式,是政府和社会资本合作的又一探索,是三螺旋互动下体育产业发展的一种类型。结合上述各国对 PPP 模式的解释,本研究总结体育产业的 PPP 模式定义:政府与社会资本为实现体育产业的有效治理和善治(主要是提升体育产业竞争优势和提高体育产业市场化水平)通过契约方式而形成的合作关系,其中政府与社会资本互相取长补短,共担风险、共享收益。政社合作型体育产业经济行为模式主要是针对体育产业发展相对薄弱地区的一种政府体育产业管理方式。这类地区由于体育产业市场化水平较低,产业结构相对低端、产业集群性较弱等瓶颈问题突出,政府可通过适当经济管理手段对体育产业市场中暴露出的问题进行管理,规范体育产业运行秩序,促进体育产业市场健康有序运行。

(二)政社合作型体育产业经济行为模式的特征

第一,多方参与。政社合作型体育产业经济行为模式打破了政府作为单一治理主体从而抑制其他利益主体参与积极性的现实障碍,市场、企业、社会组织等利益相关者都可以是体育产业治理的行为主体。政府在体育产业 PPP 模式中担任的主要角色为大政府、合作中心、项目实施机构。政府从宏观上对项目提供外在条件支持,政策法律与监管保障,降低政治与社会风险,并通过公开公平竞争选择最有能力的社会资本。社会资本方负责完成投融资并承担项目的设计、建设、运营以及维护的大部分工作,通过合理的风险分配、绩效管理和激励等措施使其效率最大化。

第二,伙伴关系。即多方利益主体应在平等协商的基础上进行协作,建立伙伴关系和协调网络,将多个治理主体整合成一个完整的治理体系。政府和社会资本在平等协商的基础上达成合作,并以 PPP 合同为基础和核心,明确双方的权利与义务,形成合同契约关系。这种关系引入了几个关键元素,包括合作各方的信任、承诺和共同愿景。伙伴式管理方式不仅要求合作成员共同协调工作实现规模效应,更激励参与者互动结盟,消除组织间壁垒,形成全生命周期合作,即对项目的设计、建设、运营、维护等环节进行整体优化。协同协作是项目成功的重要因素之一。

第三,科学决策。科学决策与评估是一种较之单主体决策或经验决策更为高级的决策形式,它是现代人类社会决策的主要形式。体育产业的 PPP 模式主要是引进民营企业管理方式和新技术手段,建立更加科学的决策评估机制。公开透明，避免由于信息不对称和不公开而加大资金使用的安全风险系数，提高体育产业治理效果和效率，实现体育产业的"善治"和"良治"。

第四，风险共担。PPP的项目风险贯穿于整个项目生命周期，是项目各执行阶段能否完成的不确定和不利因素。合理的风险管理对PPP项目的成功起着重要作用，包括对风险充分识别，综合政社双方应对风险的能力，按照"风险由最适宜的一方来承担"的原则进行分配，优化各方风险结构，使项目整体风险最小化。目前，各国在风险识别、评估以及防控与管理等方面，陆续建立起了系统化的动态风险管理体系。

第五，利益共享。利益共享基于风险的分担机制。当然，PPP中政府与社会资本并不是简单分享利润，即不允许私营部门在项目执行过程中形成超额利润。一方面是社会效益的共享，PPP项目具有社会公共性质，通过合理分配实现政府、市场和社会资本的共赢。另一方面是经济利益的共享，根据项目性质政府可以根据盈利情况，实施购买服务、资金缺口补助、贷款担保、税收优惠等方式合理的给予社会资本回报。

（三）政社合作型体育产业经济行为模式的价值

第一，提高体育产业建设效率。我国体育产业起步较晚，地区间体育产业发展不平衡，部分地区的体育产业或部分产业业态的经济效益不足。由于投资回报率相对较低且收益时间长等原因，追求利润的社会资本一般不会介入或少有介入。如果仅仅依靠政府投资，既不能满足体育产业需要，也不符合市场经济的原则。政社合作型体育产业经济行为在政府利益与私人利益之间找到了结合点，将二者有机结合起来，能有效解决体育产业建设资金短缺、民间资本不愿介入的矛盾。通过实行政社合作模式，融合政府与社会资本的功能，可以提高体育产业建设的经济强度和投资韧性，维护投资者的利益，使体育产业建设主体的力量得到有机整合，实现社会各方力量参与体育产业建设的目的。

第二，拓展体育产业资源配置空间。政社合作型体育产业经济行为模式能突破体制机制和行政边界约束，跨区域、跨领域、跨部门组织动员资源，拓展了体育产业发展所需资源的可行配置空间，减少了因行政、区域分割带来的冲突和低效率。可动员人力、资本、技术、管理等各种资源广泛参与，充分发挥市场、社会的作用，有效避免市场主体实力不足和政府财政资金约束等问题。政府与社会资本合作，从宏观上来说，既可以包括存量，也可以针对增量。对于已经建成的产业业态和政府已在提供的产业服务，可以实行特许授权，通过市场和社会主体来运营管理，如大型体育场馆、社区健康服务等；对于新建和将要新建的体育产业业态，可以从开始就让社会资本参与，从项目设计、建造、采购、运营、管理等环节全程参与，可弥补政府在资本、人力、专业性等方面的不足。

第三，促进体育产业获得创新优势。正确履行政府经济职能，可以加快体育产业获得创新优势，从质量上提升体育产业竞争力。政府的体育产业引导资金和资源配置支持，能够使弱势体育产业和新兴体育产业在短时间内获取创新优势。政府支持有助于体育产业抢占未来发展的先机，够维护体育产业创新生态。在体育产业领域，任何一项技术或产品都会经历初创、成长、成熟和衰落的生命周期，当某一技术或产品最终进入衰退期时，另一个新技术或新产品也必然会发展起来。政府的体育产业引导资金和资源配置支持有助于尽快找到替代技术，抢占未来发展先机。在体育产业的PPP模式中，政府不仅可以稳定地提供完成突破创新需要的财政资金，维护体育产业创新生态，避免"创新空白区"的出现，而且还能够通过相关资源配置，使社会资本充分参与进来，降低维护体育产业创新生态平衡的成本。

第四，提升体育产业市场占有能力。正确履行政府经济职能，可以提高体育产业市场的占有能力，从数量上提升体育产业竞争力。这种市场占有能力主要体现在市场份额的占有率和产品核心竞争能力的提高。政府和社会资本合作可以联合培育自主品牌，加强品牌宣传，形成一批特色明显的地域体育产业品牌，保证了相关产品对外许可价格的竞争优势，有利于占领更多的市场份额。同时，体育产业的PPP模式兼有政府和社会的双重创新优势，能够集聚具有市场竞争力的核心专利组合，能够积极引导和帮助地区体育企业提高技术、服务和管理水平，提高产品核心竞争力的能力，应对和突破国外的技术壁垒，不断开拓国内外体育产业市场，扩大体育产品出口贸易。

第四节　小　结

改革开放以来，我国政府体育产业经济行为可分为"政府主导，市场作用初步显现（1978—1991）""政府调节，市场发挥基础作用（1992—2012）""政府支持，市场发挥决定作用阶段（2013—至今）"三个阶段。发达国家体育产业管理主要有三种典型模式，即"市场取向型""政府引领型""多元交叉型"。"市场取向型"管理体制即政府彻底放权于社会，采取市场充分自由发挥政策；"政府主导型"管理体制即权力高度集中在中央政府；"多元交叉型"管理体制即政府将多种管理体制相结合，形成复合多维的体育管理体制。当前，我国体育产业发展呈现出典型的非均衡态势，决定了完全依靠市场经济自发成长或政府全面干预扶持成长的"一刀切"式的管理模式，已不适宜当前我国不同地区体育产业发展的客观实际。亟须各地政府在体育产业发展上强化"因地制宜、因时制宜、因事制宜"，实施参差错落且各具特点的体育产业经济行为模式，进而促进我国体育产业实现高质量发展目标。

　　基于理论研究和实证分析，构建了政府体育产业非均衡经济行为模式。从内涵看，政府体育产业非均衡经济行为模式是指政府为达到促进体育产业发展目标而采取的一种差异化经济行为调控模式，主要包括"政府主导型""市场决定型""政社合作型"三种模式。政府主导型模式，主要针对体育产业市场化水平低或经济发展水平落后的地区，应充分发挥政府集中力量办大事的显著优势，通过各种方式对体育产业进行全方位"帮扶带动"的一种政府经济行为模式；市场决定型模式，主要是针对体育产业市场化水平较高或经济发展水平发达的地区，政府充分调动和利用其具备的各方优势体育产业资源，充分发挥市场在资源配置中的决定性作用，最大限度激发体育市场活力以推动体育产业经济发展的一种政府经济行为模式；政社合作型模式，主要是针对体育产业发展相对薄弱或区域经济水平相对薄弱的地区，政府可采取适当的经济管理手段对体育产业市场中暴露出的问题进行管理，规范体育产业市场运行秩序，促进体育产业市场健康有序运行的一种政府经济行为模式。在整个调控过程中，"均衡发展是目标，非均衡管理是手段"，最终目的是要实现体育产业更高层次和更高水平的均衡发展。

第七章

不同地区政府体育产业非均衡经济行为模式的选择

"十四五"时期是全面开启社会主义现代化国家建设的重要开端,是推进体育强国建设的开局时期,也是推动体育产业发展成为国民经济支柱产业的关键阶段。但从空间层面来看,受经济基础、资源禀赋、地理环境、人文环境、发展定位等因素影响,各地区之间体育产业发展不平衡现状依然未能打破,体育产业市场化水平呈现出典型的非均衡特征。面对各地区差距扩大等新形势新问题,"十四五"时期中国体育产业发展战略应着重以高质量发展为主线,以充分发挥各地区比较优势为基准,根据地区体育产业水平实际选择适切的体育产业经济行为模式,明确各地区新时期新常态下体育产业的新战略定位,真正促进形成"协调东中西、统筹南北方"的区域体育产业高质量发展新格局。

第一节 东部地区的政府体育产业经济行为模式选择

据前文测算,东部地区(北京、天津、河北、上海、江苏、浙江、福建、山东、广东和海南)属于体育产业市场化的"第一梯队",测算年份的体育产业市场化水平指数均超过了47%,整体高于体育产业市场化全国平均水平。改革开放40多年来,这些地区体育产业所取得的成绩,为我国体育事业和地区经济社会发展作出了突出贡献,也为其他省份体育产业发展总结了宝贵经验。面对国内外体育产业发展环境的新变化新趋势和地区体育产业高质量发展的新问题新要求,选择适切的体育产业经济行为模式是继续提升东部地区体育产业市场化水平的重要路径。

一、东部地区体育产业发展面临的困境

体育产业是朝阳产业、绿色产业和幸福产业，已成为推动国民经济增长、扩大消费需求和满足人民美好生活需要的重要力量。党的十八大以来，东部地区体育产业主动顺应国内外经济发展形势，积极融入地区经济发展中心大局，从供给和需求两端同步发力，体育产业发展取得显著成效，产业规模体量明显扩大、市场主体持续壮大、产业优势不断增强、体育消费明显扩容、产业环境持续优化，总体市场化水平走在全国前列，成为推动我国体育产业高质量发展的绝对核心主体。东部地区体育产业发展虽然取得明显成效，但也面临不少困难和挑战。从宏观上看，体育产业总体水平仍处于初步发展阶段，体育产品与服务有效供给不平衡不充分，体育要素市场基础较为薄弱，社会力量参与体育产业建设保障机制有待加强，健身服务、竞赛表演、体育培训等体育服务业占比较低，体育场馆、体育人才、体育版权等体育资源有待深入开发。产业主体不够丰富，大型骨干企业和高端体育品牌的竞争力有待提升。体育科技储备不足，原始创新能力不强，体育科技支撑能力有待进一步增强。体育消费结构仍需改善，中低端体育消费激发不够，高端体育消费存在外流。体育市场监管体系还不健全，体育产业相关管理标准明显滞后于相关业态发展，体育产业载体示范引领作用不强，部分体育产业政策落地不到位等现实问题。这些短板和问题对体育产业高质量发展带来较大影响，必须加大力度、综合施策、系统解决。

二、市场决定型体育产业经济行为模式的适切性

东部地区体育产业的发展基本上形成了以市场为导向，以"创新经营"为核心的较系统的发展经营理念。这些地区不仅拥有较为知名的体育企业和竞争力较强的体育产品，形成了以先进体育用品制造业为龙头的体育产业链，而且体育市场机制和产业政策体系相对完善，在一定程度上提升了区域体育产业市场化水平。但从发展角度看，如果政府过度干预，就会极大地削弱体育产业领域产品和服务的供给数量，严重损害相关企业活力，导致体育产业领域呈现供给不足、创新乏力和发展停滞等现象。与此同时，完全放手给市场，就可能使得体育产业出现鱼龙混杂一拥而上的局面，导致相关产品和服务质量得不到保障、乱象丛生，消费者权益频频遭受侵害，甚至出现各类诈骗活动。因此，选择一种折中或平衡的状态，将政府作用与自由市场有机结合起来，才是这些地

区体育产业发展的最佳模式。

　　综合来看，东部地区应实施市场决定型体育产业经济行为模式。"市场决定型"就是使市场在国家宏观调控下对资源配置起基础性（决定性）作用，使经济活动遵循价值规律的要求，适应供求关系变化的途径和方式，它突破了传统理论认为现时的市场必须在计划（政府）的作用下配置资源的局限，从理论上设计了中国特色社会主义的政府（计划）与市场的崭新关系。基于对相对发达地区体育产业建设的困境分析，实施市场决定型体育产业经济行为模式是最佳的选择，其核心要义就是更好地发挥市场在体育资源配置中的决定性作用，更深层次促进国际国内体育资源要素有效集聚与有序流动，着力培育体育产业市场主体，完善体育市场主体公平竞争的发展环境，优化体育产业要素市场化配置，最大限度激发体育市场活力，引导和激励社会资本投资体育产业，进而形成统一开放、竞争有序的现代体育市场体系。需要说明的是，该模式的政府一般不要越过市场直接进行资源配置，其职能在于改善服务效能、保障公平竞争、维护产业稳定；加强市场监管、协调市场秩序、弥补市场失灵、实现体育产业可持续发展。

三、东部地区市场决定型体育产业经济行为模式的战略定位

　　向东部地区要"质量"，即"建立全国体育产业高质量发展引领区"，是东部地区市场决定型体育产业经济行为模式的战略定位。改革开放40多年来，东部地区在体育产业发展上已经积累了较为丰富的转型经验，为"十四五"时期的高质量发展打下坚实的基础。现实来看，推动体育产业高质量发展，是当前和今后一个时期确定发展思路、制定产业政策、实施宏观调控的根本要求，从当前各地区体育产业发展现状和市场经济基础来看，东部地区经济社会发展和产业市场化水平相对发达，具备快速实现体育产业高质量发展的基础。因此，"十四五"时期东部地区应定位为"全国体育产业高质量发展引领区"，在探索中国特色体育产业高质量发展道路的同时，为其他地区提供可参考的经验。

　　从我国目前乃至未来一段时期内的体育产业发展战略需要来看，东部地区建立"全国体育产业高质量发展引领区"应紧紧围绕以下三个重点领域展开。一是推动现代体育制造业高质量发展。体育用品及相关产品制造是体育产业高质量发展的基础，东部地区应继续以科技创新为驱动力，在粤港澳、长三角和京津冀等地区率先建成具有全球影响力和竞争力的现代体育制造业高质量发展

基地。二是推动体育产业对外开放高质量发展。除了为国民经济增长提供新的动力之外，全面扩大对外开放可以引入全球最为先进的技术、经营理念以及管理制度等，是体育产业高质量发展必走之路。东部地区应继续以目前自贸区为主要平台，深耕内需市场与品牌国际化并行，探索体育产业对外开放高质量发展的中国道路。三是推动体育治理高质量发展。体育治理是社会治理的重要方面，推动体育治理高质量发展不仅可以为国家层面的治理现代化提供经验，也是为满足当前居民对美好生活向往的基本要求。东部地区应以"共建共治共享"为基本理念，不断完善现代化的体育治理体系，从而为其他区域乃至国家层面提供先行探索经验。

第二节　中部地区的政府体育产业经济行为模式选择

中部地区（山西、安徽、江西、河南、湖北和湖南）体育产业市场化水平与全国水平持平，测算年份的体育产业市场化水平指数基本上都处于42%～47%之间，属于体育产业市场化的"第二梯队"。这些地区有一定市场经济实力和产业发展潜力，但与东部地区体育产业发展相比还存有一定差距。因此，根据地区体育产业发展实际选择适宜的经济行为模式尤为重要。

一、中部地区体育产业发展面临的困境

中部地区作为我国重要的交通枢纽，不仅具有承东启西、联结南北的区位优势，而且还具有得天独厚的产业优势和资源优势。近年来，在东部地区的引导和政府部门的支持下，中部地区大力发展体育产业，并已初具规模，形成体育产业集群优势。如湖北省形成了以体育休闲娱乐为主向，竞赛表演、体育旅游、体育彩票等为辅的体育产业集群发展模式。河南形成了融合竞赛表演、体育培训和体育旅游等多链条集聚发展模式。综合来看，这些地区体育产业集群规模的逐步壮大，为我国体育产业发展整体实力的提升奠定基础，但与东部地区相比，仍存有较大提升空间。具体来看，体育产业支持体系不健全，部分政策落地还不到位，政策体系和营商环境有待进一步优化。体育资源高水平供给不足，体育场馆设施条件难以满足体育产业高质量发展需求。体育企业自我发展与科技创新能力较弱，缺乏具有较强带动作用的大型骨干企业和高端体育品

牌。从总体上看，中部地区的体育产业市场发育程度较低，体育产业发展还处于比较零散的阶段，若仅依靠市场力量或仅依靠政府力量实现体育产业的转型跃迁，将有可能付出巨大的机会成本和发展风险。因而，政府在体育产业成长初期往往起了巨大作用，但同时政府的过度介入也会带来资源配置效率低、企业依赖性强、自我发展能力弱的问题。这些短板和问题对这些地区体育产业发展带来较大影响，必须选择适切经济行为模式并制定相应措施予以解决。

二、政社合作型体育产业经济行为模式的适切性

在现代市场经济运行中，政府与市场既是相互独立的个体，也是相互依存的统一体。政府在经济活动中将扮演何种角色？不同价值取向将导致政府在经济活动中的不同行为模式，而不同的政府行为模式又将深刻影响经济活动的有效运行。中部地区政府体育产业经济行为模式的选择在很大程度上与东部地区政府体育产业经济行为模式的选择是不一样的。与东部地区相比，中西部一些地区市场化程度不高、发展观念落后，难以有效激发体育市场主体活力和配置各种资源，从而拉大了与东部地区体育产业发展的差距。针对中部地区体育产业的现实境况和发展目标，政社合作型体育产业经济行为模式是中部地区体育产业高质量发展的客观要求，也是中部地区政府经济职能转变的必然选择。从"政府与市场"关系视角来看，中部地区体育产业发展的现实困境和当前政府财政空间紧缩的现实，决定了当前乃至未来一段时间内中部地区体育产业发展需要在政府和市场互补共生关系的前提下，既发挥政府在体育产业建设中宏观监管、政策支持等方面的导向作用，弥补市场机制的天然缺陷，又充分利用市场化机制，调动包括民间投资在内的各类社会资本参与体育产业建设的积极性，弥补政府失灵。可以说，通过实行政社合作模式，融合政府与社会资本的功能，可以提高中部地区体育产业建设的经济强度和投资韧性，维护投资者的利益，使体育产业建设主体的力量得到有机整合，从"提高体育产业建设效率、拓展体育产业资源配置空间、促进体育产业获得创新优势、提升体育产业市场占有能力"等方面助力中部地区体育产业崛起。

三、中部地区政社合作型体育产业经济行为模式的战略定位

向中部地区要"支撑"，即"构筑稳定全国体育产业增长支撑区"，是中部地区政社合作型体育产业经济行为模式的战略定位。综合中部地区在"十三五"

时期体育产业所取得的成就，结合当前中国宏观经济进入"新常态"背景下，为稳定全国体育产业增加值高速增长的态势，在"十四五"期间中部地区体育产业发展战略应定位为"构筑稳定全国体育产业增长支撑区"，同时承担起"承东启西"的桥梁作用，并重点推进以下重点任务。一是大力推进体育产业崛起战略，建成全国领先的现代化体育制造业体系。中部六省区资源、区位和体育产业比较优势明显，要结合自身优势发展壮大优势体育产业，重点培育区域性支柱体育产业崛起。总体来看，中部地区体育产业要想真正崛起就必须破解"传统制造"难题，就必须坚定不移实施优势体育产业崛起战略。通过率先建立起现代化的体育制造业体系，将体育制造大省劣势转换为优势，以体育制造实现体育产业崛起，为其他区域体育产业崛起和体育制造业发展提供样板。二是培育多个国家级体育产业增长极。以推动新型城镇化与现代体育制造业有机结合为目标，大力支持长江中游城市群、中原城市群等发展成为国家重要的体育产业增长极。有条件的省份应以长三角世界级城市群建设为契机，积极推动体育产业积极融入长三角一体化发展，进一步加强现代体育制造业发展和扩大体育对外开放步伐，并同时提升自身对邻近省份的产业辐射能力。

第三节 西部地区的政府体育产业经济行为模式选择

西部地区（内蒙古、广西、重庆、四川、贵州、云南、西藏、陕西、甘肃、青海、宁夏和新疆）体育产业市场化水平相对较低，测算年份的市场化水平指数基本上维持在 40% 左右，平均水平低于东部地区 10.43 个百分点，低于全国平均水平 6.03 个百分点，属于体育产业市场化的"第三梯队"。对西部地区而言，应采取政府主导型体育产业经济行为模式，强化政府在体育产业发展中的扶持力度，缩小与体育产业市场化水平较高省份之间的差距。

一、西部地区体育产业发展面临的困境

深入实施西部大开发战略在"十三五"时期被放在优先位置，以提高基础设施水平和承接产业转移为重点举措。在中央政府加大转移支付力度以及东部沿海地区发达省份的支持下，西部地区在体育基础设施、体育基本公共服务等领域获得了极大的改善，并建设了一批国家级体育产业转移示范区，有效地加

快了西部地区的体育产业现代化进程。例如，西南地区在成渝双城经济圈等地区的带领下，成为延续中国体育产业高速增长奇迹的新区域。但总体来看，西部地区体育产业发展仍处于起步爬坡阶段。具体来看，西部地区体育产业基础薄弱、规模较小、层次不高、活力不强。体育体制机制改革滞后，体育体制不顺、机制不活、权责不清和效率低下等问题突出，束缚体育产业发展的体制机制性障碍还没有消除，体育市场活力还没有充分显现，体育产业基础设施建设相对滞后，体育产业建设资金投入严重不足，现有体育资源开发利用不充分，体育消费市场尚未形成，自身发展潜力没有充分发挥，体育对外开放水平还有待提高，体育产业经营管理人才严重不足。

二、政府主导型体育产业经济行为模式的适切性

西部地区由于体育产业起点比较低，市场机制的力量极其微弱，单凭市场机制的作用很难创造出良好的条件，不能对这些地区体育产业发展起到内在的推动作用，也不可能担负起深度开发体育市场的重任。从产业发展视角来看，在西部地区市场机制发挥主导作用条件还不完备的现实条件下，就需要借助政府的力量，充分发挥政府的扶持与协调作用，通过直接的经济干预、系统的制度安排，为体育产业的发展创造一个宽松、开放的政策和经济环境，实现社会资源合理有效的配置，壮大体育产业规模，逐步培养本地的体育产业集群网络，从而提高体育产业的竞争力。因此，西部地区应确立政府主导型体育产业经济行为模式，通过政府在资金、技术、人才和政策等方面的扶持，增强地区体育产业发展能力，并以此引导和提高体育市场需求。在体育需求不断提高的过程中，逐步使之成为推动体育产业市场化水平相对落后地区体育产业发展的内在动力，最终形成体育市场供给与需求的良性互动，促进体育产业市场化水平相对落后地区体育市场体系的完善和体育产业的不断发展。需要说明的是，政府的作用是扶持而不是垄断，是在西部地区体育市场主体数量偏少或体育市场体系不完善情况下在一定程度上对市场行为的替代，以推动体育产业的发展或者为体育市场的发展创造条件。

三、西部地区政府主导型体育产业经济行为模式的战略定位

向西部地区要"速度"，即"打造中国体育产业高速增长奇迹新高地"，是西部地区政府主导型体育产业经济行为模式的战略定位。总体来看，"十三五"

时期西部地区还处于工业化中期阶段，体育基础设施水平还有较大提升空间，与其较为广阔的国土空间相比，体育产业规模仍然较小，仍需要较高的增长速度才能逐步缩小与东部甚至全国平均水平的差距。因此，今后一段时期内西部地区应继续以实现体育产业高速增长为主基调，定位为"打造中国体育产业高速增长奇迹新高地"，并重点实施以下主要任务：一是以都市圈或城市群为重点培育载体，依托地区自然资源优势和特点，重点打造体育产业核心增长极、特色体育产业聚集区、国内外知名的体育企业和具有影响力的特色体育品牌。二是培育国家级现代体育制造业基地。在目前已经批准的国家级产业转移示范区、国家体育产业示范基地、国家体育产业示范单位、国家体育产业示范项目和国家级体育旅游精品项目，培育形成具有本地比较优势的、特色的国家级现代体育制造业基地，以提高西部地区发展体育产业的内生动力。三是促进"体育+"产业融合发展，推动体育与教育、健康、文化、旅游、传媒、信息、金融、会展等行业协同发展，增加产业附加值，满足群众日益多元丰富的体育需求。四是加大向西部地区开放力度，显著提升内陆地区开放型经济水平。以"一带一路"和"西部陆海大通道"建设为契机，加强与共建国家和地区的体育交流，全面提升西部地区沿边、沿海城市开放办体育软实力。

第四节　东北地区的政府体育产业经济行为模式选择

东北地区（辽宁、吉林和黑龙江）测算年份的体育产业市场化水平指数基本在42%~45%之间波动，稍微略低于中部地区和全国平均水平，与中部地区同属于我国体育产业市场化的"第二梯队"。对东北地区而言，应采取与中部地区相同的政社合作型体育产业经济行为模式，强化政府、市场、社会的多元协同作用，根据地区实际和区域特色制定具体发展战略定位。

一、东北地区体育产业发展面临的困境

东北地区虽然地处祖国边陲，但地缘政治地位非常重要，交通便利，既有丰富的自然和人文资源，又有良好的工业根基和教育基础，不仅是落实"一带一路"倡议的六大经济走廊之一，也具有成为实现高质量发展和共同富裕的"试验田"和示范区的条件。"十三五"期间，东北地区围绕国家战略和地区目

标，大力发展体育产业，产业规模逐步扩大，产业结构持续优化，产业发展质量不断提升，体育与旅游、文化、教育、健康、养老等产业融合发展水平进一步提高，基本形成了冰雪特色鲜明、健身休闲、体育装备制造和体育服务等业态协同发展的体育产业格局。但综合来看，东北地区体育产业总体仍处于发展起步阶段，体育重点领域和关键环节改革仍然艰巨，体育社会化和职业化发展进程还需加快，政策体系和营商环境有待进一步优化。体育资源高水平供给不足，人民群众日益增长的多元化、多层次体育需求与体育有效供给不足的矛盾依然突出，体育场馆设施条件难以满足地区体育产业高质量发展需求。体育产业规模总体偏小，产品市场竞争力偏弱。思想解放不够、体育基础条件薄弱、体育人才明显匮乏、产业创新动力不足、体育民营经济不发达、体育体制机制改革步伐和传统体育产业升级缓慢等"多重短板"。这些短板和问题对东北地区体育产业高质量发展带来较大影响，亟须政府采取适切的体育产业经济行为模式予以解决。

二、政社合作型体育产业经济行为模式的必要性

东北地区体育产业面临的发展环境和严峻形势，需要政府选择适切的体育产业经济行为模式。政府应加快规划、标准和相关法律等宏观环境的完善，当好引领者，而体育产业的投资建设应主要让市场来发挥作用。这既需要广义的政府与市场两只手的协调协同，也需要具体的承载模式，即政府和社会资本的合作。政社合作型体育产业经济行为模式，可更好地协同、融合体育产业发展所需资源，可以更好地把政府与市场积极性调动起来，更有效发挥市场机制作用，引导社会资本方提供一体化的综合开发服务：包括以体育产业开发为核心的基础设施、体育服务设施和项目运营等，社会资本承担主要的投资、建设、运营管理责任，更有效地推进东北地区体育产业建设投入，为地方政府以发展方式摆脱债务困境和促进区域体育产业高质量发展提供了新路径。综合来看，未来体育产业发展具有典型的数字化、生态化特征，科技含量高、技术迭代快等特征决定了体育产业与市场需求是直接耦合的。也就是说，体育产业数字化是市场化和创新驱动内生出来的，这与传统体育产业发展动力有着本质的区别。因此，实现体育产业高质量发展要充分发挥市场机制的决定性作用，有效调动民间资本投资体育产业积极性。对于东北地区体育产业发展而言，若想实行创新驱动战略、融合发展战略，占领价值链顶端，应在坚持市场主导和扶持不替代的原则下，更要注重政府与社会资本的分工协作，形成合力。

三、东北地区政社合作型体育产业经济行为模式的战略定位

向东北地区要"改革"，即"树立全国区域体育产业振兴典范"，是东北地区政社合作型体育产业经济行为模式的战略定位。"十四五"期间，东北地区应对标体育产业高质量发展要求，继续以深化体育改革为主线，通过向体育体制改革要动力、市场机制改革要活力、体育企业改革要竞争力以实现体育振兴大业，"树立全国区域体育振兴典范"。一是向体育体制改革要动力。政府服务意识不强、办事效率低下在一定程度上影响社会资本发展和外来资本进入。当前乃至今后东北地区应持续推动"放管服"改革，加强政策支持与标准引导，继续加快和完善服务型政府建设，通过加强与东部地区省份在干部交流、经营管理等领域合作，增强现代化的体育治理能力。二是向市场机制改革要活力。面对复杂严峻的国内外形势和诸多风险挑战，需要坚定不移地深化改革，发挥有效市场和有为政府的集成效应，通过提振市场信心、疏通市场堵点、畅通市场循环等破除体制机制障碍，平衡好短期矛盾和中长期发展的关系，拓展政策空间，提升制度张力，激发体育市场活力潜力，进而构建高水平体育市场经济体制。三是向体育企业改革要竞争力。坚持举国体制与市场机制相结合，深化国有体育企业管理体制和运行机制改革，以完善现代体育企业管理制度为核心，通过适时引入体育民营资本发展混合所有制经济。以创新为突破口，强化自然资源和信息技术赋能体育企业转型升级，全面提升地区体育产业的发展规模、质量效益和核心竞争力。

第五节　后发地区体育产业跨越式发展的治理路径剖析

区域经济发展的非均衡性存在于所有的经济体中，差异化发展必然会出现先发地区和后发地区。后发地区作为一个历史的、相对的区域范畴，不仅广泛分布于我国中西部地区，而且在东部沿海地区发达省份也同样存在。改革开放以来，体育产业在各类政策利好的驱动下逐渐成为各地推动区域经济转型升级的新引擎，北京、上海、福建等产业先发地区凭借区位、人才、资本等各类要素资源的先发优势逐渐向体育产业高质量发展方向迈进，形成了一大批在全国

乃至全球处于领先地位的体育高新企业、国际体育赛事等产业典范。相比于先发地区，占我国国土绝大部分的后发地区的体育产业，受要素资源禀赋等条件的限制仍徘徊于产业链和价值链的中低端。因此，后发地区体育产业若想在短期内跻身于产业链和价值链的中高端行列必须走跨越式发展之路。所谓后发地区体育产业的跨越式发展，是指基于本地区的资源要素禀赋优势，在充分遵循体育产业市场规律的基础上，利用体育产业的后发优势缩短体育产业发展的一般阶段，实现体育产业发展水平整体跃升的一种新的发展方式。

一、后发地区体育产业跨越式发展的现实思考

（一）对后发地区体育产业发展"跟跑"的反思

长期以来，后发地区体育产业发展走的是一条"跟跑"道路，即"模仿"体育产业先发地区或西方体育产业发达国家前行。这既是一个客观的事实存在，也是一个学界的研究共识。总的来说，我国后发地区体育产业的"跟跑"有三个表征：一是"跟跑"知名品牌的设计理念；二是"跟跑"先发地区的发展模式；三是"跟跑"先发地区的管理经验。具体来看，对知名品牌的模仿是后发地区体育产业在特定时期和特定条件下普遍采取的一种"捷径"策略。这种"捷径"策略不仅让后发地区体育产业在以资源禀赋为条件的新国际分工中获得了生存权，而且也为后来在缺少资源禀赋供给下的体育产业发展奠定了经验基础。可以说，以知名品牌为"蓝本"一直是后发地区体育产业发展的重要选择，即便在提倡创新发展的今天，"模仿贴牌"依然是许多后发地区体育产业的生存法则。

随着经济体制改革的不断深入，部分后发地区政府和体育企业逐渐意识到仅靠模仿贴牌已无法从竞争中求得生存，但现有的资源禀赋又不足以支撑其向更高级方向转型，于是模仿体育产业先发地区的成功发展模式和先进管理经验成为后发地区体育产业发展的主流选择。例如，从目前许多后发地区的冰雪运动旅游项目和体育特色小镇建设上不难看出这两种模仿的痕迹。有调查显示"我国目前的96个示范性运动休闲特色小镇试点多以休闲型为主，占比高达93.8%，而且地方政府体育产业政策决策者简单效仿，甚至直接复制国家或其他地区体育产业政策的现象"① 也是大量存在。可以说，这种看似"创新"的发展模式和管理经验，实则是"模仿"的另一种表现形式。

纵观我国体育产业发展史，体育产业起步之初"跟跑"不仅是一个普遍现象，似乎也是一个"必经之路"，抑或说是一个"学习""借鉴""走捷径"的过程，为后来我国参与全球体育产业增值活动积攒了重要能量。从这个意义上说，我国后发地区体育产业多年来的"跟跑"也实属正常，我们应摒弃偏见，客观看待，但同时也必须去理性地思考一个问题：这么多年的"跟跑"为何没有实现"本土"扎根和"领跑"发展？从政府治理视角看，"跟跑"是政府的一种"急于求成"行为的反映，政府为了规避潜在风险和实现短期经济目标，效仿和照搬其他地区已有的品牌设计、发展模式和管理经验就成为许多后发地区的首要选择。然而，"理想很丰满，现实却很骨感"，这种缺失资源禀赋和文化特色的"模仿"之路注定了后发地区体育产业将长期处于产业链和价值链的低端环节，无法真正实现从低级向高级甚至更高级的环节转型跃迁。

（二）对后发地区体育产业发展"并跑"的考察

"并跑"是指后发地区体育产业发展水平与体育产业先发地区或西方体育产业发达国家处在同一起跑线上的"并肩"前行。"并跑"是基于"跟跑"之上的一种高级别体现，也是评价后发地区体育产业发展程度的一项重要标准。从学理上看，后发地区体育产业是否实现"并跑"主要从两个方面来判断：一是后发地区体育产业在发展规模等"量"的发展上是否与先发地区"并肩"；二是后发地区体育产业在技术创新等"质"的发展上是否与先发地区"并肩"。那么，我国后发地区体育产业到底有没有实现"并跑"？很显然，从"量"上来说已基本实现"并跑"，但从"质"上来看目前还尚未完全达到"并跑"的标准。

具体而言，2008年北京奥运会后，我国体育产业进入"黄金发展期"，最显著的变化就是体育产业"量"的扩张，尤其以体育制造业和体育服务业为主的产业业态在全国"遍地开花"。2014年在国务院"46号文"等相关政策的驱动下，我国体育产业开始从东部地区向中西部地区扩展，各地政府在"优势企

① 姜春雷.对我国体育特色小镇建设的思考［C］.第十一届全国体育科学大会论文摘要汇编.中国体育科学学会，2019：1253-1254.

业扶持"① 的治理逻辑下，先后启动了体育产业重点发展战略，短时间拉升了地区体育产业在全国乃至世界的影响力，所取得的成绩也是有目共睹。从全国来看，"2014 至 2018 年间我国体育产业总规模从 1.35 万亿发展到 2.6 万亿，体育产业增加值从 2014 年的 4040 亿提升到 2018 年的 8800 亿"②。但我们必须承认，这种以"规模""增加值"等"量"的增长作为判断"并跑"的依据还较难以服众，因为体育产业发展的核心是"质"的提升。在"质"的提升方面，我国体育产业虽然也取得了实质性的进展和突破，但目前还属于小范围的局部现象或某领域的个别技术，作为整体的体育产业并没有完全形成与先发地区或西方体育产业发达国家在"质"上的"并跑"格局。

从治理视角来说，"并跑"之于体育产业的最大障碍，莫过于会产生激烈的"同质化竞争"。同质化竞争主要指区域间相同产业在空间布局、分工特征、技术含量、外观设计、产品功能、使用价值、营销手段以及产品服务等方面的相似现象。同质化竞争被许多学者认为可以直接导致市场竞争的加剧、资源耗散与经济增长滞后。③ 事实上，我国体育产业同质化竞争由来已久且无处不在，几乎涵盖了体育产业的所有类别。这一论断完全可以从低附加值的体育用品制造业、千篇一律的体育特色小镇建设、产品趋同的冰雪旅游项目以及全国传统健身房的倒闭潮等现象中获得证明。可以说，由"量"的"并跑"所引发的同质化竞争已成为目前制约我国体育产业发展的一个结构性难题。因此，依靠"量"的"并跑"来实现后发地区体育产业健康发展的道路，显然已不能适应新时代我国经济高质量发展的要求，因而后发地区体育产业的发展应在实现"领跑"上下功夫。

（三）对后发地区体育产业发展"领跑"的前瞻

作为复杂的社会子系统，体育产业的演化和发展具有一定的"目的性"和"定向性"，在某种程度上遵循进化动力学所展示的逻辑，是一个"积累性地"从相对简单的"跟跑"系统逐步进化到更为复杂的"领跑"系统的过程。"领

---

① 苟俊豪，乔晗. 新疆冰雪旅游发展战略 SWOT 分析 [J]. 新疆社会科学，2015（5）：50-55.

② 罗晓辉，胡珑瑛，万丛颖. 结构趋同与"优势企业扶持"政策的创新激励效应：来自地方政府同质化竞争的解释 [J]. 管理世界，2018，34（12）：181-183.

③ 马迁利. 供给侧改革视域下服装产业同质化竞争原因与对策研究 [J]. 纺织学报，2018，39（9）：182-188.

跑"意味着体育产业发展水平已走在世界前沿，并依靠自身探索具备"带领"世界体育产业前行的能力。可以说，"领跑"是后发地区体育产业跨越式发展的目标。从本质上看，后发地区体育产业"领跑"既可以是"相同赛道的弯道超车"，也可以是"不同赛道的换道超车"。"弯道超车"是指在相同产业领域内通过创新实现跨越赶超，"换道超车"则是指通过开辟新领域或新技术而实现跨越赶超。"弯道超车"也好，"换道超车"也罢，都是后发地区体育产业实现"领跑"的必然选择，当然这种选择是以地区资源禀赋为前提条件的。

需要注意的是，"领跑"是客观结果而不是主观目的，是"脱轨求异"而不是"接轨求同"，后发地区体育产业必须在政府统筹规划下走"优势互补、错位发展、创新模式"之路，否则永远也走不出自己的道路，即使不是与体育产业先发地区"亦步亦趋"，最多也只是在某些方面的"并驾齐驱"。事实上，我国体育产业先发地区的实践经验也表明，"脱轨求异"是地区体育产业实现超常规发展的一剂良方。例如，福建体育产业对于其他省市的超越在于"以运动服装为主的体育用品制造"，上海体育产业对于其他省市的超越在于"以国际赛事为主的体育竞赛表演"，山东体育产业对于其他省市的超越在于"以运动器材为主的体育装备制造"，等等。

不仅如此，2019 年国务院颁发的《关于促进全民健身和体育消费推动体育产业高质量发展的意见》（以下简称"43 号文"）也提出："要促进区域特色体育产业发展，以资源禀赋为依托来引导产业合理布局。"习近平总书记更是明确提出："要坚定不移走中国特色自主创新道路，坚持自主创新、重点跨越、支撑发展、引领未来的方针，加快创新型国家建设步伐。"[①] 这些实践经验和产业政策，不仅为后发地区体育产业选择什么样的"领跑"赛道指明了方向，而且还客观地说明了资源禀赋对地区体育产业发展的重要作用。可以说，"领跑"是一种客观结果的存在，更是一种综合实力的表征，它的实现不是一蹴而就的，既需要我们对选择什么样的"赛道"做出理性判断，还需要我们对资源禀赋条件做出认真思考。

二、后发地区体育产业跨越式发展的关键要素

系统科学认为，后发地区体育产业是不断演化发展的系统，既有细流式的

---

① 朱路遥，雷环捷. 习近平科技创新思想论析 [J]. 理论界，2018（3）：9-15.

"渐变",又有跨越式的"突变","渐变"表现为实现"并跑"的过程,"突变"则表征为向新的量态和新的质态跨越,即"领跑"。无论是"并跑"还是"领跑"都需要与外界进行能量交换并受制于多方因素的影响,诸如资金、技术、人才、信息、制度、空间区位、人文条件以及经济发展水平等。然而,这些影响因素并非都是可控的,也并非都将发挥同等的作用。例如,空间区位所带来的交通红利和消费优势,正伴随着现代信息技术的普及和交通运输网络的发展而逐渐式微。再如,技术因素的影响归根结底是人才的影响,即脱离人才支撑的技术影响是一种"伪影响"。因此,从政府治理视角来看,应找准后发地区体育产业跨越式发展的核心要素,控制好影响体育产业发展的关键要素,而不是采取所有要素"一刀切"的战略手段。

　　鉴于此,本研究基于"后发优势理论"和"系统科学理论",参照丛湖平、沈克印等学者对体育产业发展要素群的设定,并结合后发地区体育产业发展的特殊性、有效性和持续性等特点,构建了后发地区体育产业跨越式发展四要素模型(见图7-1),包括地域文化、人才集聚、资源充裕和高效管理。其中,地域文化是基础要素,侧重于对区域特色体育产业形成发展的引领作用;人才集聚是核心要素,强调知识溢出效应对体育产业创新发展的作用;资源充裕是动力要素,注重于政府对体育产业发展的直接推动力;高效管理是保障要素,侧重于对体育产业发展环境的治理。可以说,这四要素共同构成了后发地区体育

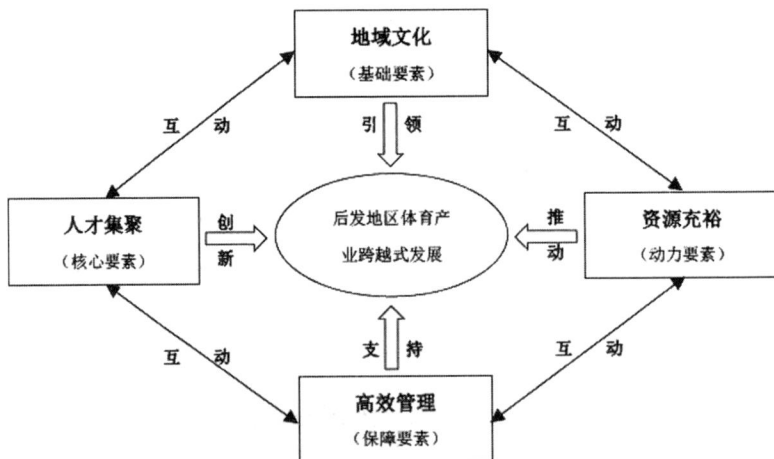

图7-1　后发地区体育产业跨越式发展关键要素模型

产业发展的"生态系统"，并以"关系共同体、命运共同体、责任共同体"的身份在相互关联的生态系统中确保着后发地区体育产业在目标、速度、规模、结构、技术等方面表现出某种"突变"。

（一）地域文化是后发地区体育产业跨越式发展的基础要素

"地域文化"一词有着极为丰富的内涵，概而言之，它是一个地区在一定时期内形成的相对稳定的生态、民俗、传统、习惯等文明表现，以及由这个地区整体意识所辐射出来的一切行为活动。由此可见，地域文化不仅仅反映出一个地区独特的人文境遇，还深深地影响着这个地区的行为活动，即一个地区行为的发生必然是某种地域文化酝酿的结果，地域文化可谓是地区行为发生的"元基因"。从这个视角来看，体育产业的诞生既不是从天而降的，也不是一蹴而就的，任何类型的体育产业都是"遗传和环境"的产物，从最初的产业萌芽到真正意义上的产业支柱，都是历经岁月的文化熏陶并在特定的历史时空和适切环境中壮大起来的。放眼国际，无论是法国的霞慕尼小镇（登山运动发源地）、新西兰的皇后镇（户外运动天堂）、意大利的蒙特贝卢纳镇（冰雪产业之都）等体育小镇，还是 IMG、Octagon、WSG 等体育公司，无论是墨尔本（世界体育之都），还是网球四大满贯（百年历史的赛事），都是与地域文化基因一脉相承。可以说，地域文化是体育产业孕育和发展的根基，它既能以具象的形态存在于产业的物质文化之内，也能以抽象的形态渗透在产业的制度文化和精神文化之中。

反观国内，后发地区在体育产业的培育上似乎总是缺少一种文化滋养和匠心精神，能真正根植于地域文化对体育产业进行精耕细作的并不多见，造成大多数体育产业"有其形而无其神"。例如，商业地产配套几块足球场或引进个赛事前面加上"体育"二字便是"体育小镇"；普通旅游过程中观看或参与一次体育活动就成了"体育旅游"；依靠大量资本收购叠拼就组建成了所谓的"体育上市公司"；等等。事实上，我们不缺"西方经验"，缺的是对"西方经验"的本土化改造，缺的是对"地域文化"的适切性植入。很多时候，我们在体育产业的发展上总是自觉或不自觉地陷入一种"建构"思维的窠臼，往往忽略社会发展阶段的差异和具体实施条件的成熟度，习惯于将体育产业先发地区的成功经验和西方体育产业发达国家的成功做法等同于一般规律，根本没有意识到这只不过是体育产业发展的一种道路或一种模式。从这个意义上说，地域文化是后发地区体育产业跨越式发展的核心要素，缺少地域文化滋养的体育产业注定会"昙花一现"。因此，后发地区体育产业的跨越式发展需要有自己的"地方性真理"。

（二）人才集聚是后发地区体育产业跨越式发展的核心要素

人才集聚是指"受教育程度、专业化程度较高的劳动者向某一地区流动的集聚效应，即人力资本在某一地区的集聚"①。人才集聚对区域发展的积极意义，尤其对区域创新型经济增长的促进作用已成为社会各界的一种共识。从学理上看，人才集聚对区域创新型经济增长的作用机制在于"人力资本通过促进技术进步（提高全要素生产率）直接促进经济增长，同时人力资本通过创新技术、加快技术的吸收与扩散等途径间接促进经济增长"②。区域创新型经济的增长实质上是人才集聚在该地区的直接反映，"人才集聚的重要性和稀缺性使之超越任何物质要素成为区域创新型经济的第一资源"③。从这个意义上说，体育产业作为区域创新型经济的重要引擎，必然会受到人力资本集聚的影响，即人力资本集聚程度越高，越有利于地区体育产业创新能力的提升，进而推进地区体育产业持续健康稳定发展。事实上，国内外大量的实践经验和经典案例已经表明，但凡体育产业发展较好的国家、地区、企业都非常重视人才集聚的知识溢出效应。例如，美国 NFL 的一家俱乐部（纽约巨人队）共有教练员 21 人，运动员 69 人，运营管理人员 146 人，其中营销部门 25 人，这样的架构在我国是从来没有的。④ 可以说，美国职业体育之所以世界领先在于拥有专业的运营团队。

如上所述，人才集聚是促进地区体育产业发展的关键性要素，但受制于空间区位、经济发展水平、体制机制障碍以及先发地区人才虹吸效应等影响，我国后发地区体育产业的人才聚集效应尚未得到充分体现。具体来看，改革开放初，我国东部地区凭借区位优势和政策红利迅速实现了经济的超常规增长。东部地区经济的腾飞不仅拉大了东部与中西部地区之间的距离，而且还一度出现中西部地区人才向东流动的人才集聚现象。21 世纪以后，随着中部崛起战略的实施，我国区域发展格局逐渐由东部先行转向东部与中部并重，形成了长株潭

---

① 季小立，洪银兴. 后金融危机阶段人才集聚启动创新型经济的机理 [J]. 学术界，2012（10）：36-45.

② 徐彬，吴茜. 人才集聚、创新驱动与经济增长 [J]. 软科学，2019，33（1）：19-23.

③ 季小立，洪银兴. 后金融危机阶段人才集聚启动创新型经济的机理 [J]. 学术界，2012（10）：36-45.

④ 易剑东. 中国体育产业人才的缺口与差距、素质与要求 [EB/OL]. 搜狐网，2017-01-03.

等国家经济增长极。在这些经济增长极的促发下，中西部地区人才流失速率进一步加剧。新时代以来，我国实施了创新驱动发展战略，于是人才红利凸显下的人才争夺战开始在天津、西安等众多城市上演。然而，值得注意的是，新疆、内蒙古等大多数西部省份却鲜见参与，无形中又加剧了这些地区人才集聚的难度和本土人才外流的可能。因此，后发地区体育产业的跨越式发展亟须补强人才短板。

（三）资源充裕是后发地区体育产业跨越式发展的动力要素

资源充裕是与资源匮乏相对的概念，是指事物发展所需资源的丰富性和充足性。资源充裕一直是宏观经济学和系统科学领域长盛不衰的研究话题，形成了"充足且有效的资源供给是加快经济增长新旧动能转换的重要动力"① 和"系统的演化发展是在无数次与外界资源互动过程中历史积累而逐渐生成的"②重要观点。根据复杂性科学理论，社会系统要维持原有结构并促使其向更高级、更复杂的有序结构演化，就必须与外界物质、能量和信息交换产生负熵流以形成有序结构。体育产业作为社会子系统，必须通过开放与社会其他子系统建立起相互支持的反馈系统，才能有效地消除自身内部的无组织力量或无序发展状态，进而维持系统正常的有序结构或产生新的质态跨越。从实践来看，相互支持的反馈系统既包括市场"这只看不见的手"的直接融资，也包括政府"这只看得见的手"的引导扶持。但与先发地区相比，后发地区体育产业由于市场配置资源的相对有限性，通过政府干预手段来汲取营养就成为体育产业发展的最佳选择。因此，充裕且有效的资金供给是后发地区体育产业发生有序演化的必要条件和优质动力源。

改革开放 40 多年来，后发地区体育产业虽然取得了较快发展，但资金供给不足仍然是制约我国后发地区体育产业跨越式发展的主要瓶颈之一。有关调查资料显示，"我国体育产业政府引导专项资金的投资规模整体上呈现出明显的区域失衡性特征，东部沿海和长江三角洲地区高度活跃，中部地区和西部地区逐步跟进，但除北京、江苏、福建以外的其他地区受财政资金等条件制约，体育产业政府引导资金投入相对落后"③。资金投入上的不足，产业发展上就会有反

---

① 徐彬，吴茜. 人才集聚、创新驱动与经济增长［J］. 软科学，2019，33（1）：19-23.
② 苗东升. 系统科学精要［M］. 北京：中国人民大学出版社，2016：91.
③ 张永韬，刘波. 体育产业政府引导资金：概念、特征与效应［J］. 体育与科学，2019，40（2）：68-74.

应，据官方数据统计，2017年全国体育产业总产出为21987.70亿，但仅上海、江苏、浙江、福建、广东、山东6个省份的体育产业总产出就占全国体育产业总产出的76.6%，其中广东的18.2%与河南的4.12%、重庆的1.6%以及甘肃的0.2%差距明显。可以看出，后发地区体育产业的跨越式发展离不开充裕的资金，特别是体育产业政府专项引导资金的支持。事实上，政府专项引导资金不仅可以直接参与体育产业建设，还可以通过引导效应、杠杆效应、调控效应和乘数效应，发挥引导社会资本参与投入体育产业发展。此外，产业投资结构失衡、主观倾向性投资决策等盲目投资行为也加剧了后发地区体育产业资源供给不足的问题。所以，后发地区体育产业跨越式发展亟须解决资源供给不足的动力困境。

（四）高效管理是后发地区体育产业跨越式发展的保障要素

后发优势理论认为，高效管理是地区延续政治、经济和文化等诸活动的必要条件，它包括适切的制度创新、卓越的管理团队、明确的目标使命和长远的发展战略等。从全球来看，各国关于体育产业的制度框架和组织机构等尽管各不相同，但是，但凡重视制度建设或体育产业发展较好的国家，都有着适合自己国情的高效管理体系。以美国为例，在制度建设方面，美国在《国家文化发展基金法》中设立了国家体育文化基金会和国家体育事务发展基金会，并明确提出这些基金会每年必须支出一定比例的资金用以支持体育产业的发展。在管理机构团队方面，美国虽没有专门的体育管理部门，但对体育产业的管理分工却精准到位，"立法机构主要通过国会颁布各类体育产业相关制度进行治理；行政机构通过执行立法机构的制度对体育产业发展实施具体规制；司法机构负责监督体育产业制度的执行情况"[①]。在使命和战略方面，美国将体育产业列为国家文化安全战略，目的是"彰显本国体育文化传统，维系国家安全稳定，增强国家文化软实力"[②]。不难看出，高效管理对后发地区体育产业的超常规发展具有至关重要的作用，尤其是在推进地方政府治理创新的当代社会，强化后发地区体育产业的治理创新极为重要。

然而，与上述国家相比，我国后发地区有关体育产业的制度框架、机构建

---

① 彭国强，舒盛芳．美国体育治理的思想渊源、特征与启示［J］．上海体育学院学报，2019，43（4）：7-15，21.

② 余丽珍，徐岩．美国体育产业政策及其启示［J］．江西社会科学，2017，37（12）：95-100.

置以及目标使命等方面表现出了一定的滞后与不足。在政策制订层面,部分地区在体育产业政策制订时,往往直接套用甚至照搬国家体育产业政策的原文,鲜有根植于地区特有的自然资源和人文特色来制定体育产业政策。在制度体系方面,缺乏明确的管理部门以及任务分工,比如具体到哪些政策或任务由哪些部门来执行,各部门之间应该如何协同耦合等实操性的落地举措,对任务执行主体通常采用"各区县政府""各相关部门"等模糊化处理的方式进行表述。同时,缺少国家政策的地方配套措施,很多措施仅仅停留在原则和口号层面,缺乏规范性和稳定性以致很多国家政策无法真正落实。在战略目标方面,目前大部分地区多以"到哪年实现体育产业总规模超过多少亿"作为体育产业发展的目标,很少见与国家战略、地方战略以及人民指向相适应或相一致的内涵式目标。所以,高效管理是后发地区有关体育产业跨越式发展绕不过也弃不掉的关键要素。

三、后发地区体育产业跨越式发展的治理路径

后发地区体育产业的跨越式发展不是一蹴而就的,既需要总结体育产业先发地区的"成功经验",也要探究本土体育产业发展的"地方性真理"。因此,针对当前我国后发地区体育产业发展的主要障碍,政府亟需在遵循市场发育规律和产业成长规律的前提下,对体育产业的治理结构、运行模式和关键要素培育等方面进行全面改革,进而为后发地区体育产业的跨越式发展提供科学适切的治理路径选择。

（一）后发地区体育产业跨越式发展的治理行为选择

在体育产业治理过程中,根据区位产业基础、市场发育程度以及资源禀赋条件采取合适的治理结构才能以最小的交易成本获取高效益回报。长期以来政府"一刀切"式的治理结构显然已不适合不同体育产业发展的客观实际。因此,实施差异化治理行为是我国后发地区体育产业跨越式发展的可行举措。我国后发地区体育产业跨越式发展的差异化治理行为主要有3种,即以政府主导、共同参与和市场主导。（1）政府主导型。政府主导型是针对体育产业发展初期或经济水平极为落后的地区,政府应充分发挥集中力量办大事的制度优势,通过加大政府财政投入、行政扶持、政策倾斜等方式所进行的一种"帮扶带动"式的体育产业治理结构。（2）政社合作型。政社合作型是针对体育产业发展相对薄弱地区的一种多中心治理结构,此类地区由于体育市场化水平较低、产业结

构低端、产业集群性较弱等瓶颈问题，政府可适当采用行政、法律等经济管理的辅助手段对体育产业市场中暴露出的问题进行治理，进而促进体育产业市场健康有序运行。（3）市场主导型。市场主导型是建立在市场化水平相对较高且产业集群性较强的基础上，政府充分调动和利用各方优势资源，充分发挥市场在体育产业资源配置中的决定性作用，进而激发体育市场活力以推动体育产业跨越式发展的一种体育产业治理结构。

（二）后发地区体育产业跨越式发展的运行模式选择

我国后发地区体育产业跨越式发展的运行模式主要有4种，即市场需求导向型模式、产业园区导向型模式、传统产业改造型模式和文化特色导向型模式。（1）市场需求导向型模式。该模式是根据市场的实际需求来生产新产品、培育新业态和提供新服务的一种模式。例如，全球智能体育产业的生发就是迎合新的市场需求的必然结果，目前该领域在全球范围内都属于初创阶段，因而后发地区可以抓住这个机遇红利期予以精耕细作。（2）产业园区导向型模式。该模式主要是以产业园区为载体，通过产业园区的高效集聚力和资源协同扩散效应来集中优势资源发展体育产业的一种模式。这种依托产业园区的体育产业集群是一种新的思维，对后发地区体育产业而言是一种全新的探索。（3）传统产业改造型模式。这种模式主要是运用新理念、新技术等对传统落后的体育产业进行改造升级，提升体育产业或相关产品竞争力的一种发展模式。该模式的目标在于实现研发设计、生产过程、产业管理、产品营销和售后服务的智能化，促进原有落后体育产业转化为具有较高技术和知识含量的高级体育产业。（4）文化特色导向型模式。该模式主要是以地区特色文化资源为载体，通过打造区域特色体育产品或体育服务来实现后发地区体育产业跨越式发展的一种模式。例如，体育特色小镇建设、体育特色旅游产业等。上述四种模式都有其自身的特点和要求，各地区可根据地区需求选择适切的运行模式。当然，这四种模式之间也并非完全单独的存在，各地区亦可选择其中一种或几种模式协同推进。

（三）后发地区体育产业跨越式发展的关键要素培育

关键要素的有效供给决定了后发地区体育产业的发展水平和创新程度。后发地区体育产业的跨越式发展必须首先解决关键要素的有效供给问题，即如何培育体育产业跨越式发展的关键要素。

第一，文化要素的培育。文化要素培育是第一个或许也是最重要的决定因素，就是要从文化上达成政府对体育产业的认同，充分认识到文化对体育产业的促进作用。在此基础上，通过对地区有形文化资源和无形文化资源的挖掘整理，重点打造和开发一批具有区域特色和文化影响力的"品牌"项目和"拳头"产品，通过设计品牌的名称、标志、广告等载体传达地区的体育资源、文化以及服务理念，形成"从本质到现象""从抽象到具体""从内涵到外延"的品牌系统。

第二，人才集聚的培育。后发地区体育产业跨越式发展的人才集聚可采用"五个一批"策略来集聚产业发展所需的技术开发、产品设计、经营管理等各类人才，即激励引进一批急需紧缺体育产业人才、主动留住一批本土体育产业人才、培训转化一批现岗体育产业员工、兼职共享一批专家学者以及行业领军人才、返聘召回一批懂体育产业的已退休人才。此外，还要根据人才特点和产业需求积极兑现人才政策和用工政策。

第三，资源供给的培育。后发地区体育产业跨越式发展离不开各环节紧密相扣的投融资链条，因此需要构建立体式的资金供给体系，即加大政府对体育产业发展的财政投入力度；建立并强化体育产业政府引导资金的杠杆作用；利用母基金引导社会资本建立种子资金、风险投资资金、天使投资资金等；鼓励银行、信托、证券、保险等机构与各类体育产业进行协同合作；尝试利用"互联网+"积极发展众创、众包、众扶、众筹等新模式汇聚资源推进产业成长。

第四，高效管理路径。后发地区体育产业跨越式发展的高效管理可从以下几个方面优化：一是在国家政策的指导下结合当地的特色资源情况、要素禀赋条件以及体育产业在当地发展的根植性来制定地方体育产业政策；二是建议成立政府体育产业跨越式发展推进委员会，在其统一领导下统筹协调解决部门工作协同和政策落实问题；三是制定实施"领跑"世界体育产业发展的战略规划，以及"为中国人民谋幸福，为中华民族谋复兴"的初心和使命。

第六节　小　结

政府体育产业经济行为要坚持从实际出发，充分认清各地区非均衡的现实，不能同一步伐、同一模式，而应区别对待，分清轻重缓急，突出重点、分类指导、分步推进。政府体育产业经济行为模式的实质是让体育产业在追求高效率发展的基础上实现均衡发展，是一种由非均衡到均衡的过程性发展。体育产业的非均衡在全国范围表现为东部、中部、西部、东北部等地区之间的差异。各地区体育产业面临的发展条件、发展水平和发展问题不同，应从各地区实际入手选择针对性模式。整体来看，东部地区应选择市场决定型体育产业经济行为模式；中部地区和东北部地区应选择政社合作型体育产业经济行为模式；西部地区较适宜选择政府主导型体育产业经济行为模式。同时，针对不同地区实施政府体育产业经济行为的战略定位：向东部地区要"质量"，即"建立全国体育产业高质量发展引领区"；向中部地区要"支撑"，即"构筑稳定全国体育产业增长支撑区"；向西部地区要"速度"，即"打造中国体育产业高速增长奇迹新高地"；向东北部地区要"改革"，即"树立全国区域体育产业振兴典范"，以此来促进形成"协调东中西、统筹南北方"的区域体育产业高质量发展新格局。

第八章

政府体育产业非均衡经济行为模式选择的复杂性思维

　　复杂性科学认为，"稳定的均衡模式在日益多样化和复杂化的世界中几乎是一种幻想。按照复杂性科学，创造性系统具有内在的不可预测性，它的行为与长期结果之间的联系不再是单一的和线性的，而耦合的与交互嵌套的，这正是系统进化的动力之源"①。纵观历史长河，复杂性科学不仅在自然科学领域产生了深远影响，而且在人文社会科学界也得到了广泛应用。尽管复杂性科学之于复杂系统的价值意义如此彰显，尽管复杂性科学之于复杂系统的应用实践早已开始，但作为一个专门话题或研究领域，复杂性科学之于体育产业管理的新思路和新方法，一直以来并未引起国内理论研究者和治理实践者太多关注。随着体育产业高质量发展的持续推进，体育产业也随之被越来越多的人意识到"它是一个独特且复杂的问题域"，不能凭借简单的线性推理或者静态的分析方法来理解和把握纷繁复杂的体育产业系统，进而也就无法实施有效的政府经济职能。体育产业的复杂性，要求我们需从"简单思维"（如线性思维、实体思维、静态思维和还原思维等）的藩篱中走出来，运用复杂性思维（如非线性思维、关系思维、过程思维和整体思维等）去审视和考察复杂的体育产业，以保证政府经济行为适应体育产业高质量发展需要。

---

　　① 杨永福，黄大庆，李必强. 复杂性科学与管理理论［J］. 管理世界，2001（2）：167-174.

第一节　政府体育产业经济行为选择的整体思维

一、整体思维的生发

纵观历史，近代尤其是 20 世纪上半叶，"西方哲学主流思维方式是一种'分析性的和还原论的'，其特征是把自然现象还原为机械运动，把事物的整体分解为基本的零部件来认识其结构和功能。"① 世界著名未来学家阿尔文·托夫勒（Alvin Toffler）对此曾言："在当代西方文明中得到最高发展的技巧之一就是拆零，即把问题分解成尽可能细小的部分。我们除了习惯于把问题分成许多细小的部分，还常常把它们中的每一个从其周围环境中抽象或孤立出来。"② 可以看出，还原论是从系统的元素出发，以原子论和机械决定论为基础，注重单个的元素和简单的联系，认为世界的本质在于简单性，认为把系统特性是组成元素的表现，分解更利于对元素的认识。从学理上看，这种思维方式是一种分解和隔离因果链的分析方法，它假设事物是孤立存在的，是独立不变的，是遗弃事物的关系属性和系统特征的，违背了现实世界的本真面貌，呈现给世人的是一种被抽象的和被分解的世界。事实上，这种还原论是对事物的整体、过程及其复杂性的机械切割和抽象，是对事物整体属性及组分关系的刻意遗忘和放弃。现如今，当科学在研究中变得持续纷繁复杂时，简单的还原论思维或者纯粹的分析方法都会变得无所适从，其原因在于：这种做法是一种"只见树木，不见森林"的做法，缺少"对理解特定现象具有决定性意义的较大的相互关联的考虑"③。当然，需要说明的是，在某些既定的时空或领域内，还原论思维尤其存在的意义所在，甚至曾成功指导了理论的形成以及实验的开展，特别是对那些被理想化了的问题找寻到的合适的解决办法。

现在科学不断发现和证明，现实世界并非还原论思维所想的那样简单，"一

---

① 彭新武．复杂性思维与社会发展［M］．北京：中国人民大学出版社，2003：40-41.

② ［比］普里戈金，斯唐热．从混沌到有序［M］．曾庆宏，沈小峰，译．上海：上海译文出版社，2005：1-2.

③ ［美］拉兹洛．系统哲学引论：一种当代思想的新范式［M］．钱兆华，熊继宁，刘俊生，译．北京：商务印书馆，1998：19-20.

切事物和一切人都是互相关联的。每一件事物影响另一件事物。不管差别多么大，不管距离多么遥远，我们都是相互关联这个整体的一部分……事实上，在我们中间，在其他人群和我们周围的世界找不到真正的分隔除非在我们的思想里制造这种分隔"①。譬如，自然界并非由"部分"组成的整体，而是在整体中由各"整体"构成的整体。因此，凭借还原论或简单分析方式，根本无法对复杂的现实世界进行科学把握和合理解释，需从整体主义的视角将现实世界看作是一个整体存在来对其进行考察。整体思维是对元素间相互联系的一种认知，倡导用整体观点去考察世界，注重系统整体和元素间的联系，认为世界的本质在于结构性，只有整体才可以表现出整体的特性。也就是说，整体思维认为事物是以完整体而存在的，考察事物或系统的特性须秉承一种"整体观"，要充分考量系统的内外部关系，即要从内部要素之间的关系、整体与部分之间的关系、系统与环境之间的关系等维度去考察和探究，从事物的普遍联系来认识和理解所要考察和探究的对象，如若把系统进行抽象或切割就会丢失一些"特性"，进而也就无法获得对该事物或系统的整体把握。当然，整体观虽强调整体探究，但并非否定或忽略整体与部分之间的内在联系，也并非否定或排除运用分析方法，而是反对在对系统进行考察时采用单纯的分析方法。也就是说，系统整体功能不能只是各部分的"叠加功能"，还应考虑各部分的"组合功能"。因此，立足于"整体与部分"的有机组合和双向互动来揭示和探究系统是认识复杂系统的适切路径。

二、整体思维中的体育产业管理

（一）树立正确的体育产业局整观

体育产业是由相互关联的各要素组合而成的有机"关系体"，而不是由彼此孤立的各要素组合而成的机械"组合体"。因此，要用整体观去考察和解决体育产业发展和管理过程中的问题。当然，这样做的关键是要强调体育产业局整观的重要性，即从整体与部分的辩证关系出发审视体育产业不同类型、不同要素、不同层面的管理行为。所谓体育产业局整观，就是指人们对体育产业整体与部分、全局与局部、系统与组分的关系所持有的基本看法。从概念关系看，整体

---

① ［加］富兰. 变革的力量透视教育改革 ［M］. 中央教育科学研究所，加拿大多伦多国际学院，译. 北京：教育科学出版社，2005：118-119.

与部分等是"互为对位"的概念，三组概念所描述的关系是同一关系或同一事物，系统科学称之为是"局整关系"。系统科学认为，整体与部分既相互依存又彼此相对，即整体是相对部分而言的，部分也是相对整体而言的。作为系统的组成部分，要素或部分是系统之所以存在的基础条件，也就是说，无要素系统不能称为系统。相反，无系统要素也不为是要素。当系统解体后，原来的要素也就不再作为部分而存在了。不过，整体与部分的地位是不相同或不对称的。"部分构成整体，要素架构系统，两者之间首先是一统属关系，即整体统摄部分，部分服从整体；系统整合要素，要素隶属系统。无论是统摄与服从，还是整合与被整合，实则都是一种非对称关系"①。这种不对称性的根源在于，"部分之所以会聚合起来形成整体，人之所以把零件整合成整机，为的是获得系统的整体涌现性，以便各部分都能得到发挥自身作用的平台，并从中受益"②。数百年来，管理者虽然经常与系统打交道，但重局部轻整体始终是实施管理行为的基本观念，这种"头痛医头，脚痛医脚"的观念看重的是系统的可分解性或可还原性，而不是各构成要素或组分之间的相关性和互动性。事实上，局整观的核心要义在于，不仅要求局部服从整体，还要求整体服务局部。诚如邓小平所言："我们的一切工作都会涉及全局与局部的关系……全局与局部缺一不可，全体是由局部组成的，如果只有全体，没有局部，则全体也就不成其为全体了……局部是在全体中的局部。"③ 作为复杂系统而存在的体育产业，其演化发展要借助整体思维来把握，否则构成体育产业各要素所没有的新特征很容易被忽略或掩盖。因为"复杂现象大于因果链的孤立属性的简单总和。解释这些现象不仅要通过它们的组成部分，而且要估计到它们之间的联系的总和。有联系的事物的总和，可以看成具有特殊的整体水平的功能和属性的系统"④。当然，仅仅以整体观来考察体育产业的演化发展，忽视对体育产业各促成要素的把握也是远远不够的。也就是说，当我们强调体育产业的整体性时，不能无视体育产业自身也是作为部分而存在的，也不能忽略组成体育产业的各部分中也有整体性的存在。例如，体育用品制造业既可以看成是由各类型体育用品组成的系

---

① 李枭鹰. 运用整体思维审视高等教育若干抉择 [J]. 高校教育管理，2010，4（2）：39-43.

② 苗东升. 系统科学大学讲稿 [M]. 北京：中国人民大学出版社，2007：25-26.

③ 邓小平文选：第一卷 [M]. 北京：人民出版社，1994：198-199.

④ 魏宏森. 系统科学方法论导论 [M]. 北京：人民出版社，1983：24-25.

统，也可以将其看作是构成体育产业系统的重要部分。事实上，考察体育产业系统的整体性需要如此，进行体育产业管理更需要以此为基。运用整体思维考察体育产业管理，要求我们要培养一种"看见整体"的思维习惯，摒弃"只见树木，不见森林"的思维方式，自觉跳出局部思考的藩篱，真正理解到局部或个体的成功不等于整体或团体的成功，局部或个体的目标实现不等于整体或团体目标的实现，局部或个体的失败也不等于整体或团体的失败。倘若体育产业局部或某个领域（环节）出现问题，不要将原因归咎于某个局部或某个领域（环节），而应从组织结构或产业政策上抑或管理方式上，即从不同局部互动方式上去找寻原因，从内外部互动关系中找寻体育产业问题的解决之道。

（二）用科学的局整观统领体育产业管理

体育产业的复杂性决定了我们要从不同维度或不同层面去考察和审视体育产业的管理问题。从不同维度或不同层面出发审视体育产业管理，所涉及的对象和范围较为广泛，具体问题需要具体分析和分别对待。我们以国家体育产业高质量发展战略为例，解读如何用科学的局整观统领体育产业高质量建设管理。我国体育产业高质量发展是由结构优化与功能互补的区域体育产业高质量发展构成。推进体育产业高质量发展是国家战略，高质量发展"不是指某个领域和某个过程的单向高质发展，而是对各个领域和所有过程的更高质量要求的整体发展，不仅指某种产品或某种服务符合国际先进水准，而是指整个供给体系都有活力、有效益和有质量"①。

目前，我国各地区借助国家"体育产业高质量发展"契机，相继启动或正在启动区域体育产业高质量发展，部分体育产业后发地区纷纷向体育产业先发地区取经。学习和借鉴无疑是取道捷径，可以少走很多弯路，原本无可厚非。但是，倘若我们对"国家体育产业高质量发展"和"区域体育产业高质量发展"之间的辩证关系都不甚了解，那么，各地区"清一色"的重复建设就在所难免，最后在全国就可能会出现"千篇一律"的体育产业格局，即各地区都建立起了相对独立的、有序的、大而全的体育产业体系。从表象来看，这种成果似乎令人欣慰，但事实并非如此。因为"清一色""千篇一律"不仅意味着区域体育产业缺乏地区特色和个性，还意味着国家体育产业系统难以出新和突变，正所谓"差异减少，组分趋同，系统与环境趋同，没有任何矛盾，系统将失去

①　王珺. 以高质量发展推进新时代经济建设［J］. 南方经济，2017（10）：1-2.

活力，也不是健康的有序……唯有不同而和谐者方为富有生命力的系统"①。也就是说，简单的跟进模仿还会使国家体育产业多样化政策失去本身所固有的效力。

事实上，真正的"国家体育产业高质量发展"应该是由特色鲜明的、结构合理的、功能互补的"区域体育产业高质量发展"构成，而不是由模糊的、趋同的、自成体系的"区域体育产业高质量发展"构成。体育产业高质量发展所追求的不仅仅是各地区体育产业的"叠加功能"，还应该包含各地区体育产业通过结构优化而形成的"组合功能"。也就是说，如果体育产业的结构合理，那么部分之间的互动就能促进体育产业系统产生"1+1>2"的整体功能涌现。无论是"看万山红遍……万类霜天竞自由"，还是"细雨过后七彩斑斓的彩虹"，所呈现出的正是自然万物的整体功能涌现。照此推理，过度强调各地区体育产业的单独发展或者过度强调某一产业业态发展的独立性，在管理中放任各地区产业或各产业业态自行发展，最终将会因结构失衡或局部有序而致使国家体育产业整体上的无序。系统科学认为，"任何复杂系统既有独立的运动，又有相互影响的整体的运动。当系统内各个子系统独立运动占主导地位时，系统呈现为无规则的无序运动；当各子系统相互协调，相互影响，整体运动占主导地位时，系统呈现为有规律的有序运动状态"②③。从整体观来看，体育产业系统的功能是一种特殊的"化学式"，而不是常见的"加减法"。

纵观历史长河，一个国家若想实现体育产业高质量发展，就必须形成多样化的、特色和优势互补的体育产业体系，特别是不同地区体育产业之间要有合理的分工与合作，而不应该是各行其是，追求自身的独立性和有序性。也就是说，整个国家体育产业与多样化的区域体育产业形成"共生"关系，即国家的体育产业为各区域的体育产业提供良好的内部生态环境，而各区域体育产业的发展与互动以维护整个国家体育产业的生态平衡为准则。质言之，强大的体育产业系统是一种功能结构系统，即不同区域的体育产业能够按照一定的功能关

① 耿宁荷，李枭鹰，钱进. 整体有序而局部无序：大学治理的生态图式与内在逻辑 [J]. 现代教育管理，2018（1）：43-48.

② 谢彦红. 复杂性思维视野下的高等教育质量管理 [J]. 当代教育科学，2010（19）：40-42.

③ 桂慕文. 人类社会协同论：对生态、经济、社会三个系统若干问题的研究 [M]. 南昌：江西人民出版社，2001：5-6.

系整合为一体，产生体育产业功能的"结构效应"。当然，这仅仅是一种从整体与局部之间辩证关系的视角对国家体育产业高质量发展所做的简单解读。体育产业高质量发展是一个综合性概念，它不仅包含着体育产业的产业结构优化和功能耦合，还体现出深刻的数量关系和质量意蕴。因此，从国家整体视角看，树立科学的局整观之于国家体育产业高质量发展具有特殊的认识论意义和重要的实践论价值。我们要立足于"整体与部分"的辩证关系，选择"从整体到部分""从部分到整体"的双向理路，思考和审视国家体育产业高质量发展的本质与特征，然后理性地选择国家体育产业高质量的建设之路。

第二节　政府体育产业经济行为选择的关系思维

一、关系思维的本质解读

古希腊哲学的耕耘，孕育了包括关于"实体"的经典科学思想和关于"属性""关系"的系统科学思想在内的无数真理的萌芽。从学理上看，"实体""属性"和"关系"是三个密不可分的概念范畴，近代科学中的"实体"与现代科学中的"关系"通常在对位或对立中使用。从认识论上看，"实体"要通过"属性"来认识，而"属性"则要通过"关系"来认识。① 从逻辑上看，三者的关系则要反过来看，即"实体"规定着"属性"，"属性"规定着"关系"。② 换句话说，揭示事物实体特性的前提，必须认识和把握事物的关系特性。诚如列宁所认为的："真理是全面的，是由现象、现实的一切方面的总和以及它们的（相互）关系构成的，独立的和单个的真理只是在它们的总和中以及在它们的关系中才会实现。"③④

纵观历史长河，人类之于事物"实体""属性""关系"的认识，历经了从

---

① 高剑平. 系统科学思想史研究 [D]. 南京：南京大学，2006：10.
② 李枭鹰. 从实体思维到关系思维：高等教育研究与实践的应然选择 [J]. 黑龙江高教研究，2011（5）：5-8.
③ 李枭鹰. 论高等教育的关系属性 [J]. 教育研究，2014，35（9）：33-38，46.
④ 中共中央马克思恩格斯列宁斯大林著作编译局. 列宁全集：第55卷 [M]. 北京：人民出版社，1990：165-166.

事物"实体"到事物"属性"再到事物"关系"的过程。当然，人们对事物"关系"的认识在这个瞬息万变和纷繁复杂的世界里也并非最终态，但不管如何变幻或如何转移，"关系"始终是认识和把握事物本质的立足点。因为，世界是普遍联系的，只有将事物置于关系中才能被存在、才能被定义、才能被描绘、才能被认识。因此，我们要善于从关系视角看问题，从事物的内外部关系网络中去发现和探寻事物的本质和特性。譬如，对于外星是否存在生命的探究，只需探讨外星有无水即可，因为无水即无生命存在；要了解某地区的竞技体育水平，根据该地区的金牌数量或优秀运动员（教练员）情况就可以做出最基本的判断。

在过去很长一段时期内，人们普遍认为"实体"是独立体，是与其他"实体"没有任何联系的存在物。纵观科学发展史，从第一次工业革命到第二次工业革命，无不是围绕"实体"而展开的。近代科学通过对自然实体的分类，认为对实体"属性"进行系统分析是认识"实体"的主要依据。在近代科学理论框架内，人们始终认为只要认识了实体的属性就可以认识实体本身。在现代科学理论框架内，人们普遍主张从事物内外部相互关系的视角去认识和把握实体，仅仅从"属性"这个单一维度不足以认识和把握实体，要注重从环境与事物的相互影响、相互联系、相互作用中去看事物的生成与变化。诚如亚里士多德《形而上学》中的"四因说"，我们不能错误地认为，每一个个体事物都有一类原因。所有事物，不论是自然物、有生命的植物、动物还是人造物都可以通过"质料因、形式因、动力因、目的因"四种原因来说明。① 也就是说，万事万物的生成演化终有其原因，生成演化的各种单元并非孤立的实体，而是生于关系网络之中的实体。我们唯有将事物的发展置于关系网络之中，才能理解和揭示事物生发演化的规律。这种关系网络即事物运行的状态，也是揭示事物发展的一种关系思维。所谓关系思维，就是立足于事物系统内外部关系特征去考察系统的结构和功能的演化规律，以达到最佳处理问题的思维方式。可以说，关系思维是考察和探究事物或系统发展演化的核心和灵魂。虽然构成系统的要素或知识各不相同，所揭示的客观现象或实体世界也是千差万别，但无不将事物或系统的内外部关系作为演化和运行的理论根基，无不彰显着特色鲜明的"关系

---

① ［古希腊］亚里士多德. 形而上学［M］. 苗力田，译. 北京：中国人民大学出版社，1993：10.

思维"。

在社会科学领域，事物之间的关系特征早已被注意，人们希冀通过对"关系"的认识和把握来揭示和分析事物的本质。譬如，黑格尔认为，"只有将手看作是有机体的一部分手才获得它的地位，否则手就不能成为手，更谈不上手的属性与功能"①。同时，布迪厄更是提出"场域"的概念来拒斥"一元"方法论，认为在对某事物进行研究时要避免以"一元"的方法论孤立地看问题，而是要充分考虑研究对象在实体世界中的各种关系，以便更加全面客观地了解和把握所要研究的对象。此外，马克思也曾指出："我们不能看到一个一个的事物，而忘记它们相互间的联系；不能看到它们的存在，而忘记它们的生成和消逝；不能看到它们的静止，而忘记它们的运动；不能只看见树木，而不见森林。事实上，世界是普遍联系的，是不断运动变化发展的，因而不能将世界看作是彼此隔离、彼此孤立、彼此不依赖的各个对象或现象的偶然堆积，而是把它看作是有联系的统一的整体，其中各个对象或现象相互有机地联系着，互相依赖着，互相制约着。"②③ 现如今，从系统内外部关系的层面来考察系统已经成为人们的基本共识，我们既要从系统内部的本质联系层面展开，也要从系统的外部联系层面展开。诚如马克思所言："思维既把意识的对象分解为它们的要素，同样也把相互联系的要素联合为一个整体。"④ 关系思维就是要求人们"从事物与事物的关系去把握事物，理解一个事物时，不是从此事物去理解此事物，而是要跳出此事物看此事物，要从此事物相互关联的他事物去理解此事物"⑤。唯有此，我们才能真正揭示事物或系统的生发演化规律。

二、关系思维中的体育产业管理

（一）体育产业管理对关系思维的诉求

作为开放的复杂系统，体育产业不是纯粹的或独立的实体世界，体育产业本身以及构成体育产业的各种要素都处于纷繁复杂的关系体系之中，无论是内

① ［德］黑格尔. 美学：第1卷［M］. 朱光潜，译. 北京：商务印书馆，1981：156.
② 中共中央马克思恩格斯列宁斯大林著作编译局. 斯大林选集：下卷［M］. 北京：人民出版社，1979：425-426.
③ 李枭鹰. 论高等教育的关系属性［J］. 教育研究，2014，35（9）：33-38，46.
④ 中共中央马克思恩格斯列宁斯大林著作编译局. 马克思恩格斯选集：第3卷［M］. 北京：人民出版社，1995：381.
⑤ 王智. 关系思维与关系属性［J］. 东岳论丛，2005（5）：153-157.

部要素还是外界环境，都会对体育产业发展演化产生影响，因而体育产业是作为一个关系集合体而存在，是多层次多结构多要素且不断演化发展的关系集合体，是政府、社会、市场等不同环境相互作用而生成的关系集合体，各种不同的社会力量、政治力量、经济力量和文化力量都会对体育产业产生不同程度的影响。可以说，孤立地考察体育产业发展演化远远不够，唯有将其置于关系中才能真正被认识和解读。因此，对待复杂的体育产业问题，我们在管理上决不能走向自我封闭的孤岛，体育产业演化发展过程中的许多问题不是单纯的体育问题，它往往既是经济问题或政治问题，同时又是复杂的文化问题或社会问题。从这个意义上说，我们仅仅依靠体育产业自身去解决体育产业领域的问题是行不通的，需要各管理主体灵活运用关系思维，从体育产业系统的内外部关系中，去找寻解决体育产业演化发展问题的答案。

关系思维之于体育产业管理，意在强调或要求我们在面对体育产业发展问题时，既要抓住体育产业系统内部关系规律，也要把握住体育产业系统外部关系规律，要重点关注体育产业系统要素之间、要素与环境之间、整体与部分之间的联系互动。研究表明："任何一个复杂巨系统，如果它的组分能够相互合作，协同行动，互惠互补，就能形成健康有序的整体结构，涌现出精良高妙的整体性质、模式和能力。"① 但令人遗憾的是，现实中的某些体育产业实践，例如，在体育特色小镇建设、赛事活动运营以及体育用品制造等方面，都存在不同程度随意拼凑或模仿复制现象，不同的项目或要素之间缺乏一种有机的联系，体育产业整体结构优化不明显，体育产业整体功能释放不充分。以体育小镇建设为例，很多地区都存在不能围绕特色主题来建构的问题，上中下游产业链彼此孤立的存在，相互间缺乏有机的联系，同类主题小镇重复建设与特色主题小镇建设不足并存。因此，关系思维具有特殊而重要的方法论意义，在体育产业管理实践中应将管理对象置于各种关系网络之中，否则就难以把握体育产业的本质属性和揭示体育产业的运行规律。

（二）体育产业管理要立足于体育产业各要素间的内在关联性

体育产业系统是一个由多要素构成的关系集合体，体育产业管理必须立足于体育产业各要素之间的相互关联性。体育产业内部关系规律是指体育产业系统内部各个要素之间的相互关系规律。从分类视角看，体育产业系统内部各要

---

① 苗东升. 系统科学大学讲稿［M］. 北京：中国人民大学出版社，2007：381.

素（体育管理活动，体育竞赛表演活动，体育健身休闲活动，体育场地和设施管理，体育经纪与代理、广告与会展、表演与设计服务，体育教育与培训，体育传媒与信息服务，其他体育服务，体育用品及相关产品制造，体育用品及相关产品销售、出租与贸易代理，体育场地设施建设）之间存在的非线性相互作用，使体育产业系统形成各种形式的相干结构。在体育产业系统中，各要素的演化发展具有非常复杂的相互依赖和相互制约关系，它们既相对独立又彼此协作一致，在彼此竞争与相互耦合中，产生更加错综复杂的系统整体性行为，或出现适者生存，或出现协同进化。众所周知，构成体育产业的每一个要素都有其相对独立的边界（例如，体育用品制造业与体育赛事表演业的边界等）。需要指出的是，这种边界是相对而言的，不同业态之间或多或少存在着某种联系，联系的存在使得各业态在分配或竞争有限的资源时，既可以彼此影响、互为营养，也可以交叉融合、生成新态。事实上，无论是业态各自独立发展，还是业态群整体发展，都会受到不同要素和外部环境的影响，与体育产业系统相关联的每一个业态的变化，都可能导致整个体育产业系统发生不同程度的突变，而体育产业系统正是在各要素之间协同中获得转型跃迁。

体育产业管理过程中，不能将体育产业各要素看成是独立或分割的部分来处理，而是要充分考虑各要素之间相互关联性，深入挖掘各要素的"组合效应"，充分释放各要素的"协同功能"，依照各要素之间的竞争与共生机制，积极推进体育产业集群化发展。国内外历史经验昭示，孤立地发展某种产业，忽略该产业相关产业或支撑产业的发展，即便该产业能够在短时间内得到快速发展，但从长远看这种管理策略不利于该产业的长久健康发展。当今，我国体育产业全球竞争力较低，与其说是缺少核心竞争力的产业业态和缺少品牌特色的产业业态，不如说是因为体育产业结构失衡，缺少较强的基础产业业态和相关产业作为支撑，缺少必要的体育产业发展环境。可以说，体育产业布局与政策环境对于体育产业来说至关重要，体育产业的高质量发展，绝不仅仅是某一产业业态的高质量发展，而是相关业态、相关要素、相关环节都表现出优秀且具有较强的协同性。纵观历史长河，人类在协同协作中产生了语言，建立起了民族国家，创造出了一系列人类文明。显而易见，"协同会生发有序，有序又需要协同"[1]。当然，这种协作并非单一化的完全协作，我们在强调体育产业各要素

---

[1] 李枭鹰. 复杂性视域中的高等教育研究思维 [J]. 中国高教研究，2010（4）：23-26.

177

之间协同协作的同时，还要强调各要素之间的竞争，即表现为"在协作中竞争，在竞争中协作"。事实上，包括体育产业在内的任何复杂系统，必然存在要素或要素组合的差异性，而差异性的体现必然就有竞争。从长远来看，体育产业系统的有序性或自组织，是各要素"在协作中竞争，在竞争中协作"的结果。因此，体育产业管理要立足体育产业各要素之间的关系，充分考虑不同要素之间的内在联系。

（三）体育产业管理要把握体育产业与环境之间的相互依存性

体育产业外部关系规律是指体育产业作为社会的一个子系统与整个社会系统及其他子系统相互关系的规律。体育产业发展是内外部关系共同作用的结果，既需要内部结构合理，也需要外部环境优良。也就是说，体育产业管理不仅要以考虑各要素之间的内在关联性为基础，还要把握体育产业整体与外界环境之间的互依性。只有同时把握体育产业内部和外部关系规律，才能完整地考察和深刻地认识体育产业系统运行的规律，也才能在体育产业系统演化发展过程中做出科学理性的抉择。系统科学认为，系统和环境之间的关系表现为一种嵌套关系，任何时候系统总是被嵌套在环境之中，而环境又总是嵌套在系统周围。远离平衡的开放系统，不仅从环境中获取资源和条件，同时也为环境提供相关的支持，即"作为功能主体的系统和作为功能对象的系统都不是孤立存在和运行的，只能依托一定的环境条件来展开两者之间的功能关系"①。从这个意义上说，决定系统功能的主体不仅有系统结构，还有外在的环境要素，因为系统功能的整体涌现是由部分效应、结构效应和环境效应综合决定的，单纯地将功能决定论归结为"结构"是失之偏颇的。作为开放的复杂系统，体育产业嵌套在环境之中，与随动的环境系统"互塑共生"，特别是与社会系统同生共存、不可分割。社会系统之于体育产业一如体育产业之于社会系统，都是兴衰攸关。体育产业的环境系统庞大而复杂，既包括自然子系统，也包括社会子系统，而且这些子系统之间也彼此联系、相互作用、相互影响。体育产业与外界环境的互动，主要表现为与这些社会子系统或自然子系统之间的互动。

从系统演化规律看，任何一种生命有机体都不可能孤立存在，其必须从环境中不断获取资源和吸收营养来发展壮大自己，否则生命有机体就可能因"影响不良"而出现"发展缓慢"甚至"衰竭消亡"。有诗云："半亩方塘一鉴开，

---

① 苗东升．系统科学大学讲稿［M］．北京：中国人民大学出版社，2007：67．

天光云影共徘徊。问渠那得清如许？为有源头活水来。"渠水的清澈来自不间断的活水，道出了开放之于系统存在和发展的特殊意义。从系统生发演化来看，体育产业具有明显的生命有机体特征，因而"开放"甚至是"扩大开放"是其生存和发展的必要条件。这种开放意在表明，体育产业发展要不断与外界环境互动，从社会系统中及时获取自身成长所需的物质、能量和信息以补充内部资源的消耗和抵消系统的增熵。也就是说，体育产业的高质量发展的动力源，不只有体育产业内部各要素之间的协同，还要依靠外部环境为体育产业发展提供强大的推力，特别是依靠政府、社会、市场等多元主体之于体育产业发展的强力推动以及有组织、有计划地围绕体育产业领域中提出的重大或前沿课题开展多学科、跨学科的研究与合作，以实现体育产业在关键领域中取得的重大突破。在管理过程中，如果将体育产业置于孤立的地位，切断体育产业与外界环境之间的相互联系，体育产业系统势必因缺少必要的外资动力而陷入无序，最终也不可避免会走向缓慢发展或衰竭消亡。当然，环境之于体育产业的塑造不局限于提供必要的发展资源和发展条件，还在于一种对体育产业发展施加的约束和限制。也就是说，体育产业系统既离不开环境资源，也离不开环境约束。从理论上说，有限制、有约束才会有特性，不同的约束、不同的限制造就不同的系统个性或个性系统，没有任何约束的系统也就无法与环境有所区分，进而也就无法真正形成系统自身的特性。总之，无论环境对体育产业系统提供的是资源和条件，或者施加的是约束和限制，都会产生一种环境效应，这对于体育产业高质量发展是不可或缺的，也是体育产业管理所要关注的重要内容。

第三节　政府体育产业经济行为选择的过程思维

一、过程思维的基本理路

过程思维的哲学思想早已有之，无论是赫拉克里克的"人不能两次踏进同一条河流"，还是孔子面对川流不息的河流所发出的"逝者如斯夫"的长叹，无疑都是对世界动态变化图景的深刻描绘。虽然古代哲学家们早已意识到世界的生成演化性，但这种思想并未得到继承和发展，在近代时曾出现过一度的"断裂"。马克思主义经典著作对此也进行过批判。马克思和恩格斯通过对社会现象和自然现象的考察，认为世界并非处于一种静态，而是一种不断生成演化的动态过程。恩格斯指出："世界不是既成事物的集合体，而是过程的集合体。"① "整个自然界被证明是在永恒的流动和循环中运动着。"② "转化过程是一个伟大的基本过程，对自然界的全部认识都综合于这个过程的认识。"③ 我们要把握自然的本质，就得从某一变化过程的"开始"出发。马克思对此也指出："如果物质生产本身不从它的特殊的历史的形式来看，那就不可能理解与它相适应的精神生产的特征以及这两种生产的相互作用"④。很显然，马克思和恩格斯的思想为我们提供了一条唯物主义的认识路线，即"要以事物的'发生'作为认识的逻辑起点，从而形成一种动态考察事物运动变化的思维方式，避免将'存在'作为事物运动变化的逻辑起点的静态思维方式。"⑤

今天，科学发现并反复证明得出普适性的结论：整个宇宙处于演化过程之中，只要时间尺度足够大，一切系统都是作为过程而展开的过程系统。既然世界是一个不断演化的动态过程，那么认识过程就是一个无限逼近客观世界的过程，那么就应该坚持生成论和动态的过程思维。诚如列宁所言，"认识是思维对客体的永远的无止境的接近。自然界在人的思想中的反映，要理解为不是'僵死的'，不是'抽象的'，不是没有运动的，不是没有矛盾的，而是处于运动的永恒过程之中，处于矛盾的发生和解决的永恒过程中。"⑥ 当然，这里强调过程思维，并不意味着静态思维或逻辑不可取，它依然是认识事物的基本手段和途径。但是，静态思维只有与动态的系统整体观结合起来，才具有真正的认识价值，并且静态思维本身就是为动态考察服务的。综上来看，无论是自然界还是

---

① 中共中央马克思恩格斯列宁斯大林著作编译局．马克思恩格斯选集：第4卷［M］．北京：人民出版社，1995：244.
② 中共中央马克思恩格斯列宁斯大林著作编译局．马克思恩格斯选集：第4卷［M］．北京：人民出版社，1995：270.
③ 中共中央马克思恩格斯列宁斯大林著作编译局．马克思恩格斯选集：第3卷［M］．北京：人民出版社，1995：352.
④ 中共中央马克思恩格斯列宁斯大林著作编译局．马克思恩格斯选集：第26卷［M］．北京：人民出版社，1972：296.
⑤ 彭新武．否定之否定规律解剖［J］．江汉论坛，2000（9）：60-63.
⑥ 中共中央马克思恩格斯列宁斯大林著作编译局．列宁全集：第55卷［M］．北京：人民出版社，1990：165.

人类社会，都是"一个能够变化并且经常处于变化过程中的机体"①，"有机体具有内在的联系和结构，具有生命与活动能力，并处于不断的演化和创造中，这种演化和创造就表现为过程"②。过程思维就是把一切事物看成是动态变化的，事物的存在和发展需不断吐故纳新。因此，对事物的考察要放在一个演化框架之中，用动态的过程思维去考察事物发展的难题和揭示事物发展的规律，否则各种决策或管理方式都很容易致使事物出现僵化。

二、过程思维中的体育产业管理

（一）作为过程集合体而存在的体育产业

系统科学认为，任何现实具体的系统既是存在的，又是演化的，在本质上都具有历史性和动态性，生物系统、天体系统、社会系统等无一例外。作为社会的子系统，体育产业也不是静止的，是随着时空的推移不断演化发展的系统，即一个动态的过程集合体。体育产业的演化过程极为复杂，既有细流式的"渐变"，又有跨越式的"突变"。渐变表现为体育产业功能的完善和结构的调整，突变则表征为体育产业的结构和功能不断向新的量态和新的质态跨越。这意味着，我们必须以变革的思维和动态的过程思维，考察各种体育产业问题，否则会形成"一个不断改变的主题和一个持续保守的系统并存的局面"③。在保守占据主导地位的体育产业系统内，任何变革都将趋于排异或流于形式，各种决策以及运作方式容易导致维持现状和难以变革的制度，最终导致僵化的无生命力的体育产业。因此，走出静态的思维框架，牢固树立动态的过程思维，是体育产业管理取得长效的内在要求。

作为过程的集合体和关系的集合体，体育产业的演化生成过程伴随着体育产业内外部环境及其各种内外部关系的变化，无论是它的形态和名称，还是它的结构和功能，抑或是它的性质和属性、内涵与外延，都在发生不同程度的变化，根本不存在什么先天注定或预成的体育产业的终极原因和终极结果，体育产业的功能和结构永远都处于不断的变化和发展之中，否则就不可能出现今天

---

① 中共中央马克思恩格斯列宁斯大林著作编译局．马克思恩格斯选集：第46卷 ［M］．北京：人民出版社，1979：109.

② 谢彦红．复杂性思维视野下的高等教育质量管理 ［J］．当代教育科学，2010（19）：40-42.

③ 彭新武．复杂性思维与社会发展 ［M］．北京：中国人民大学出版社，2003：43.

结构复杂、功能强大的体育产业系统，也无法解释现代体育产业的多样性与复杂性，更无法理解传统体育产业与现代体育产业之间的巨大差异。事实上，无论是体育产业理论研究还是体育产业实践探索，都离不开动态思维和过程思维，即不仅要充分理解体育产业的生成性与过程性，也要高度关注体育产业的发展历史与现实环境。但长期以来，在包括体育科学在内的社会科学中，占主导地位的方法论在分析问题时，常常忽略了"时空"的概念。因此，绝不能用静止不变的眼光来看待体育产业管理的一切问题。

（二）体育产业管理要坚持动态性与过程性

体育产业的生成性与过程性，决定着体育产业管理具有动态性与过程性。从学理上看，体育产业管理既是一个由客观到主观到客观再到主观（客观→主观→客观→主观）的过程，还是一个从实践到认识到再实践再认识（实践→认识→再实践→再认识）的循环反复的螺旋式上升的过程。因而，动态思维和过程思维之于体育产业管理具有重要的方法论意义。也就是说，体育产业管理主体要根据体育产业实际动态调整政策设计和管理方式，而不能一劳永逸地固守原有的设计和方式。尽管体育产业发展存在确定性的一面，然而系统一旦运行起来也存在不确定的一面，运行过程中出现的新情况新变化新问题都会对体育产业规划或管理方式造成冲击，因而体育产业管理是一个不断涌现创造性的动态过程，不应该被原有的管理方式所束缚。体育产业是复杂的巨系统，管理对象广泛且复杂，涉及体育产业的各个领域和各个方面，下面仅以体育产业全生命周期管理为例，对过程思维在体育产业管理中的运用加以解说，希望获得"以点带面"的辐射效应。

从时间维上看，体育产业系统的生命周期包括孕育、发生、成长、完善、转化、衰老、消亡等，它描述了体育产业从开始到结束所经历的各个阶段。据此可将政府体育产业的管理分为前期规划、中期建设、后期运行和系统更新四个管理阶段。

前期规划的管理。前期规划是体育产业发展的根基，是体育产业中期建设和后期运行的直接依据，从某种程度上决定了体育产业能够"做多大、走多远、走多久"。因此，政府体育产业管理的首要任务是通过系统调研做好体育产业的总体规划，即"以前瞻的眼光、客观的实践和科学的理论，对本地区体育产业的发展定位、产业体系、产业结构、产业链条、空间布局、环境影响以及实施方案等"做出科学规划，为体育产业健康发展提供科学、精致的蓝图。当然，体育产业规划并非一劳永逸，是随着体育产业发展与运行状况动态调整的连续决策过程。

中期建设的管理。体育产业中期建设本质上是对前期规划进行具体实践的过程，包括从体育产业设计筹建、开始施工到竣工验收的全部生产过程。这个过程是一个关系复杂的生产过程，既有空间、时间、交通和单位等要素的选择与控制，又有人力、物力、财力和信息等资源的协调与分配，因此需要政府创造性地应用各种专业知识和技术素养，解决体育产业建设过程中不断涌现的各种难题，进而确保体育产业建设的质量、进度、成本和目标。

后期运行的管理。后期运行阶段即体育产业投入实际运行，在运行中检验其成效与恰切性，并根据差距与不足进行必要的改进。在这一阶段，政府为确保体育产业系统的顺畅运行，需要通过适切的管理手段对影响体育产业运行的各种因素进行适度干预和必要控制。例如，通过发挥政府的市场监督职能来规范体育产业市场秩序，优化体育产业竞争环境和体育产业市场环境。

更新阶段的管理。体育产业系统经过长期运行后可能会出现"老化"，此时需要政府及时根据"老化"原因，总结体育产业系统运行中的经验教训，提高对体育产业发展规律的认识，调整体育产业规划或修订、制定新的体育产业规划，或用新的系统取代旧的系统，或对旧的系统进行升级改造。可以说，政府体育产业管理是一个不断生成的过程，是一个不断调整的过程，是一个不断选择的过程。

随着政府行政体制改革的持续深入和体育产业高质量发展进程的不断推进，过去分段式的体育产业管理模式已不再适宜新时代产业发展要求。新时代体育产业规划、建设、运行和更新越来越密不可分，四个阶段之间不仅存在着互动反馈，而且还是一个循环反复的动态变化过程。从四者的关系看，体育产业的规划、建设、运行和更新既是"关系共同体"，又是"生命共同体"。前者的要义在于这四个阶段必须顺序衔接，完成前一阶段才可以进行后一阶段；后者意在强调这四个部分无论缺失哪一个都不能构成体育产业这个复杂系统。但无论是"关系共同体"，还是"生命共同体"，最终都是为了服务国家建设和满足人民所需。因此，政府体育产业管理，应对规划、建设、运行、更新实施全过程的动态治理，贯穿从明确问题、确定目标、方案决策到计划实施整个流程。

第四节　政府体育产业经济行为选择的非线性思维

一、非线性思维的内涵解读

非线性与线性相对，二者是数学中用来描述不同类型函数关系的概念和专门术语。从系统的数学模型看，线性模型是一次性的，非线性模型是非一次性的。从几何图形看，线性是指直线性，非线性则是指非直线性或曲线性。从函数关系看，"线性是一次性函数关系，变量与因变量之间的关系遵循一次性函数关系，而二次以上的关系均为非线性关系①"。现实世界中充斥着线性系统和非线性系统，但二者之间有着本质区别，各自具有截然不同的属性、特征与运行逻辑。在线性系统中，两个变量之间是一种正比例关系，存在一个比例常数。这一比例常数的存在，意味着两个变量之间的相互作用，在时空上是均匀的和对称的，在性质上是同一的和等价的，具有可加性和可分性。与线性系统所具有的同一性、等价性、均衡性和对称性相反，差异性、多样性、非均衡性和非对称性是非线性相互作用或非线性关系的总体特征。② 从本质上看，线性只是非线性的极限形态，线性相互作用和规则简单的秩序是一种特例，并非普遍意义上的定则。在线性和非线性世界里，事物具有完全不同的意义和景象。"在线性世界里，一切都是平庸简单的，太阳底下没有新东西，不会产生任何奇异独特的事物。因为一切直线都是同构的，彼此只有表面的差别，经过简单的平移、旋转即可重合为一。而在非线性世界里，太阳下面新东西层出不穷，非线性事物有无穷多种不同类型，不可能经过变换使所有非线性事物重合为一。"③

在现实世界中，非线性可谓无处不在，非线性系统较线性系统也要多且更为复杂，现在已知的非线性方程虽有若干种类型，但可解的极少，即便限定初始条件和边界条件，能解的非线性问题也不多。研究发现，对于非线性问题或非线性系统，"无论其演化还是其问题规模、问题与其他方面的联系，都不能按

---

① 吴彤. 多维融贯：系统分析与哲学思维方法 [M]. 昆明：云南人民出版社，2005：3.
② 彭新武. 复杂性思维与社会发展 [M]. 北京：中国人民大学出版社，2003：35.
③ 苗东升. 系统科学大学讲稿 [M]. 北京：中国人民大学出版社，2007：283.

照传统的'一加一等于二'的线性思维方式加以思考和解决"①。然而，现实中非线性思维常常被搁浅。当下流行的经济决定论、技术决定论、效益优先论等，无疑都是受线性思维支配的重要表现。比如，经济决定论认为，只要经济问题解决了，其他方面的社会问题都可以迎刃而解。然而，我们看到的是，经济增长的同时，能源消耗、环境污染、贫富分化等问题也接踵而来。也就是说，单纯的经济增长并没有解决所有的社会问题，相反在某种程度上加重了某些社会问题，在不少领域还引发了新的社会问题。在体育领域，线性思维同样存在。比如，很多人认为，公共体育服务问题根本上是由经费短缺而引起的，加大经费投入就会解决所有的公共体育服务问题。又如，将学生体质健康水平下降原因统统归结是学校体育发展偏差或是体育教师教学不当造成的，改变学校体育发展方式或加强体育师资建设就会解决此问题。正是存在这样的思维和逻辑，他们认为单靠资金就足以"堆"出高水平公共体育服务，单靠学校体育发展范式变革就足以提升学生体质健康水平。殊不知，包括政治、经济、文化、科技、教育、体育等在内的社会问题都是相当复杂的，它们的存在与发展受多重因素影响，企图通过某种因素的破解而达到解决所有问题的目的，几乎是不可能实现的。也就是说，无论是经济决定论，还是技术决定论，抑或效率优先论都没有现实的依据和现代科学的支撑。

当然，非线性并非无所不能，非线性思维也并非一种万能的思维方式。但是事实证明，非线性思维相较于线性思维而言，确实是一种相对较好的思考问题和解决问题的方式。通过对非线性思维和线性思维的比较来看，非线性思维通常不存在直接的原因和直接的结果，即原因和结果之间通常存在中间介质，不可逾越中间环节直接进行推导。线性思维的局限则显而易见，"当原因和结果在时间和空间上并不接近时，明显的介入不会产生预期的结果"②，因为原因和结果的割裂会使得问题变得更加复杂。因此，对于复杂系统，我们不能以简单的线性因果关系来看待，而是以复杂的非线性因果关系为基本的分析视角；不能只看到事物发展的某个片段，而是要看到事物发展的整个过程。否则，即便我们有良好的愿景，也难免会出现些许的事与愿违，即"愿望是好的，结果却

---

① 吴彤.多维融贯：系统分析与哲学思维方法［M］.昆明：云南人民出版社，2005：3-4.

② ［加］富兰.变革的力量：透视教育改革［M］.中央教育科学研究所，加拿大多伦多国际学院，译.北京：教育科学出版社，2005：28.

是坏的"。事实上,这种情况在社会各个领域经常发生。因此,从线性思维向非线性思维转向,在一定程度上可以有效避免或减少类似情况的发生。

二、非线性思维中的体育产业管理

(一) 体育产业是一种非线性系统

体育产业系统属于复杂的非线性系统,是社会大系统之下的子系统,嵌套于复杂的社会环境之中,与其他社会子系统(诸如政治系统、经济系统、文化系统等)共同构成了一种"关系共同体",各子系统在相互作用中又相互影响、相互制约。从体育产业视角看,体育产业的发展受到经济、政治、文化、科技以及各种社会因素的制约。需要指出的是,这里的制约不等于决定,即经济等子系统都不能独自决定体育产业的运行和发展,而是以组合的方式共同作用于体育产业,"影响或制约"体育产业的运行和发展。因此,体育产业发展的快慢与否或成败与否,完全归结于经济、文化、制度、政策等中的某一要素都是机械的、片面的和不客观的,都是对体育产业发展内外部动力变相否定,都是对体育产业非线性关系逻辑的有意忽略。众所周知,经济之于体育产业发展的重要性不言而喻,但经济系统与体育产业之间呈现的并非单纯的线性因果关系,体育产业发展过程中的很多现象和问题都不能单纯地用经济发展水平来解释。体育产业与经济水平的"密切"关系只是反映两者之间的关系"程度"而非"性质"。然而,当下很多地区在体育产业建设时,几乎都脱离不了"资本",似乎体育产业都是用资本"堆砌"出来的,殊不知在"资本"的背后还有深层次的制度、文化、资源等因素的支撑。可以说,体育产业的数量规模和发展速度并不是单纯的由 GDP 或 GNP 的水平决定的,而是受各自政治、文化、资源、人口及相关结构等因素综合影响的结果。

从内部关系看,体育产业是由相互联系的各要素构成的系统。各要素之间在相互作用中共生于复杂的非线性关系网络之中。非线性关系的存在,使得体育产业系统整体功能或整体行为的涌现并非各构成要素的简单相加,而是各要素之间相互协同、相互制约、相互融合的交互作用的结果。正是基于这种逻辑,一个国家的体育产业发展状态不等于各个地区体育产业发展状态之和,"整体的有序与局部的无序"或"整体的无序与局部的有序"在体育产业领域通常普遍存在。例如,体育竞赛表演产业是由多个赛事构成的生态系统,但不同项目或类型的赛事对于体育竞赛表演产业的作用通常不具有可叠加性,各项目或类型的赛事发展变化通常并不绝对同步地引起体育竞赛表演产业系统发生相应改变，而某一个体育赛事的变化也并不必然引起另一个体育赛事发生相应变化，尽管有些时候体育赛事与体育产业、体育赛事与体育赛事彼此经常互为发展的条件和结果。可以说，体育产业系统内部各要素之间以及体育产业与外部社会环境之间的非线性相互作用，不仅催生了体育产业系统各要素的新质和体育产业系统"1+1>2"功能，也在一定程度上促使体育产业呈现出多元态势，在发展目标、速度、结构、规模、方式等方面经常表现出某种渐变或突变。

（一）体育产业管理对非线性思维的诉求

随着系统科学的广泛应用，体育产业的非线性已随之被人们所认知，然而受长期以来机械决定论和单纯线性思维的影响，无论是体育产业管理实践，还是体育产业管理研究，似乎都热衷于从秩序的视角审视体育产业发展难题和运行规律，俨然将体育产业发展演化过程看作是一种程序化的机械操作过程，相对忽略体育产业的偶然性、无序性和不确定性。事实上，体育产业本质上的复杂非线性，要求体育产业管理实践也应采用非线性的管理方式，而不能简单地将复杂性化繁为简进行线性处理。因为，这种"化曲为直"的做法虽然能使问题简单化，但同时也会对我们的思维和视野产生一定的限制，最终也难免会出现一定的偏颇和错误。当然，若想穷尽体育产业中非线性达到理想的效果也并非易事，因而适当采取某种简化的方式也有其存在的道理和必要。但是这不等于就可以忽视体育产业的复杂性和非线性，这里的简化只是告诉我们不能完全被体育产业纷繁复杂的关系网络影响而失去自我。

运用非线性思维，首先要求我们要坚持一种有限精确的预测观来看待体育产业的演化发展。这是因为，对于包括体育产业系统在内的复杂系统，"即使我们已知初值和边界的约束，系统仍有许多作为涨落的结果态可供'选择'"①，系统的具体演化路径通常很难被人们做出精准的预测，但是可以从宏观层面对体育产业的演化发展的总体趋势进行弹性的预判。因此，当面对体育产业问题"解决的办法并不在于设计较好的改革方案，从某些具体的革新和政策上搞再多的花样也无济于事"②，而在于能够根据体育产业发展的时空条件的变化适时地

---

① ［比］普利高津. 确定性的终结［M］. 湛敏，译. 上海：上海教育科学出版社，1998：55.

② ［加］富兰. 变革的力量：透视教育改革［M］. 中央教育科学研究所，加拿大多伦多国际学院，译. 北京：教育科学出版社，2005：9.

调整策略和措施。历史经验昭示，体育产业的改革与发展，并非一张固定的"蓝图"，而是一段充满不确定性的"旅程"，演化发展过程中经常会出现某种渐变和突变。体育产业政策很难被严格确保在初始轨道上长久实施，很多体育产业规划、政策、方案和制度等颁发后不久便发现无法继续实施就是这个道理。究其原因，一项好的体育产业政策，在制定时是需要一定的时间来收集数据、分析结果并提出相应的立法和行政措施，但是有关的数据常常表现为杂乱的、非定量的，甚至是缺失的与不完整的，而以这样的数据分析作为基础生成的体育产业政策当获准实施时自然早已经时过境迁。

当前来看，几乎所有的省市都致力于发展体育产业，也制定了种类繁多的体育产业政策，但是为什么很多地区的体育产业政策或体育产业发展规划难以付诸实施或时效性相对较短，很多体育产业政策最终被束之高阁而成为"僵尸"政策。根源就在于，这些地区在制定体育产业发展规划和政策时，没有充分认识到体育产业演化发展和各地区实际情况的非线性特征，完全是一种机械的程序性规划或单纯的线性规划，集中表现为由预先确定的不可改变的行动序列构成。这样的规划只能在具有很少随机性和无序性的环境中付诸实施，在出现预料之外的情况或危险时只有中止。在现实中，体育产业的运行具有有序和无序交混的性质，既包含决定性的和可逆的因素，也包含随机性的和不可逆的因素。然而，很多时候我们在设计体育产业发展规划时较少考虑这些内容，而关注的点主要集中在如何构建可操作的线性行动序列，但现实体育产业的运行发展走的却是一条非线性的发展轨迹，遵循的是非线性因果关系链。因此，若想提高体育产业规划的科学性与时效性，在设计之初就需考量体育产业的非线性特征，力求使体育产业规划能做到程序性与策略性相统一。因为有序性决定了体育产业的运行发展，应按照一定的程序和计划来组织展开，无序性决定了体育产业的运行发展不能完全按照程序和计划来进行，适切的管理是将有序与无序都纳入视野，生成程序性与策略性有机结合的发展规划。当然，非线性思维之于体育产业管理也并非无所不能的答案。不过，我们谁也不能否认，非线性思维相对于线性思维来说是一种更好的思考问题和探究问题的思维方式。

第五节　小　结

　　体育产业是一个独特而复杂的问题域，依靠简单的分析方法喂养大的还原论，抑或依凭简单的线性推理、静态的逻辑分析、直观的实体思维，都不可能做好体育产业管理工作。体育产业管理实践不能头痛医头、脚痛医脚，也不能眉毛胡子一把抓，而必须走出简单思维的藩篱，坚持系统观念，加强前瞻性思考、全局性谋划、战略性布局、整体性推进，努力做到"致广大而尽精微"。各管理主体要深入把握体育产业新发展阶段的新特点、新形势、新需要，立足整体、着眼长远，综合考虑政治和经济、现实和历史、物质和文化、发展和民生、资源和生态、国内和国际等多方面因素，采取一种以非线性思维、整体思维、关系思维、过程思维为要旨的复杂性探究方式，推进体育产业理论研究与管理实践。整体思维要求体育产业管理要关注整体发展；关系思维要求体育产业管理要关注各要素互动；过程思维要求体育产业管理要关注生成性；非线性思维要求体育产业管理要关注不确定性。唯有此，才能使各项体育产业政策和举措符合客观规律、契合产业实际、满足群众需求。

第九章

新时代促进我国体育产业高质量发展的对策建议

中国特色社会主义进入新时代以后，我国面临的国际关系和国内矛盾发生了新的重要变化，以习近平同志为核心的党中央审时度势，在十八届三中全会首次提出"完善和发展中国特色社会主义制度，推进国家治理体系和治理能力现代化"的全新理念，并将之确定为全面深化改革的总目标。① 十九大报告重申了这一理念，党的十九届四中全会进行了专题研究，十九届五中全会又对其作出了战略部署，提出了具体的时间表和路线图。如何按照中央的部署，建立现代体育产业体系，稳健推动体育产业高质量发展取得新成效，是当前乃至今后一段时间内理论建构和实践中最重要的一件大事。因此，充分认识和把握体育产业发展面对的新形势新问题新挑战，亟须有针对性的制定措施革除弊端，加强体育产业战略部署，提高产业创新能力与活力，持续推进中国体育产业向纵深发展。

第一节　新时代体育产业治理现代化的三维向度

加快构建现代产业体系，是当前及今后一个时期我国经济建设的一项重大而紧迫的战略目标和任务。推进体育治理体系和治理能力现代化，意味着体育产业高质量发展目标要落实在现代体育产业治理的制度层面。从学理上看，现代化体育产业治理是对传统旧式"统治"风格的一种根本性重构，是一项具有

① 马俊峰.推进和实现国家现代化的理念基础和关键环节［J］.社会科学辑刊，2022
（1）：13-19，2.

系统性特征的现代化建设工程。因此，构建一个成熟的现代体育产业治理体系，须把握或围绕以下向度展开。①

一、多元共治：体育产业治理现代化的核心要义

党的十九届四中全会提出，坚持和完善中国特色社会主义制度、推进国家治理体系和治理能力现代化。只有每个领域都实现治理体系和治理能力的现代化，才有国家治理体系和治理能力的现代化。体育治理现代化是国家治理现代化的基础和重要组成部分，是协调推进竞技体育、群众体育、学校体育融合发展，实施体育强国战略的重要举措，也是适应社会主要矛盾转变的正确选择。从理论和实践来看，现代体育治理的核心特质在于治理主体的多元化。从"体育管理"走向"体育治理"，意味着从政府的"一元之治"向政府与社会的"多元共治"的变革。实现中国体育治理现代化，亟须构建一种以多元主体共同参与、平等协商为基础的体育治理模式，具言之，即实现"党委领导、政府负责、社会协同、公众参与"的国家体育治理机制，形成四者之间良性互动、有机合作基础上的网络治理结构。

体育产业治理现代化是体育治理现代化的具体体现，"多元共治"亦是实现体育产业治理现代化的核心要义。体育产业"多元共治"，即由"政府、市场、社会、企业和公民"对"体育产业"的共同治理。在这里，治理机制和治理关系发生根本转化：一是"多元"主体，即主要是政府、市场、社会、企业和公民五者在性质上、功能上、职能领域上都是不同的，这是一元治理主体的根本所在；二是"平等"主体，即政府、市场、社会、企业和公民是平等的主体，分别在各自的领域内具有治理的优先权和主导权；三是"协同"主体，即五者在治理领域上有机衔接，治理功能上有机统一，在治理目标上共同服务于体育产业发展的整体目标，五者有机统一，共同组成了体育产业治理主体体系，画出了"体育产业高质量发展"共同理想的"同心圆"。

二、和谐善治：体育产业治理现代化的目标取向

"善治"可以被看作是治理的衡量标准和目标取向。② 从语义学上说，"善

---

① 吴汉东．国家治理现代化的三个维度：共治、善治与法治 [J]．法制与社会发展，2014，20（5）：14-16.

② 魏治勋．"善治"视野中的国家治理能力及其现代化 [J]．法学论坛，2014（2）：152.

治"就是良好的治理。追求"善治"被视为世界各国政府的共同目标,不同政治体制下的国家都希望有更高的行政效率,更低的行政成本,更好的公共服务,更多的公民支持。善治的本质特征就在于它是政府与公民对公共生活的合作管理,是政治国家与公民社会的一种新颖关系,是两者的最佳状态。我国学者俞可平教授总结了"善治"的十个基本要素,即合法性、法治、透明性、责任性、回应性、有效性、参与、稳定、廉洁、公正。[①] 张文显教授则将"和谐"与"善治"加以耦合,以此作为 21 世纪法治文明的表征。他认为,人类社会治理模式经历了"从人治到法治,从依法而治到法的善治"两次革命,而在当代中国"和谐"是最高的善,现代国家的治理即是以"和谐为善"的治理。[②] "和谐"是法的终极价值,表现了一种配合适当、协调有序的理想动态,而在治理语境下的"和谐"是一种科学、有效的目标系统。

体育产业治理现代化意味着实现和谐善治,和谐善治是体育产业治理现代化的目标取向。体育产业和谐善治的本质特征就在于"性价比",一种最高的"性价比",一种合理的收益与成本的比例关系,一种效益最好的过程,一种关系最佳的状态,即动机、目标和过程的有机统一。换句话说,即使达到了预期目标,如果成本太高、代价太大,那也不能称之为是和谐善治。和谐善治不仅作为体育产业治理生发的动机,而且成为一种内在的尺度和标准,衡量体育产业所涉及的各种条件,对各种规划、方案、措施等进行有利或不利、合理或不合理、好或不好等区分,充分比较各种方案的价值大小,分析评估各种措施的时序安排的效应。易言之,实现体育产业"和谐善治",其基本理念是"创新、协调、绿色、开放、共享",其基本内容是重构传统的体育产业行政管理职能,其主要目标是打造"效率、稳定、公正、严谨"的现代体育产业治理体系。

三、文明法治:体育产业治理现代化的坚定基石

法治是国家治理现代化的必然选择。[③] 国家治理的"民主之治"与"科学之治",最终将落脚在"法律之治"。这是因为,多元主体并存的民主社会必然存在冲突和歧见,这就需要规则和法律进行规范处理;而以"和谐为善"的现代治理模式,也需要法律制度的科学安排以及有效执行。"法令弛则国乱国衰,

---

① 俞可平. 全球治理引论 [J]. 马克思主义与现实, 2002 (1): 20-32.
② 张文显. 社会主义法治理念导言 [J]. 法学家, 2006 (5): 6-16.
③ 魏治勋. "善治"视野中的国家治理能力及其现代化 [J]. 法学论坛, 2014 (2): 152.

法令行则国治国兴"，国家如此，产业亦是。在体育产业治理现代化进程中，治理主体需增强法律意识、规则意识，秉承法治思维和法治方式，通过政府的一系列制度安排和树立法治权威，保障"多元共治"和"和谐善治"的运行和实施，其目标就是致力于依法治体、依法执政、依法行政的共同推进。从某种意义上讲，体育产业治理的现代化，实质上是体育产业法治的现代化。这是因为，体育产业治理与法治运用有着同样的治理方式，体育产业治理是"制度之治"，其中主要是"法律之治"。

制度作为现代化体育治理的基础性要素，包括以宪政体制为核心的基础制度，涵盖社会体育、学校体育、竞技体育、体育产业、体育社会团体等各个领域的基本制度，以及涉及体制机制的具体正式制度和非正式约束或非正式规则（如道德、习俗、行规等）的行为规范。在这里，制度的现代化或者说法律的现代化，是一个理性化、文明化的过程。政治学强调"优良的制度是善治的保障"，法学则主张"法治是良法之治"。站在历史的长河看，无论是"优良的制度"，还是"良法"，实则都是功利性的产物，具有丰富的文明内涵和属性。在这个意义上，现代化体育产业治理是法律之治，即"文明法治"。以文明法治保障体育产业有效治理，推进体育产业治理体系和治理能力现代化，全方位夯实体育产业高质量发展的制度基础，完善体育产业治理机制，优化体育产业法治营商环境。因为，体育产业高质量发展需要法的规范性提供秩序，需要法的强制性提供权威，需要法的稳定性提供认同。

第二节　新时代体育产业治理现代化的三维结构

体育产业的复杂性决定了我们需要从整体上认识和把握其治理问题，这既是复杂性科学思想和方法的具体体现，也是体育产业高质量发展的内在要求。基于霍尔系统三维方法论，结合体育产业的复杂性特点，构建了体育产业现代化治理的三维空间结构模型（见图9-1），包括时间维、逻辑维和知识维。其中，时间维侧重对体育产业全生命周期的治理，包括规划、建设、运行和更新4个治理阶段。逻辑维侧重对体育产业治理步骤的具体分析，包括明确问题、确定目标、系统综合、系统分析、系统选择、方案决策、计划实施7个步骤。知识维则注重对体育产业治理所需知识的分析，主要有系统论、管理学、经济学、会计学、营销学等等。可以说，这个三维结构共同构成了体育产业的"治理系统"，并以"关系共同体"的身份在相互关联的生态系统中确保着体育产业在目标、速度、规模、结构、技术等方面表现出新的量态和新的质态。

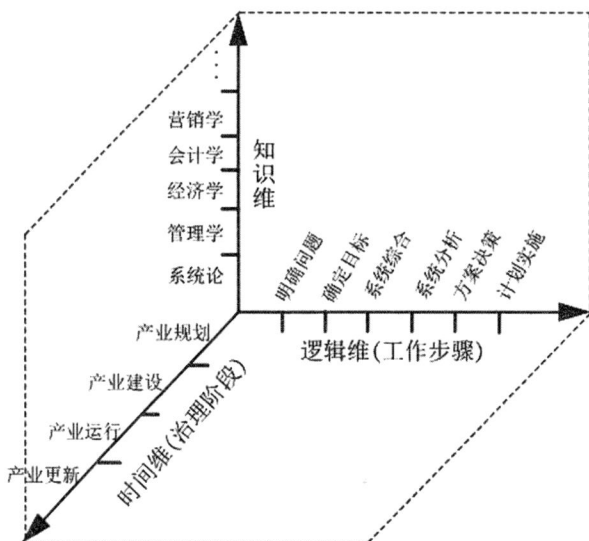

图9-1　政府体育产业治理三维结构图

一、体育产业治理的时间维

　　从时间维上看，体育产业系统的生命周期包括孕育、发生、成长、完善、转化、衰老、消亡等，它描述了体育产业从开始到结束所经历的各个阶段。据此可将政府体育产业治理分为前期规划、中期建设、后期运行和系统更新四个治理阶段。

　　1. 前期规划治理。前期规划是体育产业发展的根基，是体育产业中期建设和后期运行的直接依据，从某种程度上决定了体育产业能够"做多大、走多远、走多久"。因此，政府体育产业治理的首要任务是通过系统调研做好体育产业的总体规划，即"以前瞻的眼光、客观的实践和科学的理论，对本地区体育产业的发展定位、产业体系、产业结构、产业链条、空间布局、环境影响以及实施方案等"做出科学规划，为体育产业健康发展提供科学、精致的蓝图。当然，体育产业规划并非一劳永逸，是随着体育产业发展与运行状况动态调整的连续决策过程。

2. 中期建设治理。体育产业中期建设本质上是对前期规划进行具体实践的过程，包括从体育产业设计筹建、开始施工到竣工验收的全部生产过程。这个过程是一个关系复杂的生产过程，既有空间、时间、交通和单位等要素的选择与控制，又有人力、物力、财力和信息等资源的协调与分配，因此需要政府创造性地应用各种专业知识和技术素养，解决体育产业建设过程中不断涌现的各种难题，进而确保体育产业建设的质量、进度、成本和目标。

3. 后期运行治理。后期运行阶段即体育产业投入实际运行，在运行中检验其成效与恰切性，并根据差距与不足进行必要的改进。在这一阶段，政府为确保体育产业系统的顺畅运行，需要通过适切的治理手段对影响体育产业运行的各种因素进行适度干预和必要控制。例如，通过发挥政府的市场监督职能来规范体育产业市场秩序，优化体育产业竞争环境和体育产业市场环境。

4. 更新阶段治理。体育产业系统经过长期运行后可能会出现"老化"，此时需要政府及时根据"老化"原因，总结体育产业系统运行中的经验教训，提高对体育产业发展规律的认识，调整体育产业规划或修订、制定新的体育产业规划，或用新的系统取代旧的系统，或对旧的系统进行升级改造。可以说，政府体育产业治理过程是一个不断生成的过程，是一个不断调整的过程，是一个不断选择的过程。

随着政府行政体制改革的持续深入和体育产业高质量发展进程的不断推进，过去分段式的体育产业管理模式已不再适宜新时代产业发展要求。① 新时代体育产业规划、建设、运行和更新越来越密不可分，四个阶段之间不仅存在着互动反馈，而且还是一个循环反复的动态变化过程。从四者的关系看，体育产业的规划、建设、运行和更新既是"关系共同体"，又是"生命共同体"。前者的要义在于这四个阶段必须顺序衔接，完成前一阶段才可以进行后一阶段；后者意在强调这四个部分缺失哪一个都不能构成体育产业这个复杂系统。但无论是"关系共同体"，还是"生命共同体"，最终都是为了服务于国家建设和人民所需。因此，政府体育产业治理，应对规划、建设、运行、更新实施全过程的动态治理，贯穿从明确问题、确定目标、方案决策到计划实施整个流程。

---

① 周爱光，杜高山. 新常态视野下我国体育产业发展研究［J］. 体育学刊，2016，23
（6）：7-13.

二、体育产业治理的逻辑维

体育产业治理的逻辑维是基于时间维的精细结构划分，是解决体育产业系统问题的逻辑过程，具体涵盖了明确问题、确定目标、系统综合、系统分析、系统选择、方案决策以及计划实施等 7 个步骤。具体来看：（1）明确问题。明确问题通常是决策成功的前提，否则可能将系统导向错误的方向或产生新的问题。因此，需要政府通过调研全面收集有关任务的历史、现状、发展趋势的数据和资料，真正做到对体育产业发展问题心中有数。（2）确定目标。根据有关任务要求弄清并提出体育产业发展所要达到的目标（包括技术目标、经济目标、政治目标、社会目标等），并确定效果衡量指标。（3）系统综合。收集并列出能够到达预期目标要求的所有技术方案、实施办法、衡量标准，通过对比排出优劣次序。（4）系统分析。通过专业知识和技术手段对各个待选方案进行系统分析，比较各个待选方案的优劣。（5）系统选择。根据系统分析结果，在所有待选方案中选择出最佳方案。（6）方案决策。对于复杂系统而言，系统选择阶段所得到的最佳方案可能不止一个，因而需对最佳方案作出最后的决策性选择。（7）实施计划。根据最终决策所确定的方案，制订详细的行动计划（如任务分工、职能分工、工作流程等），使之顺利实现治理目标。

以摆明问题与前期规划为例，体育产业前期规划不是纯粹的"纸上谈兵"，其生成根植于体育产业发展的内在逻辑、社会发展需要以及地区实际，三者共同构成了体育产业发展规划的基本依据，而地区实际则是体育产业发展规划生成内外依据的结合点。没有广泛深入的调查研究，体育产业发展规划的生成就没有立足点。因此，在体育产业发展规划生成之前，必须对现有的产业发展基础以及地区资源禀赋条件进行全方位的梳理，对体育产业的优势和劣势、面临的主要矛盾和问题有一个清醒的认识，对体育产业和地区的实际情况有一个准确的判断。[①] 因为只有把握目前体育产业的发展现状，找准体育产业在同行中所处的位置和坐标，才能进一步设计未来体育产业的发展方向和发展水平；只有明确了体育产业优势和特色，认清体育产业存在的问题与不足，了解体育产业面临的困难与挑战，才能扬长避短，有的放矢，对症下药；只有从实际出发，

---

① 陈丛刊. 体育治理体系和治理能力现代化的内在逻辑、构成要素与实现途径［J］. 体育学刊，2020，27（6）：46-50.

着眼于未来，对体育产业乃至地区所处的环境作出科学的、准确的分析和判断，才能提出契合实际的发展目标，厘清发展思路，明确发展重点，采取切实可行的发展措施，确保体育产业建设与发展的效益。

三、体育产业治理的知识维

政府体育产业治理的知识维是指为完成上述阶段和步骤所需要的专业知识和技术素养。政府体育产业治理是由多个阶段和步骤组成的复杂过程系统，在进程和顺序上渗透往返、经纬交叉、盘旋曲折，既要协调各子系统之间的关系，力求做到各子系统的综合均衡，又要关照整个过程中的阶段划分与前后衔接；既要善于抓住各个阶段和各个步骤的主要矛盾和关键问题，又要使系统固有的流程特性得以顺利呈现。因此，政府体育产业治理需要一个强大的知识库或知识地图作为支撑。政府体育产业治理的知识库，既包括体育学、系统论、管理学、经济学、会计学、营销学、社会科学以及人文科学等各类专业知识，也包括创新思维、信息技术、法律法规、行业规范、大众传媒、公众舆论以及专家意见等各类辅助知识。这些知识既是相互独立的个体，单独作用于体育产业治理的某一阶段和某一步骤，同时又是相互联系的整体，共同对某一阶段和某一步骤发挥作用和发生影响。也就是说，应根据政府体育产业治理的不同阶段和不同步骤的不同需求选择一个知识或多个知识。

事实上，在这个知识经济时代，知识资源越来越成为体育产业发展的核心要素，高知识含量的体育产品和服务日趋成为主流趋势。体育产品和服务的知识化趋势必然要求政府体育产业治理的知识化，即建立一种与体育产业知识经济相适应的全新的政府体育产业治理模式，这也是践行现代"知识型政府"理念的重要体现。知识型政府强调以知识治理为手段，通过"治理主体、治理手段、治理过程、治理技术的知识化，不仅能提高政府的行政效率和服务质量"①，还可以降低政府体育产业的治理成本，关键是能针对性地解决体育产业发展过程中的各种难题。可以说，强化知识维的目的就是促使政府体育产业管理方式由传统行政命令式的"硬"管理向知识引导的"软"治理转变。因此，政府体育产业治理必须按照复杂系统科学方法论，运用科学的方法对不同来源、

---

① 苗振国，张德祥. 知识型政府：知识管理视角下的政府治理新模式［J］. 科技管理研究，2008（5）：44-45，50.

不同层次、不同学科、不同结构、不同内容的知识进行综合集成，充分发挥不同信息手段和知识群体在体育产业治理中的关键作用，真正将知识治理过程融入体育产业治理的每一个阶段和每一个步骤，进而实现我国体育产业的科学治理。

第三节　新时代体育产业高质量发展的政策转向

体育产业政策的诞生、演进、转型、创新和发展受时代发展变化、政府职能转变、国际规则对接、企业需求调整、体育市场化进程、产业不同阶段需要等因素影响。在构建新发展格局背景下，这些因素的变化要求我国体育产业政策也要进行适应性调整和升级转型。必须加快由差异化、选择性产业政策向普惠化、功能性产业政策转变，从偏重替代市场、限制竞争的体育产业政策向以竞争政策为基础、更能发挥创新作用和增进有效市场的体育产业政策转变，着力补齐体育产业高质量发展的政策短板。

一、从"体育产业政策"向"体育产业链政策"转向

当前全球体育产业竞争已经进入"链时代"，体育产业竞争正在从产品竞争升级到产业链之间的竞争，必须加快推动体育产业政策向体育产业链政策转变，亟须尽快制定更具系统性和更有针对性的体育产业链政策，"强基、韧链、优企、提效"，统筹推进体育产业基础高级化、竞争力提升和现代化升级。从全球来看，美国、日本、欧盟等发达经济体均纷纷出台政策措施加强对产业链供应链的"国家干预"。例如，美国主要通过企业高端引领、政府关键环节管控和资本市场所有权控制，来获取大量原创性关键技术和产业链、价值链控制主导权。在百年未有之大变局和疫情交织影响的背景下，实施体育产业链政策符合体育产业的发展规律和发展趋势，符合我国体育产业转型升级的规律和高质量发展需要。

体育产业链政策本质上是一种体育产业政策，所不同的是更加具备链式思维，从支持某一环节、某一产品，向整个体育产业链优化升级转变，围绕产业链竞争力提升配置要素和资源。相较于传统意义上的体育产业政策，体育产业链政策实施手段偏于宏观，坚持市场导向、企业主体，重点是通过构筑完善的

制度环境、公平的政策氛围、科学的指引和指南、供需两端的调节，不断提升体育产业链各环节及体育产业链整体效率和竞争力，尽量减少对具体企业和环节的微观干预。当然，对于市场失灵、产业安全等非经济因素影响，也要更好发挥政府作用。有限的政府资源应该更多聚焦在风险更高、市场投入意愿不强的落后地区和核心技术、共性技术、基础技术、底层技术的研究开发上，发挥对市场资源的杠杆带动而非替代作用。因此，新时代我国体育产业政策应在"链"上下功夫。

二、从"选择性体育产业政策"向"选择性和功能性有机结合"转向

选择性体育产业政策，即选业态、选企业、选路线、给资金、给政策。随着我国体育产业高质量发展目标的提出以及新一轮产业变革的孕育兴起，选择性体育产业政策的缺陷和不良效应日益凸显，"扭曲了市场竞争、造成了资源错配和不公平竞争"等逐渐成为现阶段体育产业结构调整与转型升级的障碍。毋庸置疑，选择性体育产业政策在特定历史时期发挥了重要作用。例如，"选业态"推动了我国体育制造业快速规模化发展；"选企业"助力了部分龙头体育企业做大做强；"给资金"在要素短缺期大大缓解了企业资金瓶颈；"给政策"让企业在竞争中获得比较优势。然而，随着我国体育产业发展环境和条件的变化，这类指向性过于显著的政策支持方式越来越不适应时代发展要求。比如，"选业态"加剧了地区间体育产业趋同；"选企业"抑制了行业发展活力；等等。从调研情况来看，很多地区优质体育企业坦言"现在给资金不如给政策，给政策不如给市场，给市场不如给公平竞争的发展环境"。因此，体育产业政策需从"选择性"向"选择性和功能性有机结合"转向。

功能性体育产业政策是"市场友好型"的政策，它是以"完善市场制度、补充市场不足"为特征。在功能性体育产业政策中，市场居于主导地位，政府的作用是增进市场机能、扩展市场作用范围并在公共领域补充市场的不足，让市场机制充分发挥其决定性作用。功能性体育产业政策的重点是弥补市场失灵、避免政府失灵，目标包括规模扩大、结构优化、技术进步、绿色低碳、培育龙头企业、降低交易成本、提高产业竞争力、强化创新驱动、加强基础研究等，尤其是构建开放、协同、高效的共性技术研发平台，健全以需求为导向、企业为主体的产学研一体化创新机制，加大对中小企业创新的支持力度，推动科技成果转化和产业化，加强知识产权保护和运用，加强市场监管等，加快构建实

体经济、科技创新、现代金融、人力资源协同发展的体育产业体系。从"选择性体育产业政策"向"选择性和功能性有机结合"转向，并非完全摒弃"选择性"，也不是以"功能性体育产业政策替代选择性体育产业政策"。也就是说，无论体育产业政策如何调整优化和转型创新，"选择性"都不能丢，而是在保留"选择性"的前提下增强"功能性目标"的可及性，避免寻租、投资"潮涌"、产能过剩、创新不足和不公平竞争等现象的发生。可以说，功能性体育产业政策与现代化体育产业治理的方向是高度一致的，是实现体育产业高质量发展的重要手段。

三、从"环境型体育产业政策"向"需求型和供给型有机结合"转向

我国体育产业政策具有较强的连续性且愈加趋于完善，政策工具涵盖了供给型、需求型和环境型三类，但各政策工具在使用上存在过溢风险和挤出效应，呈现出较为明显的非均衡特征。前文研究发现，政府在体育产业政策工具的选择上更倾向采用"环境型政策工具为主，需求型和供给型政策工具为辅的模式"。具体来看，政府对于环境型政策工具的倾向度远高于需求型和供给型政策工具，既表现为环境型政策工具相对过溢、供给型政策工具相对弱势和需求型政策工具相对滞后。从内部看，政府对于管理制度、目标规划、基础设施等工具的使用居多，而对技术支持、产权专利、质量标准、创业创新和购买服务等工具的使用则相对较少，很难发挥内部各政策工具的协同耦合效应，进而影响体育产业政策预期效能的实现。从外部来看，微观层面的企业发展政策往往被视为微不足道，较少得到讨论。或者，企业发展政策往往被产业政策及其他政策所包罗、所掩盖，从而其独立性和基础性地位被忽视。因而，亟须优化体育产业政策工具组合，从"环境型体育产业政策"向"需求型和供给型有机结合"转向。

在加快构建新发展格局背景下，要充分释放体育产业政策工具组合的叠加推动效应，适当减少环境型政策工具的使用强度，不断提升供给型政策工具的使用空间，着力增加需求型政策工具的使用比重，形成需求升级牵引供给创新、供给创新创造需求升级的更高水平动态平衡。具体来看，要保障和鼓励各类市场主体公平竞争，对体育产业内所有市场主体"一视同仁"地给予普惠支持，打破"玻璃门""弹簧门""旋转门"等隐性壁垒，消除行政垄断、规模歧视和所有制歧视，真正做到"英雄不问出处"，促进新技术、新组织形式、新产业集

群形成和发展。要深化体育产业要素领域改革，减少政府对要素市场价格的干预，激发市场主体特别是民营资本的积极性，最大限度提升体育产业经济运行效率。要关注微观体育企业政策，在一定程度上企业发展政策比宏观环境型政策更具重要性，应加大对技术支持、产权专利、质量标准、税收优惠、人才激励和高水平对外开放等政策工具的精准性供给。推动创新资源向企业汇集、创新人才向企业流动、创新政策向企业倾斜，构建以企业为主体、市场为导向、产学研相结合的创新体系。

第四节　新时代体育产业高质量发展的多主体协同机制

体育产业是一个多元主体治理的复杂系统。实现体育产业的高质量发展，对体育产业进行更加有效的系统的管理，必须将体育产业管理置于"多主体协同"视野中。作为体育产业的治理主体，市场、政府、社会、企业和个体不仅是一个"关系共同体"，而且也是一个"利益共同体"，更是一个"命运共同体"。我们应该以此为基准，在新常态下制定出适合我国国情的体育产业发展多主体协同对策。

一、市场有效：发挥好市场在体育资源配置中的"决定性"作用

自亚当·斯密创立"自由市场"理论以来，市场这只"看不见的手"在资源高效配置和经济社会发展中的作用可谓厥功至伟。尽管市场有种种局限甚至会出现失灵，但是很难想象，如果没有市场这只"看不见的手"的作用，人类社会能否发展到今天这样高度繁荣的状态。与新形势新要求相比，我国体育市场体系还不健全、体育市场发育还不充分，还存在体育市场激励不足、体育要素流动不畅、体育资源配置效率不高、体育微观经济活力不强等问题，推动体育产业高质量发展仍存在不少体制机制障碍。因此，必须要坚持"市场有效"原则，充分发挥市场机制在体育产业资源配置过程中基础性、关键性和决定性的作用。坚持按照市场规律实现要素的有效配置，充分调动各类市场主体特别是民间资本公平参与体育产业建设的积极性，将市场能融资的项目交给市场，进一步放开体育领域投资的市场准入，特别是要积极支持包括民间投资在内的多元主体参与体育产业"新基建""新业态"，为民营企业参与体育产业"新基

建""新业态"投资拓展渠道、消除限制，关键是尽快取消与项目投融资、建设、运营无关的准入条件，加强市场引导，发挥民营企业在体育产业竞争性创新技术领域先天的竞争优势。

发挥市场在体育资源配置中的决定性作用，需要建有高标准的体育市场体系作为支撑。一是要建立高标准的体育商品市场体系。加快推进体育商品市场的数字化转型步伐，建立完善体育商品市场数字化交易配套设施，探索采用新型营销方式，引导、刺激和扩大体育消费。以新的消费理念引领"双环"格局的发展，通过高标准体育市场体系的建设，不断加强体育商品的数字化发展。二是要建立高标准的体育要素市场体系。要建立各类要素自主有序流动、高效配置的高标准体育要素市场体系，畅通要素流动，逐步建立统一开放、竞争有序的体育要素市场体系。高标准体育要素市场体系的建设要实现更加开放、竞争更加有序的目标要求，消费者要拥有更多的自主选择权。三是建立要素价格的市场决定机制、要素流动规则和要素配置机制，使得各类市场主体平等使用生产要素。此外，建设高标准的体育要素市场体系要不断推进要素的市场化改革，以高标准要求促进国内的体育要素市场体系及相关的规则机制与国际高标准体育要素市场规则体系相对接。总之，使市场在资源配置中起决定性作用既是一个重大理论命题，又是一个重大实践命题。推动有效市场和有为政府更好结合，是提高体育治理体系和治理能力现代化水平的必然要求。

二、政府有为：发挥好政府在体育产业发展中的"元治"作用

政府是公共权力的合法拥有者，也是掌握公共资源配置的权威主体，在治理中具有不可替代的作用。政府在推动体育产业发展中不可或缺并承担着"元治理"的角色，引导、规范和激励其他主体参与体育产业治理。政府在体育产业发展中的"元治理"作用，实际上是进一步准确地进行自身职能定位，解决政府干预过多和监督不到位等问题，在充分尊重市场经济规律的基础上，更好地实行宏观调控和弥补市场失灵。也就是说，政府要发挥积极作用，最大限度减少政府对市场资源的直接配置和对微观经济活动的直接干预，最大限度减少政府对价格形成的不当干预，最大限度减少不必要的行政执法事项，而是回归到创造平台、链接资源、共享信息、提供服务和加强监管的作用上来，政府主要通过提供政策和制度供给以及体育基本公共服务等不断激发市场活力，并进行有效的市场监管，从而把"该管的事情管好，把不该管的事情交给市场"，让

市场实现生产要素的有效配置，当好新时代体育产业高质量发展的"守夜人""领航员""资助者""筑基者""协调者""服务者"。

具体来看，"守夜人"就是营造有利于体育产业高质量发展的市场环境。如切实落实各项优惠政策措施，解决各类市场主体参与体育产业的后顾之忧，营造体育产业发展的良好软环境。"领航员"就是制定体育产业高质量发展战略。如重点做好科技类体育产业的规划设计、政策保障等工作，着力解决体育领域"卡脖子"技术的战略发展方向问题。"资助者"就是为体育产业高质量提供必要的资源支持。如对体育产业落后地区、相关性科学研究和非竞争性项目提供资金、人才、平台等支持。"筑基者"就是构建有利于体育产业高质量发展的基础设施。如围绕体育产业基础前沿领域、关键核心技术和重大科学问题，加强新型基础设施建设，助力体育产业升级。"协调者"构建有利于体育产业高质量发展的协同创新体系。如聚焦新兴产业、重点领域、薄弱环节，协调组织"产学研"各领域尖端人才开展联合攻关，加快实现体育产业关键核心的自主化。"服务者"就是为体育产业高质量发展提供公共服务。如政府加强知识产权保护等措施，为创新主体开展创新活动提供良好的制度保障。当前，随着大数据、物联网、云计算等的应用，政府进行宏观调控和弥补市场失灵有了更多的创新空间，应善于借助新工具和新手段，更好地发挥政府作用。

三、社会有力：发挥好社会在体育产业发展中的"辅治"作用

社会参与既是善治的本质特征，也是高质量发展的基本要求，没有社会的参与，体育产业治理的许多复杂问题和矛盾就无法得到有效化解，高质量目标就难以真正实现。在我国政府职能转变过程中，社会组织在加强和优化体育公共服务供给、满足人民日益增长的美好生活需要方面发挥着不可替代的作用。党的十八届三中全会明确提出要在加快实施政社分开的过程中"激发社会组织活力"，并特别强调要"重点培育和优先发展行业协会商会类、科技类、公益慈善类、城乡社区服务类社会组织"。"十四五"体育发展规划也明确提出："引导体育社会组织依法自治，重点推动基层体育治理，形成政府、市场、社会协同治理体育新格局……鼓励设立由政府引导、社会资本参与的体育产业投资基金……不断推进体育治理体系和治理能力现代化。"因此，社会辅治主要是充分发挥社会组织自身的优势，在政府难以作为和市场不愿作为的地方发挥作用，并积极承担对两者的监督和矫正责任，真正落实"放、管、服"和"管、办、

评"分离的治理理念。实现社会辅治需要正确认识政社关系，政府要在法律许可的范围内向社会开放体育治理权力和治理空间，引导和激发社会组织和社会力量参与体育产业发展的积极性和创造性。

当然，发挥好社会在体育产业发展中的"辅治"作用也是有条件的：一方面政府必须实现自身职能的转变，由过去的管理转向治理，加快建成服务型政府；另一方面，社会也必须加强自身建设，提高参与体育治理的能力。就社会资本而言，要不断增强法律、税收、制度等学习和研究能力；增强创新能力，提出更多、更好的运作模式。就社会组织而言，需要朝向规范化和专业化方面做更多的努力。以其专业化的知识和能力，指导体育产业治理事务，增强体育产业治理的意识和能力，健全管理体制，完善财务机制、科学决策机制和监督、评估机制，增强自身的资源整合能力，提高治理服务能力的水平。并通过参与体育产业的项目和活动，共同推进体育产业治理现代化。毋庸置疑，体育行业协会商会作为体育社会组织中的重要组成部分，在协同体育管理以及实现体育产业健康发展中发挥着不可替代的作用，并做出了大量的政府或行业需要做、企业想做但无法做的事情。因此，社会组织和社会资本是实现体育产业治理现代化不可或缺的主体之一。

四、企业有方：发挥好企业在体育产业发展中的"自治"作用

体育企业是体育产业主体，是实现体育产业高质量发展的直接载体，体育企业自治是体现现代体育善治的一个主要指标。实现体育企业的自治，一是要理清政府与企业的关系，政府要切实做到向企业放权，避免管得过多过细。二是完善企业内部治理结构，提升企业自治能力。体育企业在体育治理的作用，主要是发挥好"企业自治"和"企内共治"两重角色。前者主要是指建立新型的政企关系，实现体育企业的自主管理和自主经营；后者主要是指多元主体对体育企业的共同治理。国办印发的《体育强国建设纲要》明确提出："充分发挥法律法规的规范作用、行业协会的自律作用、市场的配置作用、公众和舆论的监督作用，促进体育市场主体自我约束、诚信经营。推进体育行业信用体系建设，完善体育企业信息公示制度，强化体育企业信息归集机制，健全信用约束和失信联合惩戒机制。"从本质上而言，就是实现企业自治、协会自律和政府监管的动态平衡。

充分发挥好体育企业在体育产业发展中的自治作用，目的就是推动体育产

业实现高质量发展。现阶段来看，就是发挥企业在体育产业结构优化升级中的主导作用。国内外产业经济发展的实践表明，在以结构调整、技术进步为主要内涵的产业经济发展阶段，龙头企业（或品牌企业），尤其是大型品牌企业在体育产业发展中发挥着特殊的重要作用。一是品牌体育企业具有较强的带动作用，二是品牌体育企业是体育产业结构高级化的支撑。因此，体育产业要树立正确的价值导向，体育企业首先是经济组织，自然以追求经济效益为最大目的，但体育企业又生存发展于社会之中，因而也必须承担起社会责任。体育企业就要对产品质量有责任感，对消费者有责任感。要担负起对消费者的责任，履行好自己的职责，为社会生产健康、安全、合格的产品。一个企业，唯有负责，才能受人尊重、让人放心，才能不被市场经济的惊涛骇浪淹没、吞噬。因此，要优化体育企业自治管理机制，强化对体育企业内部治理机构建设，发挥好企业在体育产业发展中的"自治"作用。

五、公民有责：发挥好公民在体育产业发展中的"参治"作用

随着体育现代化进程的深入推进，我国体育产业发生了深刻的变革，与城镇化、信息化和国际化趋势相伴而生的社会风险也日益明显。如何应对体育领域危机和不确定性风险，是对体育治理能力的极大考验。由于社会民主政治的发展、信息社会的发达以及体育开放程度的拓展，每个公民都更有意愿，也更有条件参与体育领域危机治理，这就要求政府在引领和主导危机治理过程中采取新的思维框架和方式，整合、激发和调动公民社会责任感，形成政府与公民的良性有效互动。在体育公共治理领域注入社会化的价值理念，可以改善并超越传统刻板固化的科层制体系，推动体育治理体系的目标明确化，提高体育治理效率，进而增强政府对外部条件变化的回应性。也就是说，"要使政府的功能得到更好的实现，最好的办法就是鼓励那些一向被排除在决策范围外的政府组织成员，使他们有更大的个人和集体参与空间。"① 在体育治理过程中凸显公众参与已成为基本趋势。事实上，加强政府与公民互动既体现着人类基于实践行动的话语逻辑，也体现了对政府与社会二分法则共识的尊重。

体育产业是体育治理最为重要的领域，不同的业态、不同的主体、不同的目标，很难穷尽的"不同"是体育产业治理必须要面对的复杂情境，缺少公民

① 褚宏启. 教育治理：以共治求善治［J］. 教育研究，2014（10）：4-11.

的参与，任何一方面的"不同"都可能演化为体育产业内部的矛盾。党的十九届四中全会提出，"坚持和完善共建共治共享的社会治理制度""完善党委领导、政府负责、民主协商、社会协同、公众参与、法治保障、科技支撑的社会治理体系，建设人人有责、人人尽责、人人享有的社会治理共同体"，这为加强和创新体育治理指明了方向。从实践来看，公民参与主要有两种途径，一种是直接参与；另一种是间接参与，即通过组织来参与。促进公民参与体育产业治理，政府应主动与公民沟通，主动创造公民参与的条件，主动推进良性互动机制的塑造与形成，进一步完善公民参与体育治理的制度规范，包括推进建设信息公开机制，突出公民参与决策和执行环节，政府将部分事务或职务外包或委托给专业的社会组织，培育公民参与体育治理的意识，有计划地培养公民参与的能力和素质，着力提升公民参与体育治理的组织化水平，等等。这不仅是重要的学理问题，更是重要的实践问题。

第五节　新时代体育产业高质量发展的战略路径选择

体育产业高质量发展是"十四五"时期的主题。体育产业高质量发展是一项系统性、战略性、复杂性、长期性工程，绝非单一路径可以实现，需从依法治体、结构优化、文化赋能、创新驱动、空间优化、消费升级、人才强体、对外开放等路径多维统筹推进。

一、依法治体战略：着力完善体育产业法治顶层设计

依法治体是依法治国战略布局的重要组成部分。依法治体即运用法治思维和法治方式解决推进体育产业高质量过程中的顽症与矛盾。因此，解决体育产业政策"悬空"问题，需要我们在思维转变和制度建设上狠下功夫。首先，转变体育产业发展思路。各地区要深入践行新发展理念，用"制度捍卫以人民为中心的立场，用制度夯实'功成不必在我'的政绩观，用制度强化'功成必定有我'的责任感"①，从源头上铲除政绩观错位问题。其次，建立和完善体育产业法律法规体系。修订《体育法》，探索出台《体育产业促进法》，完善地方性

---

① 顾超．着眼长远，根除形式主义之弊［N］．人民日报，2020-07-22（9）．

行政法规、部门规章以及规范性文件和相关制度性文件、技术性文件，以法律形式明确体育产业各项制度安排，为促进体育产业政策制定和执行提供原则性、基础性的法律保障。再次，建立和完善体育产业相关配套保障机制。根据体育产业发展的不同阶段需要，完善财政长效投入机制、税收优惠机制等保障机制，通过立体式的配套保障机制破除制约高质量发展的税收壁垒、融资障碍的问题。最后，建立和完善高质量建设目标评价考核监督机制。通过约束性指标管理，严格落实各地政府的主体责任和监管责任，强化国家体育产业政策的执行力，加强对国家体育产业政策执行的监督，切实打通政策和制度执行中的"堵点""痛点""断点"，让政策真正落地，制度真正跟得上，进而让完善的法律法规体系成为推进体育产业高质量发展建设的有力保障。

二、优质承接战略：着力发挥体育产业行业支撑作用

积极承接"健康中国"任务和"经济强国"任务是体育产业高质量发展的前提。首先，积极承接非医疗健康干预功能为全民提供优质健康服务，是体育产业高质量发展的基本出发点。中共中央、国务院印发的《"健康中国2030"规划纲要》围绕"共享共建、全民健康"的战略主题，对"体育医疗康复产业""健身休闲运动产业"进行了专节部署，对体育产业在健康中国建设中的地位给予空前清晰界定。这些战略规划充分说明，为全民提供全方位健康服务是体育产业高质量发展的基本操守和时代担当。因此，体育产业要全面对接与融入健康中国建设，推动形成体医结合的疾病管理与健康服务模式，通过提供多层次、多样化的体育服务与产品来满足大众非医疗健康服务需求。其次，积极承接非传统产业经济促进功能，为中国经济转型升级提供优质要素资源。中国经济步入新时代，各种经济特征随之发生改变，传统的经济增长动力逐渐弱化乃至消失，迫切需要培育新的经济增长动力来支撑经济高质量发展。体育产业作为绿色、幸福、朝阳的新兴产业业态，其所属的产业集群和产业链条恰恰是中国经济高质量发展所需的优质要素资源。因此，体育产业要主动肩负起新时代经济增长的责任，构建供给和需求相互耦合的动力体系，为根本解决中国经济运行中有效需求不足与有效供给不良的问题助力。同时，体育产业还应主动出击，加强与其他产业彼此相互联系相互作用，共同构成中国经济高质量发展的动力结构。

三、品牌文化战略：着力厚植体育产业品牌文化根基

品牌是一种文化象征，是一种承诺，是一种信誉，是一种形象，是一种蕴含着巨大价值的"无形资产"，其之于体育产业的价值可谓是兴衰攸关，尤其在中国经济整体转向高质量发展阶段的新时代，从国际、国家、区域等品牌级别来规划体育产业品牌建设是体育产业高质量发展绕不开的路径。首先，国际品牌文化战略。近年来我国体育产业自主品牌建设进入关键期和提速期，一些支柱产业（诸如体育用品制造业）的研发设计和渠道拓展的能力显著增强，因此应优先发展一批支柱型体育产业向全球价值链中高端延伸。通过技术赶超、渠道创新到产品链延伸的升级路径，摆脱体育产业发达国家的"低附加值锁定"，逐层嵌入到全球价值链的中高端环节。其次，国家品牌文化战略。站在历史的长河看，塑造国家品牌对于吸引体育产业投资和扩大产品销售范围具有重要意义。例如，四大网球公开赛，它们不仅是网球赛事品牌的标志，更是其所属国家形象的标志，国家品牌就像这些赛事品牌一样，唤起了参与者心中形成的某些价值、质量、情感因素，因此应在体育赛事、智能产品等领域实施国家品牌文化战略。最后，区域品牌文化战略。根据地区资源禀赋优势重点打造一批具有区域特色和文化影响力的"拳头"产品（诸如冰雪项目、体育旅游等），通过设计品牌的名称、标志、广告等载体传达本地区的体育资源、文化以及服务理念，形成"从本质到现象""从抽象到具体""从内涵到外延"的品牌系统。

四、创新发展战略：着力增强体育产业创新发展动力

创新是体育产业高质量发展的第一动力，是实现国家对体育产业培育创新驱动发展新引擎的要求。体育产业作为当前最有活力、最具增长潜力的创新型产业，应密切关注全球体育产业最新变化，通过创新发展战略来抢占竞争制高点。首先，观念创新。纵观体育产业的发展轨迹，一以贯之的是依靠国家给政策给方案来进行改革。新时代如果依然承袭这种原发思维，体育产业未来将缺乏耐力和影响全球的实力，因此体育产业发展要有向世界领先水平看齐的国际视野和领先国际水准的雄心抱负，以"平等开放"的姿态与其他国家或地区开展广泛合作。同时，体育产业发展应从以前只依靠国家顶层设计来发展，升级为未来把国家顶层设计与体育产业自身顶层设计相结合创新驱动产业发展。其次，技术创新。一方面，对于前沿核心技术，无论是发达国家还是发展中国家，

目前都尚未形成绝对的技术优势，因而应加大对该领域的研发投入力度，引导具备基础条件的企业研发创新，力争在关键核心技术上有所突破并取得话语权。另一方面，对于传统制造技术，由于目前已经形成技术差距和来自发达国家的技术锁定，因而只能在技术引进的基础上不断吸收再创新。最后，内容创新。要进一步优化体育产业结构，在内容选择上要突出自身的比较优势，尽可能地实施国家间或地区间的差异化发展战略，避免内容上的"齐步走"和"同质化"，形成上中下游产业耦合发展的完整产业链条。

五、智能产业战略：着力布局体育产业前沿新兴业态

我国已进入"互联网+"时代，物联网、云计算、大数据、人工智能等新一代信息技术的高速发展和广泛应用，必然对体育产业的发展提出更高的要求，产业发展也必然会对新一代信息技术形成更强的依赖。从目前来看，"人工智能+体育产业"发展（智慧体育），已经形成较强的政府政策支撑和积极推动的态势。在实际应用中，新一代信息技术不仅直接推动了体育产业内容的重塑和改造，更使得体育产业的成果和服务更加多元化。因此，智能产业战略是体育产业高质量发展的必然选择，既包括对以人工智能为代表的新兴产业模块的研发、应用和引领，也包括对传统体育产业模块的智能化改造、提升和融合。具体讲，其一是智能体育产业化。这种模式主要是指以高知识性、高技术性、高融合性和高智能化等要素组合形成的无形与有形智能体育产品的过程将其产业化，如可穿戴智能运动设备（智能运动手表、运动智能监测仪、健康监测设备等）的应用，可以创造一个新的、以个人服务为特征，以数据交互、云端交互为支撑，融合健康生活与健康管理为一体的人工智能健康服务新业态。其二是体育产业智能化。借助现代信息技术，对传统优势产业进行改造升级，实现研发过程智能化、生产过程智能化、营销管理智能化和售后服务智能化等，如运用各种智能手段来改善与提升各类运动场馆的用户体验，运用集成化的高新技术使体育产品生产过程更加精确、高效与环保等，使原有的传统优势产业转化为具有较高技术和知识含量的较高级产业。

六、人才强体战略：着力加强体育产业人才队伍建设

站在历史的长河看，人才资源是影响产业发展诸多因素中价值最高的因素，而且人才资源对产业价值的贡献值会随着产业技术水平的提升和知识密集程度的加深而不断提高。由于"人力资本和创新资本可以为企业提供源源不断的创新产品，因此有利于提高企业的经营效率、降低运营成本、扩大销售收入和提高市场竞争力"①。只有充足的人才保障，拥有丰富的人才资源并发挥有效作用，体育产业才能获得长久的续航能力，体育产业高质量发展才不是一句空话。为此，应当充分借鉴各国优质产业的发展规律和治理经验，充分认识高端技能人才对体育产业高质量发展的重大意义，从引进、培养、依托三个方面着力解决体育产业高质量发展的人才困境。首先，要大力引进体育产业高质量发展的领军人才。突破传统的行业门类限制，通过项目资金、团队建设、住房保障等政策倾斜对分散在各个行业中的优质管理、技术等人才进行资源整合，积极造就体育产业高质量发展的"复合型"高端人才保障体系。其次，要加强对普通体育产业技能人才的培养。各级政府要积极制定体育产业人才培养规划，把人才培养作为产业发展的重点工作来进行落实。同时，要完善人才发展政策措施，精准优化人才培养和成长环境，加大人才培养资金扶持力度，着力培养一批管理知识丰富、思想观念开放、创新意识强、技能水平高的高层次人才。最后，要依托院士、杰青等领军人才在产业发展和科技创新中的关键核心作用，充分发挥领军人才在体育产业发展中的带动功能和聚集效应。同时，依托高校、科研院所和重点企业建立有利于完善包括体育产业人才在内的高端产业人才培养机制，从根本上解决体育产业高质量发展的人才问题。

七、消费升级战略：着力促进体育产业消费提质增效

体育消费升级提质是我国体育产业高质量发展的根本动力，是构建体育经济内生大循环的有力途径。一是继续聚焦体育跨界融合。着力实施"体育+"工程，重点推动体教融合、体旅融合、体医养融合以及"体育+金融""体育+科技""体育+文创""体育+会展""体育+传媒"等从"浅度融合"向"深度融合""全方位融合"转变。二是继续做好体育赛事表演文章。各地要与时俱进因地制宜，通过重新梳理体育赛事发展理念，着力打造具有较大知名度的体育赛事、具有知识产权的体育赛事表演品牌和具有国际影响力的职业品牌体育赛事。三是探索引领体育消费新方式。强化体育消费试点城市的示范引领作用，积极

---

① 陈立枢. 智慧产业发展与中国产业转型升级研究［J］. 改革与战略，2016，32（10）：64-67.

推广宣传相关试点城市的经验做法。同时，各地要结合自身实际，通过"体育健身消费券、全民健身公共积分"、医保卡体育健身消费、区域体育旅游联票等方式支持和引导人民群众的体育消费。四是把握体育消费结构变迁新特点。统筹好"实体与虚拟"的关系，着力振兴以"先进体育制造业"为主体的体育实体经济；统筹好"线上与线下"的关系，完善线上线下相互交融的服务性体育消费发展模式；统筹好"城市与乡村"的关系，深化体育消费市场下沉，打通乡村体育消费的堵点和痛点。以体育新产品、新服务、新模式和新业态供给创新全面挖掘潜在的体育消费需求。

八、区域联盟战略：着力构建体育产业区域协同机制

区域体育产业治理是新时代国家治理体系的重要内容，合理规划区域之间以及国家与区域之间的体育产业关联是充分激发我国体育产业高质量发展潜能的必然要求。一是围绕国家重大区域发展战略，进一步把握京津冀、长三角、珠三角、粤港澳、成渝等区域经济圈和城市圈协调联动的机遇，以及长江沿江产业带、沿黄河经济带、京广铁路沿线产业带等带状走廊的产业串联赋能，通过多极点、网络化的跨区域城市群、经济带建设推进体育产业发展的规模效益和集聚效益。二是强化"一盘棋"思想，树立"一体化"理念，强化区域协同关系，主动加强区域体育产业战略协同、规划衔接、政策沟通，打破体育产业的发展边界、技术边界、市场边界以及区域边界。坚持体育产业先发地区带动，携手省际毗邻地区所长，大力推动体育产业集中合作区、省际体育产业合作示范园区以及体育产业科技创新共同体建设。三是用好国际国内两种资源、两个市场，坚持贯彻落实"一带一路"倡议，强化与"一带一路"共建国家在体育赛事、体育制造等方面深入合作，充分释放我国体育产业与"一带一路"共建国家集聚共生的积极效应，以高水平开放促进国内体育经济大循环和国内国际双循环，不断提升我国体育产业国际话语权、主动权和主导权。

九、对外开放战略：着力推进体育产业高水平对外开放

"十四五"时期要坚持体育领域扩大开放与深化改革相结合，做好以全面开放促进全面改革、促进高质量发展的大文章。以开放促改革促发展是体育产业发展的必然要求，以扩大开放推动产业改革深化，以大开放促进产业大发展。在以国内大循环为主体，国内国际双循环相互促进的新发展格局中，要提升体

育产业的对外开放程度，不断提升体育产业的对外开放水平，利用好两个市场、两种资源，吸引国外优势资源，不断调整体育产业布局。以全球视野和战略思维，经略周边，布局全球，坚持实施更大范围、更宽领域、更深层次合作，构建多元化国际市场，稳定扩大传统市场，积极开拓新兴市场，努力发展潜力市场，实现互利共赢。推动体育贸易和投资自由化、便利化，推进体育贸易创新发展，充分利用"一带一路""上合组织""金砖国家"等多边合作平台，释放我国体育产业与其他国家集聚共生的积极效应，积极参与全球体育治理体系改革。加快构建开放型体育经济新体制，推进体育产业政策向普惠方向发展，营造稳定、公平、透明的营商环境，以高度开放和对外连接的国内市场，集结全球资源和要素。同时，也要不断扩大体育产业的对内开放，发挥我国大规模市场的独特优势，没有进一步的对内开放，就无法实现通过内需拉动体育产业结构升级和经济增长。"十四五"时期只有不断提升体育产业对外开放水平，才能不断推动体育产业的可持续发展，才能推进以国内大循环为主体，形成"中国与世界共成长、中国与世界良好互动、中国发展更好惠及世界"的国内国际双循环相互促进的体育产业新发展格局。

第六节　小　结

党的十九大首次提出高质量发展新表述，表明中国经济由高速增长阶段转向高质量发展新阶段，从而为新时代国家经济和社会发展指明方向。以高质量发展统揽全局，体育产业高质量发展无疑是题中应有之义。体育产业高质量发展是一个历时性的、动态发展的过程，只有起点，没有终点，是一个无限趋近产业发展愿景的过程。新时代体育产业高质量发展不仅是对体育产业建设愿景的描绘，而且也是对体育产业建设历程的规约。从建设过程的角度而言，推动新时代体育产业高质量发展，需要从价值引领、体系建设、政策设计、制度优化与战略路径等方面多措并举，协同共促，方能提升体育产业建设质量和发展水平。具体来看，在价值引领上，应紧紧围绕"多元共治、和谐善治、文明法治"三个维度来推进体育产业治理体系和治理能力现代化建设。在治理结构上，应从"时间维、逻辑维、知识维度"三个维度系统展开。在政策设计上，应从"体育产业政策"向"体育产业链政策"转向，从"选择性体育产业政策"向

"选择性和功能性有机结合"转向，从"环境型体育产业政策"向"需求型和供给型有机结合"转向。在制度优化上，应完善体育产业高质量发展的多主体协同机制，发挥好市场的"决定性"作用，发挥好政府的"元治"作用，发挥好社会的"辅治"作用，发挥好企业的"自治"作用，发挥好公民的"参治"作用。在战略路径上，应当采取依法治体战略、优质承接战略、创新发展战略、品牌文化战略、智能产业战略、人才强体战略、区域联盟战略、消费升级战略、对外开放战略等九大战略，从而实现体育产业高质量发展。

第十章

研究结论与研究展望

第一节　研究结论

第一，改革开放以来，我国体育产业发展经历了以"政府经营、市场引入"为特征的萌芽期（1978—1991 年）、以"政府主导、培育市场"为特征的起步期（1992—2000 年）、以"政府主导、完善监管"为特征的快速发展期（2001—2012 年）和以"政府支持，市场主导"为特征的高质量发展探索期（2013 年至今）四个阶段。40 多年来，我国体育产业规模迅速壮大、体育产业结构不断优化、体育产业空间不断拓展、体育产业增加值保持快速增长、体育产业创新取得重要突破、体育产业发展质量稳步提升，为体育强国建设和国民经济社会发展提供了有力支撑。我国体育产业高质量发展的动力源，既有外部力量的促发，也有内部力量的推动，主要包括社会主要矛盾的转变、产业政策体系的调整、体育对外贸易的发展、体育产业高速增长及全球性新科技革命等方面。同时，我国体育产业在国内外发展环境复杂多变形势下，还面临着"结构矛盾""政策困窘""创新不足""空间壁垒""文化滞后"等风险挑战和发展难题，需以"五个坚持"重要原则为根本遵循切实推动体育产业高质量发展。

第二，体育产业政策是指政府为了实现一定的目标，对体育产业经济活动（包括产业类型、产业组织、产业结构、产业布局、产业关联、产业发展等各方面的状况和变化）进行干预而制定的各种政策的总和。体育产业政策具体可分两大类型：一类是体育产业扶持政策。这类政策以促进体育产业发展为目标，主要包含一系列的扶持性举措。另一类是体育产业规制政策。该类政策以面向体育行业的规制措施为手段，目的是维持体育市场的竞争格局。体育产业政策与体育产业管理之间的关系主要表现为：体育产业政策可以规范体育产业管理；体育产业管理可以提高体育产业政策效力；体育产业管理实践可以检验完善体育产业政策。体育产业政策是推动体育产业高质量发展的根本保障和重要推力。基于 PMC 指数模型构建了体育产业政策评价指标体系，选取 149 份体育产业政策文本进行了量化评价，认为体育产业政策存在工具结构失衡、文本内容趋同、协同力度不够、执行效果乏力、创新生态欠佳等问题，需从科学选用政策工具、突出政策文本特色、强化政策协同发力、提升政策执行效果、拓宽政策作用重点等方面予以优化。

第三，我国体育产业发展水平受区域市场化水平影响，市场化水平高的地区则体育产业发展相对较好。各地区单纯地以体育产业本身作为抓手失之偏颇，提高区域市场化水平也是体育产业发展的重要基础工作。数据分析表明，中国体育产业市场化水平总指数以年均 1.28% 的增长率呈现持续提升的趋势，2019 年达到 47.10%，但落后于 2016 年全国经济市场化水平指数（75.2%）28 个百分点，说明中国体育产业市场化发展伴随体制改革取得一定成效，但整体上看目前中国体育产业市场化水平滞后状态仍然没有改变。中国各个省（区）体育产业市场化水平呈现出典型的非均衡态势，广东、江苏、福建、浙江四省的体育产业市场化水平处于全国前列，西藏、青海、新疆、云南、宁夏、甘肃和海南七省的体育产业市场化水平低于全国平均水平，尤以西藏、青海、新疆、云南最为明显。中国四大经济区域体育产业市场化水平整体上虽呈逐年上升趋势，但区域间体育产业市场化水平差异性较为明显。政府与市场关系、要素市场发育程度和市场制度完善程度三个指标在体育产业市场化水平的指标中产生了重要影响。

第四，我国体育产业发展具有典型的区域非均衡态势，这决定了在发展上试图"齐步走"、管理上寻求"一刀切"是不可能的，完全依靠市场经济或政府干预的体育产业已不能适应当前我国不同地区体育产业发展的客观实际。亟需政府实施参差错落且各具特点的政府体育产业非均衡经济行为模式。政府体育产业非均衡经济行为模式是指政府为达到促进体育产业发展目标而采取的一种差异化经济行为调控模式。政府体育产业非均衡经济行为模式最终目的是要通过"非均衡手段"实现体育产业更高层次和更高水平的"均衡发展"，主要包括"政府主导型""市场决定型""政社合作型"三种模式。政府主导型模式,主要针对落后地区,应充分发挥政府集中力量办大事的显著优势,通过各种方式对体育产业进行全方位"帮扶带动"的一种政府经济行为模式。市场决定型模式,主要是针对发达地区,政府应充分调动和利用其具备的各方优势,充分发挥市场在资源配置中的决定性作用,最大限度激发体育市场活力以推动体育产业经济发展的一种政府经济行为模式。政社合作型模式,主要是针对欠发达地区,政府可采取适当的经济管理手段对体育产业市场中突出问题的进行管理,规范体育产业市场运行秩序,促进体育产业市场健康有序运行的一种政府经济行为模式。

第五,政府体育产业经济行为要坚持从实际出发,充分认清各区域非均衡的现实,不能同一步伐、同一模式,而应区别对待,分清轻重缓急,突出重点、分类指导、分步推进。体育产业的非均衡在全国范围内表现为东部、中部、西部、东北部等地区之间的差异。各地区体育产业面临的发展条件、发展水平和发展问题不同,应以各区域客观要求为基础选择针对性的模式。综合来看,东部地区较适宜选择市场决定型体育产业经济行为模式;中部地区和东北部地区较适宜选择政社合作型体育产业经济行为模式;西部地区较适宜选择政府主导型体育产业经济行为模式。不同区域政府体育产业经济行为的战略定位应有所侧重,主要表现在:向东部地区要"质量",即"建立全国体育产业高质量发展引领区";向中部地区要"支撑",即"构筑稳定全国体育产业增长支撑区";向西部地区要"速度",即"打造中国体育产业高速增长奇迹新高地";向东北部地区要"改革",即"树立全国区域体育产业振兴典范",以此来促进形成"协调东中西、统筹南北方"的区域体育产业高质量发展新格局。

第六,体育产业是一个独特而复杂的问题域,依靠简单的分析方法喂养大的还原论,抑或依凭简单的线性推理、静态的逻辑分析、直观的实体思维,都不可能扎实做好体育产业管理工作。体育产业管理实践不能头痛医头、脚痛医脚,也不能"眉毛胡子一把抓",而必须走出简单思维(如线性思维、实体思维、静态思维和还原思维等)的藩篱,坚持系统观念,加强前瞻性思考、全局性谋划、战略性布局、整体性推进,努力做到"致广大而尽精微"。要运用复杂性思维(如非线性思维、关系思维、过程思维和整体思维等)去审视和考察复杂的体育产业和复杂体育产业管理,真正推进体育产业理论研究与管理实践的创新。整体思维要求在选择和实施体育产业经济行为模式时要关注整体发展;关系思维要求在选择和实施体育产业经济行为模式时要关注各要素互动;过程思维要求在选择和实施体育产业经济行为模式时要关注生成性；非线性思维要求在选择和实施体育产业经济行为模式时要关注不确定性。唯有此，才能更好发挥政府在体育产业经济活动中的作用。

第七，体育产业管理本质上是一种关系调适，是一种历时性的动态管理，是一种自由与规约的辩证统一，自由可以使体育产业保持创新与活力，规约可以使体育产业维持有序与稳定。体育产业高质量发展是一个历时性动态发展的过程，是一个无限趋近体育产业发展愿景的过程。体育产业高质量发展不只是对经济发达地区的要求，而是对所有地区体育产业发展都必须贯彻的要求。新时代体育产业高质量发展，需围绕"多元共治、和谐善治、文明法治"三个向度进行精耕细作。在政策设计上，应从"体育产业政策"向"体育产业链政策"转向，从"选择性体育产业政策"向"选择性和功能性有机结合"转向，从"环境型体育产业政策"向"需求型和供给型有机结合"转向。在管理制度上，应建立健全以治理体系和治理能力现代化为保障的体育产业高质量发展制度体系，发挥好市场的"决定性"作用，发挥好政府的"元治"作用，发挥好社会的"辅治"作用，发挥好企业的"自治"作用，发挥好公民的"参治"作用。在战略路径上，应以依法治体战略、优质承接战略、创新发展战略、品牌文化战略、智能产业战略、人才强体战略、区域联盟战略、消费升级战略、对外开放战略等九大战略为体育产业高质量发展战略的路径选择。

第二节　研究展望

加快推进体育产业治理体系和治理能力现代化建设，正确处理有为政府和有效市场的关系，充分发挥市场在体育产业资源配置中的决定性作用和更好发挥政府作用，激发体育产业市场主体活力，发挥体育产业在国民经济社会发展中的独特优势，既是体育产业高质量发展的本质要求，也是科学优化政府体育产业经济行为的题中之义。本研究通过对我国体育产业发展的理论与实证分析，探索性地提出了体育产业管理的非均衡经济行为模式，虽能为我国体育产业善治目标的达成起到些许促进作用，但限于研究能力和资料获取的局限性，研究内容和研究疆域还存在有待继续完善和努力开拓的地方，今后将着重围绕以下"问题域"继续精耕细作，为中国体育产业高质量发展贡献学术力量。

体育产业市场化水平评价是反映体育产业发展状况和调整政府体育产业经济行为的重要依据。本研究尝试性建构了中国体育产业市场化水平评价指标体系，并基于主成分分析法对我国体育产业市场化水平进行了量化评价，评价结果虽能为体育产业高质量发展制度体系建设提供些许借鉴，但体育产业市场化水平是一个动态演化的过程，市场化评价指标体系的选取具有较强时空性。因此，开启我国体育产业市场化理论和实证研究，强化对体育产业市场化水平评价指标体系的动态修正，选用科学方法对不同地区和不同阶段体育产业市场化水平评价是今后的重点研究域。

我国不同地区的体育产业发展存在非均衡态势，本研究在国内外研究成果基础上创新性提出了我国政府体育产业管理的非均衡经济行为模式，并对我国不同经济区域政府体育产业经济行为模式的选择做出了具体分析，但这仅仅是依据相关理论和市场化水平评价基础上的分析所得，虽能说明一些问题和提供一些借鉴，但未能穷尽和涵盖所有地区，所提及的政府体育产业经济行为的战略定位和体育产业高质量发展的战略路径仅仅是从经济区域范畴和产业整体视角进行的宏观分析。因此，聚焦于不同省市区的政府体育产业经济行为模式分析也是今后重点关注的研究领域。

体育产业系统的复杂性决定了政府体育产业管理需要一种复杂性思维予以保障。本研究虽对体育产业的复杂性表现进行了分析，并提出了基于复杂性思维对体育产业经济行为模式进行适切选择，但这些内容的呈现因研究主题和研究篇幅的限制分析还较为肤浅，仅仅是从理想主义者的心态去描绘和刻画体育产业关系研究之于体育产业发展和体育产业管理的重要性，未能实现从系统科学理论的高度对该观点进行更为全面深入的研究。因此，以系统科学为理论和方法论支撑，对我国体育产业内外部关系规律进行专门的系统性基础理论研究也是课题组后续研究的重点所在。

参考文献

一、中文文献

1. 专著

[1] [比] 普里戈金, 斯唐热. 从混沌到有序 [M]. 曾庆宏, 沈小峰, 译. 上海: 上海译文出版社, 2005.

[2] [比] 普利高津. 确定性的终结 [M]. 湛敏, 译. 上海: 上海教育科学出版社, 1998.

[3] 陈承明, 陈伯庚, 包亚钧, 等. 中国特色社会主义经济理论教程 [M]. 上海: 复旦大学出版社, 2018.

[4] 陈振明. 政策工具导论 [M]. 北京: 北京大学出版社, 2009.

[5] 陈宗胜, 吴浙, 谢思全. 中国经济体制市场化进程研究 [M]. 上海: 上海人民出版社, 1999.

[6] 陈宗胜. 中国经济体制市场化研究 [M]. 上海: 上海人民出版社, 1999.

[7] 戴伯勋. 现代产业经济学 [M]. 北京: 经济管理出版社, 2001.

[8] [德] 黑格尔. 美学: 第1卷 [M]. 朱光潜, 译. 北京: 商务印书馆, 1981.

[9] 邓小平文选: 第一卷 [M]. 北京: 人民出版社, 1994.

[10] 对外贸易经济合作部进出口公平贸易局与北京师范大学经济与资源管理研究所. 中国市场经济发展报告 (2005) [M]. 北京: 中国商务出版社, 2005.

[11] 樊纲, 王小鲁. 中国市场化指数: 各地区市场化相对进程报告 (2001) [M]. 北京: 经济科学出版社, 2003.

[12] [古希腊] 亚里士多德. 形而上学 [M]. 苗立田, 译. 北京: 中国人民大学出版社, 1993.

［13］桂慕文．人类社会协同论：对生态、经济、社会三个系统若干问题的研究［M］.南昌：江西人民出版社，2001.

［14］［加］富兰．变革的力量：透视教育改革［M］.中央教育科学研究所，加拿大多伦多国际学院，译．北京：北京教育科学出版社，2005.

［15］李枭鹰．高等教育选择论［M］.北京：中国社会科学出版社，2011.

［16］卢福才．产业经济学［M］.上海：复旦大学出版社，2013.

［17］吕永波．系统工程［M］.北京：清华大学出版社，2005.

［18］［美］拉兹洛．系统哲学引论：一种当代思想的新范式［M］.钱兆华，熊继宁，刘俊生，译．北京：商务印书馆，1998.

［19］苗东升．系统科学大学讲稿［M］.北京：中国人民大学出版社，2007.

［20］苗东升．系统科学精要［M］.北京：中国人民大学出版社，2016：91.

［21］莫兰．复杂性思想：自觉的科学［M］.北京：北京大学出版社，2001.

［22］彭新武．复杂性思维与社会发展［M］.北京：中国人民大学出版社，2003.

［23］彭新武．复杂性思维与社会发展［M］.北京：中国人民大学出版社，2003.

［24］沈小峰．混沌初开：自组织理论的哲学探索［M］.北京：北京师范大学出版社，2008.

［25］史忠良．产业经济学［M］.北京：经济管理出版社，2005.

［26］童汝根，等．管理学［M］.成都：电子科技大学出版社，2020.

［27］王小鲁，樊纲，余文静．中国分省份市场化指数报告（2016）［M］.北京：社会科学文献出版社，2017.

［28］魏宏森．系统科学方法论导论［M］.北京：人民出版社，1983.

［29］吴彤．多维融贯：系统分析与哲学思维方法［M］.昆明：云南人民出版社，2005.

［30］张小梅．产业经济学［M］.成都：电子科技大学出版社，2017.

［31］中共中央马克思恩格斯列宁斯大林著作编译局．列宁全集：第55卷［M］.北京：人民出版社，1990.

［32］中共中央马克思恩格斯列宁斯大林著作编译局．马克思恩格斯选集：第 26 卷［M］．北京：人民出版社，1972．

［33］中共中央马克思恩格斯列宁斯大林著作编译局．马克思恩格斯选集：第 46 卷［M］．北京：人民出版社，1979．

［34］中共中央马克思恩格斯列宁斯大林著作编译局．马克思恩格斯选集：第 4 卷［M］．北京：人民出版社，1995．

［35］中共中央马克思恩格斯列宁斯大林著作编译局．马克思恩格斯选集：第 3 卷［M］．北京：人民出版社，1995．

［36］中共中央马克思恩格斯列宁斯大林著作编译局．斯大林选集：下卷［M］．北京：人民出版社，1979．

［37］中央文献研究室．习近平关于社会主义经济建设论述摘编［M］．北京：中央文献出版社，2017．

2. 期刊

［1］白义霞．区域经济非均衡发展理论的演变与创新研究：从增长极理论到产业集群［J］．经济问题探索，2008（04）．

［2］常修泽，高明华．中国国民经济市场化的推进程度及发展思路［J］．经济研究，1998（11）．

［3］陈立枢．智慧产业发展与中国产业转型升级研究［J］．改革与战略，2016，32（10）．

［4］陈晓峰．我国体育产业政策环境分析：基于国家治理的视阈［J］．中国体育科技，2018，54（02）．

［5］陈振明，张敏．国内政策工具研究新进展：1998—2016［J］．江苏行政学院学报，2017（06）．

［6］褚宏启．教育治理：以共治求善治［J］．教育研究，2014（10）．

［7］戴红磊，许延威．中国体育产业高质量发展思考［J］．体育文化导刊，2020（09）．

［8］樊纲，王小鲁，张立文，等．中国各地区市场化相对进程报告［J］．经济研究，2003（03）．

［9］樊纲，王小鲁，张立文．中国各地区市场化进程 2000 年报告［J］．国家行政学院学报，2001（03）．

[10] 顾建光. 公共政策工具研究的意义、基础与层面 [J]. 公共管理学报, 2006 (04).

[11] 胡鞍钢, 周绍杰. 习近平新时代中国特色社会主义经济思想的发展背景、理论体系与重点领域 [J]. 新疆师范大学学报 (哲学社会科学版), 2019, 40 (02).

[12] 胡进祥. 中国第三产业的市场化程度分析 [J]. 唯实, 2001 (03).

[13] 姜同仁, 宋旭, 刘玉. 欧美日体育产业发展方式的经验与启示 [J]. 上海体育学院学报, 2013, 37 (02).

[14] 金育强, 等. 非均衡发展理论与中国体育非均衡发展实践 [J]. 北京体育大学学报, 2007 (12).

[15] 李晨光, 张永安. 区域创新政策对企业创新效率影响的实证研究 [J]. 科研管理, 2014 (09).

[16] 李海杰, 邵桂华, 王毅. 我国体育产业集聚对产业效率的影响研究 [J]. 天津体育学院学报, 2019, 34 (06).

[17] 李枭鹰. 运用整体思维审视高等教育若干抉择 [J]. 高校教育管理, 2010, 4 (02).

[18] 李晓西. 中国市场化改革的推进及其若干思考 [J]. 改革, 2008 (04).

[19] 李晓西. 中国是发展中的市场经济国家—解读《2003 中国市场经济发展报告》[J]. 求是, 2003 (17).

[20] 廉涛, 黄海燕. 长三角体育产业一体化发展的空间结构研究 [J]. 体育科学, 2020, 40 (10).

[21] 林建君, 李文静. 我国体育产业政策效应的评价研究 [J]. 体育科学, 2013, 33 (02).

[22] 林毅夫. 比较优势、竞争优势与区域一体化 [J]. 河海大学学报 (哲学社会科学版), 2021, 23 (05).

[23] 刘春华, 李克敏. 基于混合多目标决策的我国体育产业政策评价 [J]. 北京体育大学学报, 2018, 41 (07).

[24] 马俊峰. 推进和实现国家现代化的理念基础和关键环节 [J]. 社会科学辑刊, 2022 (01).

[25] 马应超. 美国体育产业财税金融政策现状及对我国的启示 [J]. 经济

研究参考，2013（70）.

［26］苗振国，张德祥. 知识型政府：知识管理视角下的政府治理新模式
［J］. 科技管理研究，2008（05）.

［27］彭新武. 否定之否定规律解剖［J］. 江汉论坛，2000（09）.

［28］任保平，李禹墨. 新时代我国高质量发展评判体系的构建及其转型路
径［J］. 陕西师范大学学报（哲学社会科学版），2018，47（03）.

［29］孙亚忠. 政府经济行为本体论［J］. 中国行政管理，2001（10）.

［30］唐德海，李枭鹰. 复杂性思维与多学科研究：功能耦合的高等教育研
究方法论［J］. 高等教育究，2011，32（04）.

［31］唐拥军. 论政府经济行为理论研究的必然兴起［J］. 广西大学学报
（哲学社会科学版），2000（03）.

［32］王智. 关系思维与关系属性［J］. 东岳论丛，2005（05）.

［33］魏治勋. "善治"视野中的国家治理能力及其现代化［J］. 法学论
坛，2014（02）.

［34］吴汉东. 国家治理现代化的三个维度：共治、善治与法治［J］. 法制
与社会发展，2014，20（05）.

［35］吴彤. 论系统科学哲学的若干问题［J］. 系统辩证学学报，2000
（01）.

［36］习近平. 中国共产党领导是中国特色社会主义最本质的特征［J］. 求
是，2020（14）.

［37］徐成立，张宝雷，等. 中国体育产业政策文本研究：基于政策工具和
创新价值链双重视角［J］. 中国体育科技，2021，57（03）.

［38］许嘉禾. 体育产业产融结合：生成逻辑、模式抉择与对策研瞻［J］.
体育科学，2020，40（01）.

［39］杨雅南，钟书华. 政策评价逻辑模型范式变迁［J］. 科学学研究，
2013，31（05）.

［40］易剑东，袁春梅. 中国体育产业政策执行效力评价：基于模糊综合评
价方法的分析［J］. 北京体育大学学报，2013，36（12）.

［41］易剑东，袁春梅. 中国体育产业政策执行效力评价：基于模糊综合评
价方法的分析［J］. 北京体育大学学报，2013，36（12）.

［42］余丽珍，徐岩. 美国体育产业政策及其启示［J］. 江西社会科学，

2017, 37 (12).

[43] 俞可平. 全球治理引论 [J]. 马克思主义与现实, 2002 (01).

[44] 张永韬, 刘波. 体育产业政府引导资金: 概念、特征与效应 [J]. 体育与科学, 2019, 40 (02).

[45] 赵炳璞, 蔡俊五, 李力研, 等. 体育产业政策体系研究 [J]. 体育科学, 1997 (04).

[46] 赵德友. 习近平经济思想研究 (上) [J]. 统计理论与实践, 2022 (01).

[47] 赵剑波, 史丹, 等. 高质量发展的内涵研究 [J]. 经济与管理研究, 2019, 40 (11).

[48] 郑确辉. 论复杂性思维和思想政治教育的复杂性 [J]. 理论月刊, 2008 (10).

[49] 周爱光, 杜高山. 新常态视野下我国体育产业发展研究 [J]. 体育学刊, 2016, 23 (06).

3. 报纸

[1] 顾超. 着眼长远, 根除形式主义之弊 [N]. 人民日报, 2020-07-22 (9).

[2] 芮明杰. 如何走出产业体系的"结构性陷阱" [N]. 社会科学报, 2018-05-31 (2).

[3] 汪同三. 深入理解我国经济转向高质量发展 [N]. 人民日报, 2018-06-07 (7).

[4] 祝树金. 加大制造业人才培养力度 [N]. 人民日报, 2020-07-30 (9).

[5] "十四五"时期我国发展必须遵循的重要原则 [N]. 人民日报, 2020-11-01 (1).

4. 论文

[1] 高剑平. 系统科学思想史研究 [D]. 南京: 南京大学, 2006.

[2] 李枭鹰. 高等教育选择问题研究 [D]. 厦门: 厦门大学, 2008.

[3] 宋月明. 市场化水平对区域经济发展的影响研究 [D]. 大连: 东北财

经大学，2016.

　　［4］余道明.体育现代化理论及其指标体系研究：以首都体育现代化研究为例［D］.福州：福建师范大学，2007.

　　［5］钟敬秋.大连市体育产业发展及布局优化研究［D］.沈阳：辽宁师范大学，2017.

二、英文文献

1. 专著

　　［1］ROTHWELL R，ZEGVELD W. *Reindustrialization and technology*［M］. Longman Group Limited，1985.

　　［2］JONES C O. *An Introduction to the study of public policy*［M］. California： Brooks/Cole Publishig Company，1984.

2. 期刊

　　［1］PRITCHARD M P，FUNK D C. The formation and effect of attitude importance in professional sport［J］. *European Journal of Marketing*，2010，44（7- 8）.

　　［2］TSIOTSOU R H. A service ecosystem experience-based framework for sport marketing［J］. *The Service Industries Journal*，2016，36（11-12）.

　　［3］KOLYPERAS D，MAGLARAS G，SPARKS L. Sport fans' roles in value co-creation［J］. *European Sport Management Quarterly*，2019，19（2）.

　　［4］COCKAYNE D. Whose side are we on? Balancing economic interests with social concerns through a service-thinking approach［J］. *European Sport Management Quarterly*，2019，19（1）.

　　［5］TANAKA Y. Fujitsu's technologies and solutions contributing to development of sports［J］. *Fujitsu Scientific and Technical Journal*，2018，54（4）.

　　［6］VRONTIS D，VIASSONE M，SERRAVALLE F，et al. Managing technological innovation in the sports industry：A challenge for retail management ［J］. *Competitiveness Review*，2019，30（1）.

　　［7］POUNDER P. Examining interconnectivity of entrepreneurship，Innovation and sports policy framework［J］. *Journal of Entrepreneurship and Public Policy*，

2019, 8 (4).

[8] GONZALEZ-SERRANO M H, PRADO-GASCOV, CRESPO-HERVAS J, et al. Does sport affect the competitiveness of European Union countries? An analysis of the degree of innovation and GDP per capita using linear and QCA models [J]. *International Entrepreneurship and Management Journal*, 2019, 15 (4).

[9] LINDSEY I, DARBY P. Sport and the sustainable development goals: Where is the policy coherence? [J]. *International Review for the Sociology of Sport*, 2019, 54 (7).

[10] PINCH S, HENRY N. Discursive aspects of technological innovation: The case of the British motorsport industry [J]. *Environment and Planning A*, 1999, 31 (4).

[11] DELGADO J M C. Intangibles management in the sports industry [J]. *Revista La Propiedad Inmaterial*, 2019 (28).

[12] NARAINE M L. The blockchain phenomenon: Conceptualizing decentralized networks and the value proposition to the sport industry [J]. *International Journal of Sport Communication*, 2019, 12 (3).

[13] PEACHEY J W, ZHOU Y L, DAMON Z J, et al. Forty years of leadership research in sport management: A review, synthesis, and conceptual framework [J]. *Journal of Sport Management*, 2015, 29 (5).

[14] BILLSBERRY J, MUELLER J, SKINNER J, et al. Reimagining leadership in sport management: Lessons from the social construction of leadership [J]. *Journal of Sport Management*, 2018, 32 (2).

[15] ROBERT I L. The best interests of the league: referee betting scandal brings commissioner authority and collective bargaining back to the frontcourt in the NBA [J]. *Sports Law J*, 2008 (15).

[16] MYRDAL G. Economic nationalism and internationalism [J]. *Australian Journal of International Affairs*, 1957, 11 (4).

[17] PHAAL R, O'SULLIVAN E, ROUTLEY M, et al. A framework for mapping industrial emergence [J]. *Technological Forecasting and Social Change*, 2011, 78 (2).

[18] WOOLTHUIS R K, LANKHUIZEN M, GILSING V. A system failure

framework for innovation policy design [J]. *Technovation*, 2005, 25 (6).

[19] HOPPMANN J, PETERS M, SCHNEIDER M, et al. The two faces of market support—How deployment policies affect technological exploration and exploitation in the solar photovoltaic industry [J]. *Research Policy*, 2013, 42 (4).

[20] CHAPMAN D W, BOOTHROYD R A. Evaluation dilemmas: Conducting evaluation studies in developing countries [J]. *Evaluation and Program Planning*, 1988, 11 (1).

[21] WOLLMANN H. The development of a sustainable development model framework [J]. *Energy Policy Research*, 2007 (13).

[22] RUIZ E M A, YAP S F, NAGARAJ S. Beyond the ceteris paribus assumption: Modeling demand and supply assuming omnia mobilis [J]. *International Journal of Economics Research*, 2008 (2).

[23] ESTRADA M A. Policy modeling: definition, classification and evaluation [J]. *Journal of Policy Modeling*, 2010, 33 (4).